아하! 서양사 2

아하! 서양사 2

근대 유럽의 형성부터 21세기 현대 사회까지

박경옥 지음

Humanist

아하! 역사의 참맛을 느끼는
지적 체험의 여행

역사란 뭘까? 왜 역사를 읽어야 할까? 처음 역사책을 펼쳐 드는 사람들은 역사는 옛날이야기처럼 재미있을 거라는 기대를 하곤 하지. 하지만 이런 기대는 역사책 몇 쪽을 넘기지 않아 곧 실망으로 바뀌곤 해. 이런 사람들이 흔히 하는 말은 역사는 너무나 외울 것이 많아 어렵다는 거야.

그런데 무슨 뜻인지도 모른 채 연대와 사건, 사람 이름을 외우려고 하면 역사책에서 들려주는 이야기에 귀 기울일 수가 없게 된단다. 그건 마치 성긴 그물로 역사책 속에서 연대와 사건만 건져 올리고 나머지 이야기는 다 빠져나가도록 놓아두는 것과 같아. 그 빠져나간 이야기가 우리가 역사에서 재미를 느끼고 공부해야 하는 부분이거든.

역사는 '과거에 살았던 사람들에 대한 이야기'야. 그러니까 역사를 읽는다는 것은 과거에 살았던 사람들의 삶에 '관심'을 가지고, 그 사람들은 어떤 조건에서 살았나, 어떻게 먹고 살았고, 어떤 집에서 어떤 옷을 입고 살았을까, 누가 지배하고, 어떤 사람들이 지배를 받았나, 이런 사회에서 사는 사람들은 어떻게 느끼고 생각했을까 등등의 궁금증을 가지고 역사 속으로 들어가 보는 것이라고 할 수 있지.

우리는 왜 옛날 사람들의 삶에 관심을 가져야 할까? 역사를 알고 나면 오늘날 우리가 사는 세상을 잘 이해할 수 있기 때문이란다. 예를 들어, 어떤 사람이 이상한 행동을 했다고 하자. 이때 그 사람이 어떤 환경에서 태어나고 자랐는지, 전에 어떤 일을 했는지, 어떤 사람들과 사귀었는지 등등을 알면 그 사람의 행동을 잘 이해할 수 있듯이, 역사를 알면 현재 일어나는 일들에 대해 더 잘 이해할 수 있고 그 의미를 바르게 알 수 있어. 역사 여행을 통해 과거를 돌아보면, 사람들이 사는 세상은 늘 변해 왔고, 조상들의 지혜와 유산이 오늘날의 세상을 만들어 왔다는 사실을 깨닫게 되지.

　　그렇다면 서양 역사도 우리를 잘 알기 위한 것일까? 지금까지는 역사가들조차도 흔히 서양 역사는 '남의 역사'라고 생각해 왔어. 삼국의 통일 과정이나 조선의 사대부 정치는 우리 역사지만, 그리스의 민주 정치나 영국의 산업 혁명은 먼 옛날 서양에서 일어난 남의 일이라고 여겼어. 그나마 우리가 서양에 대해 알아야 하는 이유는, 근대에 들어오면서 서양이 우리에게 다가왔고, 현재는 우리가 경쟁해야 하는 중요한 상대이기 때문이라는 거지. 그런데 이렇게 생각하면 서양 역사는 우리의 상대를 이해하기 위한 남의 역사가 되는 거야.

　　하지만 이런 상상을 한 번 해 보면 어떨까? 만일 우리가 지금 모습 그대로 뉴욕이나 파리 한가운데 서 있다고 생각해 봐. 그리고 다음에는 타임머신을 타고 100년 전 한국의 어느 마을로 돌아갔다고 상상하고. 두 상황을 한 번 비교해 보자. 물론 뉴욕이나 파리가 말이 통하지 않고 낯선 곳이긴 해도 우리의 차림새는 그곳 사람들과 별로 다르지 않고, 그곳 사람들도 우리를 이상하게 여기지 않을 거야. 거리에는 우리에게도 익숙한 맥도널드, 피자헛 같은 간판도 보이고, 슈퍼마켓도 우리 것과 다르지 않아 곧 익숙해질 거야.

하지만 100년 전 우리나라로 돌아가면 상황은 다를 거야. 우리의 옷차림은 우리 조상들과 너무나도 다르고, 거리의 모습 또한 지금과 달라서 무얼 어떻게 해야 할지 모를 거야. 게다가 같은 우리말을 쓴다 해도 생각과 문화가 너무 달라서 그곳에 살고 있는 조상들과는 통하지 않는 것이 더 많을 거야.

이처럼 지금 우리의 삶은 100년 전 우리 조상들의 삶보다는 현재 서양의 삶과 더 닮아 있어. 지난 100년간 우리의 역사는 어떤 방식으로든 서양 문화와 접촉하고 그것을 받아들여 우리 사회를 바꿔 나갔던 시기야. 서양의 법, 정치 제도, 경제 제도, 교육, 기술 등을 받아들이면서 우리의 사고방식과 문화, 의식주까지도 서양과 비슷해졌어. 물론 그렇다고 우리나라가 서양과 똑같아졌다는 것은 아니야. 우리의 역사와 전통 위에 서양 문화가 합쳐지면서 변화를 가져온 것이지만, 이미 우리 문화에서 우리 것과 서양 것을 구별해 내는 일이 어려워졌어. 밖에서 밀려온 서양의 힘으로 변화가 시작된 것은 사실이지만, 서양 문화를 받아들이며 우리는 변했고, 이제 서양의 문화는 우리의 일부가 되었어.

그러니까 현재 우리가 살고 있는 사회, 우리의 사고방식 속에는 먼 옛날 서양 사회가 물려준 전통과 유산도 들어와 있는 거지. 그렇기 때문에 서양 역사를 공부하는 것은 서양이라는 남을 이해하기 위한 것이기보다 우리 자신을 이해하기 위한 것이야. 이미 우리 안에 들어와 우리 것이 된 서양의 제도와 문화의 기원을 알아보고, 그것이 우리 것이 되어 간 과정을 이해하는 일이라고 할 수 있지.

그럼, 이제 서양 역사가 우리에게 물려준 유산을 살펴보러 떠날 준비가 되었니? 이 책은 서양 역사를 처음 공부하는 사람들에게 안내자가 되어 줄 거야. 우리가 '유럽'이라고 부르는 사회를 탄생시킨 역사를 인류의 탄생부터 현대 사회까지 보여 줄 거란다. 1권에서는 유럽 문화의 뿌리가 된 고대 지중해 세계와 본격적으로 유럽이 형성되는 중세의 모습을 살펴 내려 했고, 2권에서는 현재와는 전혀 다른 중세 사회가 오늘날의 현대 사회로 변화해 오는 과정을 큰 흐름으로 정리해서 설명했어. 작은 사건까지 자세히 설명하는 대신 각 시대의 성격을 분명히 하고, 오늘날의 사회를 형성하는 데 중요한 역할을 한 사건들을 중심으로 설명했어. 처음 역사 여행을 하는 사람들이라도 좁은 골목을 헤매다 길을 잃지 않도록 큰 건물을 중심으로 이정표를 만들어 준 것이라고 할 수 있어.

그래서 이 책을 읽고 나면 서양 문명과 역사의 흐름을 한눈에 꿰뚫어 볼 수 있을 거야. 그러고 나면 다른 역사책들을 볼 수 있는 눈도 트이겠지. 인류가 걸어온 큰길과 지표들을 익히고 나면, 이제 그 큰길 너머에 얼마나 많은 작은 길들이 있는지, 그 골목골목에 얼마나 많은 이야기와 볼거리가 숨어 있는지 찾기 위해 다시 길을 떠나야 하겠지. 이렇게 역사 공부를 하다 보면 인류가 어떤 길을 거쳐 여기까지 왔는지, 그리고 지금 우리는 어느 길모퉁이에 서 있는지 발견하게 될 거야.

자, 그럼 함께 떠나 볼까?

2013년 1월

박경옥

차례

5장 근대 시민 사회의 탄생

6장 현대 사회의 전개

4

근대의 새 물결

1588년
영국이 에스파냐 무적함대 격파

1618 - 1648년
30년 전쟁

1642 - 1649년
영국의 청교도 혁명

1687년
뉴턴, 《자연철학의 수학적 원리》 발간

1688년
영국의 명예혁명

1661 - 1715년
프랑스 루이14세의 친정

1682 - 1725년
러시아 표트르 대제 지배

1701년
프로이센 왕국 탄생

현세에 대한 찬미, 르네상스

새로운 흐름, 르네상스

'르네상스(Renaissance)'란 유럽에서 14세기부터 16세기 사이에 진행된 고대 그리스와 로마 문화의 부흥 운동을 일컫는 말이야. 5세기에 서로마 제국이 무너진 뒤 약 1000년 동안이나 묻혀 있던 고대 그리스와 로마 문화에 대한 관심이 크게 일어난 거지.

사람들은 라틴어 책들을 뒤지기 시작했고, 그동안 무심하게 버려져서 폐허가 되어 버린 고대 유적들을 다시 보기 시작했어. 학자들은 고대 문헌을 열심히 수집했고, 예술가들은 고대의 조각과 건축에 대해 연구했어. 그리고 많은 문인과 화가, 조각가들이 고대 문화에서 배운 정신을 담아 새로운 작품들을 생산해 냈지. 고대의 조각품이나 건축물이 얼마나 아름다운지 새삼 깨닫고 이를 본떠 새로운 건축물을 다시 짓기도 했어.

우리가 이 시대를 '재생' 또는 '부활'을 뜻하는 프랑스어인 '르네상스'라는 이름으로 부르는 것도 고대 그리스와 로마의 문화가 부활했다는 의미를 담고 있기 때문이야. 사람들은 야만족인 게르만족이 로마를 몰락시킨 것이 중세라는 문화의 암흑기를 불러왔다고 생각하고, 고대의 부활이야말로 찬란한 문화의 시대로 돌아가는 것이라고 믿었어. 그래서 르네상스는 '문예 부흥'이라는 뜻으로 통해.

이렇게 고대 문화를 되살리려는 르네상스의 정신은 중세 교회의 세계관과는 완전히 대립되는 것이었어. 르네상스 시대의 학자와 예술가들은 고대 문화의 가치를 찬양하는 한편, 당시 사회의 가치와 현실을 비판적으로 바라보았어. 당시 크리스트교의 세계관에 따르면 세상의 중심은 신이고, 인간의 삶은 하찮은 것이었지. 교회는 사람들에게 인간은 죄인이며, 신에게 복종해야만 죽어서 구원을 얻을 수 있

성 베드로 성당 르네상스 시대를
대표하는 건축물. 가운데 둥근 돔은
르네상스 시대 건축의 특징이다.

다고 가르쳤어. 하지만 르네상스 시대의 문인과 예술가들은 고대 문화에서 영감을 받아 인간과 자연을 아름다운 존재로 여기고, 이 세상의 삶에 큰 의미를 부여했어. 중세를 변화시킬 새로운 세계관과 인간관을 제시한 거였지.

이 새로운 흐름은 이탈리아 북부에서 시작되어 북유럽까지 퍼져 나갔어. 르네상스 정신이 낳은 인간 중심의 세계관은 근대 과학이 발달할 수 있는 토대가 되었고, 이는 중세 제도가 무너지고 근대 질서가 생겨나는 데 결정적인 역할을 했단다.

이탈리아 북부의 도시 국가들

이탈리아 북부 토스카나 지방에는 피렌체라는 유서 깊은 도시가 있어. 훌륭한 건축물과 미술품이 가득한 아름다운 도시지. 이 피렌체는

피렌체 15세기에 무역과 금융의 중심이었던 이탈리아 피렌체의 현재 모습.

한때 메디치 집안이 다스렸던 도시 국가로, 르네상스 운동이 시작된 곳이야. 14세기 초부터 상업으로 성공을 거둔 메디치 집안은 15세기부터 약 300년 간 피렌체를 다스리며 르네상스의 후원자 역할을 했지.

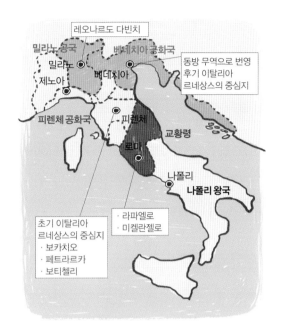

르네상스 시기의 이탈리아 르네상스는 주로 이탈리아의 도시 국가들을 중심으로 꽃피웠다.

14세기 후반 이탈리아 북부 지역에는 피렌체 같은 도시 국가가 약 30개나 있었어. 당시 유럽 대부분 지역을 봉건 영주들이 지배하고 있었던 것에 비하면 매우 특수한 상황이었지. 이 지역에서는 일찍부터 모직물, 견직물, 가죽 공업이 발달했고, 지중해 무역 덕분에 상업 활동이 활발했어.

이렇게 상공업이 크게 발달하자 도시에는 무역을 통해 큰돈을 번 상인들이 생겨나게 되었어. 도시와 가까운 지역의 봉건 영주들 중에도 시골의 영지를 벗어나 사치품이 넘쳐나는 도시에서 호사스런 생활을 하는 이들이 있었지. 도시의 중심 세력은 이런 부자 상인과 귀족들이었어.

상인과 귀족들은 점차 세력을 키워 도시의 지배권을 갖게 되었어. 이탈리아 북부 전체를 지배해 온 신성 로마 제국 황제나 교황의 세력으로부터 도시를 독립시켜 자치적인 도시 국가를 이룬 거야. 도시는 마치 봉건 귀족들이 지배하는 바다 위에 떠 있는 섬처럼 상인들의 구역으로 자리 잡았어. 도시 국가는 비록 영토는 작았지만 유럽의 다른 국가들과 맞먹을 만한 경제력과 군사력을 갖추고 있었어. 특히 피렌체의 메디치 집안은 2명의 프랑스 왕비와 3명의 교황을 배출해 냈지. 이 메디치 집안에서 세운 은행은 프랑스 왕과 교황의 금고를 맡아서 관리하기도 했어.

이들 도시는 중세의 신분 제도에서 벗어난 자유로운 곳일 뿐만 아니라, 치열한 경쟁의 논리가 지배하는 곳이었어. 도시 사람들은 돈을 벌고 성공하는 것을 무엇보다 중요하게 여겼기 때문에 그 목적을 위해서라면 다른 사람을 해치는 일도 서슴지 않았지. 또 이들은 자신의 도시에 대한 자부심이 대단했어. 도시의 명성은 상인들이 다른 도시 상인과 경쟁해서 이기는 데 아주 중요한 요소였거든.

도시 사이의 경쟁은 좋은 물건을 만들어 내고 많이 파는 데서 그치지 않았어. 바로 도시를 아름답게 꾸미고 예술 작품을 수집하는 경쟁으로 이어졌지. 피렌체의 경우처럼 도시의 지배자들은 거대한 건축물을 짓고 훌륭한 예술 작품을 수집해 도시를 아름답게 꾸몄어. 그들은 높은 수준의 건축물과 예술품을 통해 자신의 부를 자랑하고 도시의 명성을 높이려 했던 거야.

이런 도시 국가에서 활동한 문인과 예술가들의 작품이 지금까지도 최고로 평가받는 데는 그럴 만한 이유가 있어. 그들의 작품에는 이전과는 전혀 다른 미적 감각이 담겨 있거든. 중세의 작품들이 대개 어둡고 딱딱한 것들이었던 데 반해, 그들의 작품은 밝고 화사하고 생동

감이 넘쳤어. 당시 봉건 제도가 지배하던 유럽의 다른 지역들과는 달리 활기차고 풍요로운 도시 사람들의 정신이 잘 드러나는 작품들이었지.

15세기 초, 피렌체를 비롯해 이탈리아 북부 도시 국가에 살던 사람들은 자신이 중세와는 다른 새로운 시대에 살고 있다고 느꼈어. 도시에는 중세 1000년 동안 지어진 대성당들이 즐비했지만, 그들에게는 더 이상 신앙심이 중요하지 않았어. 도시 사람들은 죽어서 천국에 가는 것보다 이 세상에서 성공하고 행복하게 사는 일을 훨씬 중요하게 생각했지. 이 세상에서도 능력에 따라 하고 싶은 일을 마음껏 하며 부자로 잘살 수 있다는 점을 알아차렸기 때문이야. 그들은 자신의 죄를 씻어 달라고 어두컴컴한 교회에서 기도하는 대신 희망찬 새로운 시대에 살게 된 것에 감사했어. 그리고 이 세상에서 성공할 수 있는 지식과 능력을 가진 완전한 인간이 되기를 꿈꿨어.

도시 사람들은 중세의 예법이나 관습을 따르는 것도 좋아하지 않았어. 중세의 예법들은 사람을 틀에 가두고 얽어맸거든. 귀족은 귀족대로, 성직자는 성직자대로, 길드 조합원은 조합원대로 제각기 따라야 하는 격식이 있어서 이를 반드시 지켜야 했지. 사람들이 이런 규칙에 따라 살았던 것은, 중세에는 어느 누구도 자신이 속한 집단을 떠나서는 살 수 없었기 때문이야. 하지만 더 이상 봉건 제도가 지배하지 않는 도시에서는 누가 귀족이고 누가 천한 신분인지, 또 누가 크리스트교도이고 누가 이교도인지가 중요하지 않았어. 중요한 것은 성공을 위해 필요한 개인의 능력과 의지였지.

고대를 재발견한 인문주의자들

14세기 말, 이탈리아 북부 도시 국가의 학자와 문인들 사이에서는 고대 그리스와 로마의 문화를 공부하는 것이 크게 유행했어. 그들은 그리스어와 라틴어를 배워 고대 문헌들을 찾아 읽었어. 흩어져 있던 문헌들을 수집하고 복원하면서, 그들은 고대인들이 얼마나 수준 높은 문화를 지니고 있었는지 깨달았지. 사람들은 1000년 전에 살았던 고대인들이 자연과 사회의 여러 문제에 대해 자유롭게 토론하고 깊이 있는 글을 남긴 것을 보고 감탄했어. 이렇게 고대의 문헌과 문화를 연구하던 학자와 문인들을 '인문주의자(humanist)'라고 해.

인문주의자들은 특히 그리스의 플라톤, 투키디데스, 로마의 키케로, 세네카 등이 남긴 작품에 주목했어. 고전의 세계는 중세 크리스트교가 가르쳐 온 신 중심의 사상과는 완전히 다른 인간 중심적인 세계였어. 우정, 사랑, 시민의 권리와 의무, 정치가의 도리 등 인간의 현실적인 삶의 문제가 그 핵심이었지. 인문주의자들은 로마 제국이 몰락한 이후를 고대인들의 자유로운 정신이 사라진 시기라고 보았어. 그래서 다시 고대의 정신을 되살려 현세의 삶에 충실해야 한다고 생각했지.

인문주의자들은 고전에서 영감을 받아 새로운 작품을 써 나갔어. 주로 중세 전통의 속박에서 벗어나 자유롭게 살아가는 사람들이 주인공으로 등장하는 작품들이었지. 작품에는 삶의 주인은 신이 아니라 인간 자신이니, 스스로의 의지에 따라 성공하고 행복을 누리라는 메시지가 담겨 있었어.

역사상 이 시기처럼 지적인 열정이 사회를 뜨겁게 달군 적은 없었을 거야. 교양인이 되려면 그리스와 라틴 문학을 읽어야 한다는 생각

단테 르네상스 시대의 대표적인 인문주의자이다. 그의 저서 《신곡》에 나오는 지옥, 연옥, 천국을 배경으로 하여 서 있다.

이 퍼져 그리스어와 라틴어를 배우는 열풍이 불 정도였지. 인문주의 자들은 고전 작품의 문체에 감탄한 나머지 그들의 문체를 흉내 내기 도 했어. 인문주의자들은 한결같이 제자들에게 시, 역사, 연설문 같 은 고전 작품을 읽으며 표현법을 배우고, 교양을 쌓으라고 강조했어. 실용적인 지식이 아닌 삶의 지혜를 터득하고, 사회 정의를 판단할 수 있는 고전 작품에 대한 공부가 당시 교육의 핵심이었지.

15, 16세기가 되면서 고전을 읽고 공부하는 유행은 독일, 프랑스, 영국으로도 퍼져 나갔어. 특히 북유럽 인문주의자들은 당시의 성직 자와 수도원 제도를 풍자하고 신랄하게 비판하는 작품을 많이 썼어. 고전 작품에 나타난 기준으로 자신들이 살고 있는 사회를 바라보니 많은 문제점이 드러났던 거지.

새로운 세계관

인문주의자들이 고대의 작품에 열광한 것은 작품 속의 가치관이 정신적 해방감을 주었기 때문이야. 고전 작품 속 고대인들의 삶과 가치관이 자신들의 삶보다 훨씬 자유롭고 멋있다고 생각했던 거지. 고대인들은 현세의 삶을 즐겼지만, 자신들은 신을 위해 현세의 삶을 바쳐야 한다고만 생각해 왔으니까. 중세의 크리스트교적 세계관 속에서는 이승의 삶보다 죽은 후인 저승의 삶이 더 중요했거든.

르네상스 시대의 사람들이 크리스트교적 세계관을 완전히 버린 것은 아니야. 그렇지만 중세인에 비하면 현세의 직업과 생활에 더 많은 가치를 두었지. 이들은 고전 속 고대인들의 삶을 보면서 현세의 삶을 귀하게 여기는 새로운 삶의 가능성을 발견했던 거야. 이 세상에서 부자로 살 수도 있고, 자신의 능력을 살려서 하고 싶은 일을 할 수 있다는 생각이 그들을 흥분시켰지. 현세의 삶에서 즐거움을 추구할 수도 있다는 생각으로 행복감에 젖은 문인과 예술가들은 문학과 예술 작품을 통해 자신들이 받은 영감을 표현했어.

이렇게 즐거운 현세의 삶에 대한 생각은 르네상스 인문주의자와 예술가들의 지적·예술적 열정을 불타오르게 했지. 고대인들의 가치관을 이상으로 삼아 호사스러운 삶과 육체적 만족을 꿈꾸는 것만으로도 죄의식을 가져야 했던 중세의 정신적 억압을 떨쳐 버릴 수 있었던 거야.

르네상스 시기 유럽에서는 중세와는 완전히 다른 새로운 가치가 지배하는 시대가 열렸어. 그래서 대부분의 역사가들은 르네상스를 근대 역사의 출발점으로 보고 있지. 물론 이에 동의하지 않는 학자들도 있어. 그들은 르네상스가 일부 도시 국가에서만 일어난 운동이고, 당시 대부분의 사회는 여전히 교회와 봉건 귀족이 지배하는 중세의 질서를 벗어나지 못했다고 해. 하지만 르네상스 정신이 새로운 가치관을 가진 사람들을 낳았고, 이들이 앞장서서 새로운 시대를 이끌어 갔다는 점은 틀림없는 사실이지.

'근대인'의 탄생

고대 유적을 찾아내고 라틴어 책을 뒤지며 고대 아테네나 로마에 관심을 갖게 된 사람들은 고대 아테네의 페리클레스 시대를 동경했고, 카이사르, 아우구스투스, 알렉산드로스 같은 고대의 영웅들을 좋아했어. 1000년의 세월을 뛰어넘어 그들의 생각과 행동에 공감했고, 그들의 생활 방식을 멋있게 여겼지.

고전의 세계는 답답한 중세의 전통에서 벗어나고 싶어 하는 르네상스 시대 사람들의 취향에 딱 맞단 다. 고대인들이 그들에게 보여 준 세계는 자유 롭고 이상적인 사회였어. 고대 자유민의 삶은 신분 제도에 묶여 살아야 하는 답답함에서도, 구원받기 위해 늘 신의 뜻에 복종하며 살아야 하는 지루함에서도 벗어나 있었으니까. 그들 이 보기에 고대인은 자신의 의지대로 행동하 는 멋진 자유인이었어. 사람들은 그런 고대인 을 모델로 삼아 스스로 운명의 주인이 되는 새로

다비드 상 르네상스 시대의 거장 미켈란젤로가 1504년에 완성했다. 5미터가 넘는 거대한 상으로, 지금까지도 최고의 걸작 중 하나로 평가되고 있다.

운 인간형을 떠올리게 되었지. 중세의 가치관과는 전혀 다른 이런 인간형을 '근대인'이라고 부른단다. 중세의 신분 제도와 교회가 정해 놓은 법의 틀 속에서 살아야 했던 사람들이 자신의 운명을 스스로 선택할 수 있다고 생각하게 된 거지. 이들은 고대인처럼 자신의 의지대로 행동하고 자신의 감정과 생각에 충실하려 했어. 그리고 인간은 모두 높은 정신을 가진 특별한 존재라고 믿기 시작했어. 이러한 믿음은 스스로 판단하고 행동하는 개인을 존중하는 태도로 이어졌지.

도시의 교양인들은 인간의 고귀함을 증명이라도 하려는 듯 자신들의 독특한 재능을 드러내려 했어. 자신만의 개성을 보여 주고 개인의 성취감도 맛보고 싶었던 거지.

르네상스 시대 사람들이 생각한 가장 이상적인 근대인은 여러 분야에서 뛰어난 재능을 가진 천재였어. 도시에서 성공하고 명예를 얻으려면 남보다 능력이 뛰어나야만 했으니까. 우리가 아는 르네상스의 천재들은 대부분 여러 분야에서 뛰어난 재능을 가진 사람들이었어. 최고의 조각가이자 화가였던 미켈란젤로(1475~1564)는 건축가였을 뿐만 아니라 늙어서는 아름다운 시를 쓰기도 했지. 레오나르도 다빈치(1452~1519)는 전형적인 르네상스 시대의 천재였어. 그는 화가이자 건축가였고, 또 해부학자인 동시에 비행기를 설계한 과학자이기도 했지.

이처럼 르네상스 시기는 근대인이라는 새로운 개인이 태어난 시기였어. 그 모습은 부와 명예 같은 세속적 성공을 중요시하고, 자신의 능력을 통해 경쟁에서 이기기 위해 노력하는 지금 우리의 모습과 어찌 보면 닮은꼴이라고 할 수 있지.

근대 정치학을 연 마키아벨리

15세기 무렵 이탈리아 북부 도시들은 상공업을 통해 많은 부를 일구었지만, 정치 상황은 매우 불안정했어. 도시 사이의 경쟁이 심했고, 지배자들은 언제 권력을 빼앗길지 몰라 불안해 했지. 이런 정치 상황은 근대적 정치사상이 나올 수 있는 배경이 되었어.

인간 삶의 문제를 크리스트교 이념에 얽매이지 않고 현실적 차원에서 생각하도록 한 르네상스 정신은 도덕과 정치 영역까지 새로운 시각에서 바라보게 했어. 이 시기에 새로운 정치사상을 제시한 대표적인 사람이 니콜로 마키아벨리(1469~1527)야. 그는 자신의 책《군주론》에서 중세의 이상적 지도자와는 전혀 다른 지도자의 모습을 제시했어.

중세의 정치사상에서는 지도자가 신에게서 권력을 받았다고 생각했어. 그러니 왕은 신의 뜻에 따라 국가를 다스려야 할 의무를 갖고 있었지. 하지만 마키아벨리는 왕권이 신에게서 나오는 것이 아니라고 보았어. 그는 국가란 순전히 사람들의 현실적 필요에 따라 생겨난 제도라고 생각했어. 따라서 국가는 신의 뜻을 실천하는 것과 같은 비현실적 이상을 따르기보다는 사람들의 이익과 안전을 지켜 주는 등 현실적인 일을 해야 한다고 보았지.

마키아벨리는 종교적인 옳고 그름을 떠나서 국력을 강화하는 데 힘을 쏟는 왕이 좋은 지도자라

마키아벨리 르네상스 시대 피렌체의 외교관이자 역사가였던 마키아벨리의 초상(왼쪽)과 그가 쓴 정치학 논문《군주론》의 1532년 인쇄본 표지(오른쪽).

고 했어. 왕의 가장 큰 의무는 국가를 안전하게 지키는 것이므로, 필요에 따라서는 폭력을 사용할 수도 있다고 했지. 온건한 정치로 국가를 파멸에 이르게 하는 것보다는 폭력을 써서라도 국가의 분열을 막고 국민들의 안전을 지키는 것이 좋은 정치라는 뜻이었지.

오늘날 마키아벨리의 정치사상은 국가의 폭력과 지도자의 권모술수를 정당화했다는 비판을 받기도 해. 하지만 정치를 종교에서 분리시켜 현실적으로 생각할 수 있게 했다는 점에서 근대 정치학의 출발점으로 평가받고 있어.

르네상스 미술과 레오나르도 다빈치

역사상 르네상스 시대만큼 많은 천재 예술가가 나왔던 시대는 없어. 그들이 남긴 작품들은 오늘날까지 최고의 찬사를 받고 있지. 레오나르도 다빈치의 〈모나리자〉, 〈최후의 만찬〉, 미켈란젤로의 〈다비드상〉, 〈천지창조〉, 라파엘로의 〈아테네 학당〉과 〈성모상〉 등 일일이 이름을 대기 어려울 정도야. 하지만 아름다움만을 기준으로 미술 작품을 이야기한다면 어느 시대 작품이든 각각 독특한 아름다움을 가지고 있으니, 르네상스 시대의 작품이 가장 아름답다고 말할 수는 없겠지? 그보다는 당시 작품들의 특징과 새로운 점을 살펴보는 것이 르네상스 미술을 이해하는 가장 좋은 길일 거야.

르네상스 시대의 화가들은 이 세상이 참 아름답다고 생각했어. 그들은 그 모습을 화폭에 그대로 담기 위해 하늘, 나무, 꽃, 동물 그리고 인간의 모습을 열심히 관찰했어. 그러고는 자신들이 본 그대로를 화폭에 담고, 조각상으로 만들었지.

이런 태도는 중세 화가들의 태도와는 완전히 다른 것이었어. 중세 화가들은 이 세상의 아름다움을 표현하는 것을 중요하게 생각하지 않았어. 그들에게 중요한 것은 교회의 가르침을 사람들에게 전하는 것이었지. 그래서 화가들은 흔히 그림의 오른쪽에는 구원받은 영혼을, 왼쪽에는 저주

〈모나리자〉 르네상스 시대의 천재 예술가 레오나르도 다빈치의 대표작.

받은 영혼을 그려 넣곤 했어. 또 선한 것은 크고 밝게 그리고, 악한 것은 어둡고 작게 그렸지. 그러니 그들은 자연을 있는 그대로 그릴 필요가 없었어. 예전부터 이어져 오던 그림 수법을 배워서 그에 따라 그리면 되었지.

하지만 르네상스의 화가들은 자신이 본 대로 그리려고 했어. 토끼를 그리려면 선생님에게 토끼 그리는 법을 배워서 따라 그린 것이 아니라, 직접 토끼를 관찰하고 그 모습을 그대로 화폭에 담고자 했어. 그래서 이들의 그림에는 생기가 넘쳐흘렀고, 화가의 개성도 살아 있었어.

이런 방식으로 그림을 그린 대표적인 르네상스 화가가 레오나르도 다빈치야. 레오나르도는 어린 나이에 그림 공방에 들어갔어. 당시에

는 화가가 되는 것이 칼 만드는 기술자가 되는 것과 별반 다르지 않았어. 어릴 때부터 솜씨 좋은 장인 밑에 들어가 반복해서 연습을 하면서 예전부터 내려오는 방식을 익히는 과정이었지.

레오나르도가 들어간 공방의 선생님은 당시 아주 유명한 사람이었고, 레오나르도는 가르치는 것을 잘 배웠어. 하지만 레오나르도는 여기에 만족하지 않고 자신만의 방식을 개척하기 시작했단다. 당시에는 화가들이 물감을 달걀노른자에 섞어 쓰곤 했는데, 그렇게 섞은 물감은 뻑뻑해서 부드러운 선을 그리기가 어려웠어. 레오나르도는 사람 얼굴을 부드러운 선으로 표현하기 위해 물감에 기름을 섞어 쓰기 시작했어. 그 뒤로 레오나르도가 그린 인물의 얼굴은 부드러웠고, 볼에서는 생기가 넘쳤단다.

레오나르도는 사람의 몸을 그릴 때도 옛날 방식을 그대로 따라 하지 않았어. 그는 우선 인체의 모습을 잘 표현하기 위해 사람들이 움

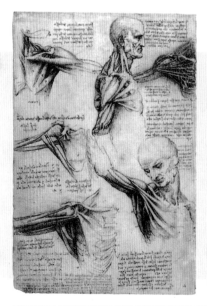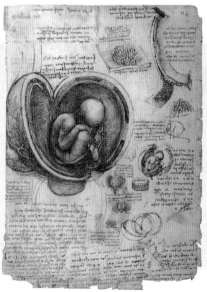

레오나르도 다빈치의 인체 연구 몸체와 팔 근육, 자궁 속의 태아를 연구하여 그린 해부학 스케치.

직일 때 몸 내부의 근육과 뼈, 힘줄이 어떻게 움직이고 어떤 모양을 만들어 내는지 자세히 관찰하고 스케치했어. 레오나르도 다빈치가 남긴 6000쪽이 넘는 노트에는 인체나 새, 말 등의 모습을 그린 스케치가 빼곡하게 담겨 있어.

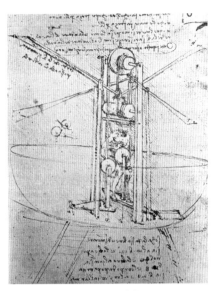

레오나르도 다빈치의 비행기 설계도

눈앞에 보이는 겉모습을 관찰하는 것으로 만족할 수 없었던 레오나르도는 인체의 구조를 알기 위해 30여 구의 시체를 해부하기도 했지. 안구를 해부해서 눈의 안쪽 망막에 맺힌 상을 통해 우리가 물체를 볼 수 있는 원리를 처음 알아내기도 했어.

한편 어릴 때부터 자유롭게 하늘을 나는 새에 마음을 빼앗겼던 레오나르도는 새가 나는 원리를 연구한 끝에 낙하산과 비행기를 설계하기도 했어. 이런 태도는 화가라기보다는 과학자에 가깝게 보이지. 하지만 레오나르도에게 그림을 그리는 것과 사물을 관찰하여 원리를 알아내는 것은 서로 다른 일이 아니었어. 이것이 바로 르네상스 미술의 새로운 점이라고 할 수 있어.

이렇게 자연을 있는 그대로 바라보며 관찰의 대상으로 여기는 것, 이것이 바로 중세와는 다른 르네상스 미술의 가장 큰 특징이야. 이런 정신은 관찰과 실험이 중심이 되는 근대 과학의 정신으로 이어졌단다.

🚶 르네상스의 후원자, 메디치 집안

피렌체는 곳곳에 오래된 성당과 궁전, 대리석 건축물들이 빼곡하게 들어
차 있어서 늘 관광객들로 붐비는 곳이야. 그중에서도 가장 많은 관광객이
몰리는 곳으로 우피치 박물관을 들 수 있어. 이 박물관은 미리 예약을 하
지 않으면 아예 입장을 할 수도 없을 정도란다. 이처럼 많은 사람이 우피
치 박물관을 찾는 것은 이곳에 보관된 유물들을 감상하기 위해서만이 아
니야. 이 박물관 건물은 원래 메디치 집안의 궁전이었어. 메디치 집안이
지배했던 르네상스 시기의 피렌체는 유럽에서 학문과 예술이 가장 발달
한 도시였지. 그래서 사람들은 이 시기를 대표하는 유럽 최고의 궁전을 보
기 위해 우피치 박물관으로 모여드는 거란다.

　관람객들은 어떤 왕의 궁전보다도 화려한 이 궁전의 아름다움에 놀라

〈로렌초 데 메디치〉 15세기 이탈리아 화가 고촐리의 작품.
로렌초 데 메디치는 르네상스 예술의 최고 후원자였다.

곤 해. 하지만 이보다 더 놀라운 사실이 있
어. 이 궁전의 주인이었던 메디치 집안이
왕이나 귀족이 아니라 당시 낮은 신분이었
던 상인 집안이었다는 사실이야. 메디치
집안은 14세기 초부터 프랑스, 에스파냐
등과 모직물 교역을 하면서 돈을 벌었고,
15세기에 메디치 은행을 설립하면서 재산
을 더욱 늘렸어. 메디치 은행은 당시 유럽

메디치 집안의 문장

에서 가장 큰 은행이었어. 그래서 다른 나라의 왕이나 교황도 이 은행에서
돈을 빌리곤 했지. 이런 부를 발판으로 세력을 키운 메디치 집안은 마침내
도시를 지배하게 되었단다.

신분이 낮은 상인 출신에서 도시의 지배자로 성장한 메디치 집안은 당
대 최고의 건축가에게 화려한 궁전을 짓게 하고, 궁전 안팎을 최고의 미술
품들로 장식했어. 그뿐만 아니라 거리를 아름답게 장식하고 화려한 교회
와 수도원을 짓는 데도 아낌없이 투자했지. 그들은 웬만한 왕이나 귀족도
지을 수 없는 최상의 건축물을 짓고, 최고의 예술품을 갖는 것으로 자신들
이 낮은 신분 출신이라는 열등감을 극복하려 했어. 예술품을 통해 자신의
부를 과시하고, 다른 왕이나 귀족의 부러움을 사면서 자존심을 세우고자
한 거지.

메디치 집안은 학자와 예술가들을 후원하는 일에도 힘을 쏟았어. 르네
상스 시대 최고의 예술가들인 레오나르도 다빈치, 미켈란젤로, 라파엘로,
보티첼리, 도나텔로 같은 예술가들이 모두 메디치 집안의 재정적인 도움
을 받았어. 든든한 후원자 덕에 이 예술가들은 먹고사는 일에 신경 쓰지
않고 예술에 전념할 수 있었고, 그 결과로 건축, 그림, 조각 분야에서 수많
은 불후의 명작들이 탄생했단다.

허물어지는 교회 제도, 종교 개혁

중세 유럽을 지배한 로마 가톨릭교회

1500년경 유럽인들은 자신들을 크리스트교도라고 불렀어. 이건 지금 우리가 스스로를 다른 나라 사람들과 구별해 대한민국 사람이라고 생각하는 것과 비슷한 일이란다. 당시 유럽인들은 자신을 어느 나라 국민이라고 생각하는 대신에 모두 크리스트교도로서 같은 공동체에 속해 있다고 여겼어.

당시 유럽 크리스트교도들의 중심은 로마 가톨릭교회였어. 이들은 모두 같은 방식으로 예배하며, 스스로 고대 로마 교회를 세운 예수의 제자를 따른다고 여겼지. 이런 바탕 위에서 로마 가톨릭교회는 중세 내내 유럽인들을 지배했고, 그런 지배는 16세기까지도 계속되었단다. 모든 유럽인들이 로마 교황을 최고의 지도자로 떠받들며 로마 교회의 주장을 받아들였지.

이런 점에서 중세 유럽의 로마 가톨릭교회는 단순한 종교 조직이 아니라 정치 기구이기도 했어. 교회는 진 유럽에 거대한 피라미드 같은 조직을 가지고 세금을 거두어들이며 사람들을 지배했지. 크리스트교의 교리는 개인이 선택할 수 있는 신앙이 아니라 당시의 제도가 따르는 세계관이자 도덕이었어. 그러니 당시 교회의 주장은 곧 법과 같았단다. 교회는 하느님의 구원을 받으려면 어떻게 해야 하는지에 대해 상세한 지침을 내렸고, 사람들은 하느님의 심판이 두려웠기 때문에 교회의 가르침을 잘 지켰지. 중세 내내 교회는 죄를 고백하게 하고, 착한 행동을 하도록 설교하며 신의 이름으로 사회 질서를 유지해 나갔던 거야.

하지만 16세기에 들어 로마 가톨릭교회의 권력은 커다란 도전을 받아 약해지기 시작했단다. 도시가 발달하고 현세의 삶을 즐기려는 세속적인 분위기가 퍼지면서 사람들이 교회의 가르침을 의심하기 시작한 거지. 거기에 교회와 수도원이 돈벌이에 나서고, 현세의 쾌락을 즐기는 성직자들의 모습이 폭로되면서 교회는 점차 권위를 잃었어.

르네상스 정신에 영향을 받은 학자들은 고대 성경의 원전을 찾아 읽었고, 교회의 가르침이 원래의 성경 내용과 다르다고 지적했어. 이들의 주장은 책으로 인쇄되어 퍼져 나갔고, 많은 사람이 교회의 주장과 성직자들의 타락을 비판했지. 이런 비판의 목소리가 역사적 사건으로 터져 나온 것이 바로 '종교 개혁 운동'이야.

종교 개혁은 로마 가톨릭교회를 중심으로 똘똘 뭉쳐 있던 하나의 유럽이 무너지는 데 결정적 역할을 한 대사건이야. 종교 개혁 이후 로마 가톨릭교회는 유럽 전체를 통치하던 권위를 잃었고, 로마 교회의 지배를 인정하지 않는 지역도 속속 생겨났어. 이제 유럽은 로마 가톨릭교회를 따르는 지역과 이에 도전하는 신교를 따르는 지역으로 나뉘었지. 이 과정에서 크리스트교는 사회를 통치하는 권력을 잃고 개인의 내면적인 신앙으로 바뀌어 갔단다. 그러니 종교 개혁 운동을 단순히 가톨릭교회(구교)와 프로테스탄트(신교) 사이의 교리 다툼으로만 보아서는 그 역사적 의미를 제대로 이해할 수 없지. 전 유럽을 지배하던 로마 가톨릭교회의 권위가 깨져 나가면서 그동안 사회 질서를 유지해 왔던 크리스트교적 세계관이 약화되는 과정으로 종교 개혁을 둘러싼 당시 상황을 이해해야 한단다.

교회의 타락과 비판자들

14세기에 이르러 화폐 경제가 발달하면서 유럽에는 돈으로 살 수 있는 사치품이 많아졌어. 교회는 권력을 남용하여 돈벌이에 열심이었고, 타락한 성직자들은 사치스럽고 방탕한 생활을 했지. 성직자는 사람들에게 돈을 거두어들이기 편한 위치였기 때문에 고위 성직자가 되면 큰돈을 손에 넣을 수도 있었어. 그 때문에 성직자 자리를 사고파는 일도 생겼어. 돈을 주고 성직자 자리를 사는 것은 주로 돈 많은 왕이나 주교의 친척들이었지.

갈수록 교회는 돈을 모으는 데만 열중하고 가난한 이들에게 자선을 베푸는 일에는 인색해졌어. 그러자 사람들 사이에서 로마 가톨릭교회에 대한 불만이 터져 나오기 시작했지. 사람들은 "성직자들은 지위 고하를 따질 것 없이 돈이라면 사족을 못 쓴다."라는 말을 주고받으

며 교회와 성직자를 조롱
했어. 인문주의자들은 성
직자들의 타락을 꼬집는
글을 썼고, 종교 지도자들
은 로마 교회의 잘못을 지
적했어. 이들은 용서와 구
원에 대해서도 로마 교회
와 다른 주장을 폈단다. 그
동안 로마 교회는 구원을
받으려면 교회에서 예배

검열로 지워진 인문주의자의 글 네덜란드 인문주의자 에라스뮈스의 검열당한 책. 가톨릭교회 당국은 성서를 재해석하고 교회와 성직자를 풍자한 그의 모든 저서를 금서로 지정했다.

를 드리거나 성직자를 통해 용서를 구해야 한다고 가르쳐 왔어. 하지만 인문주의자들은 오직 성경의 가르침대로 사는 것만이 구원을 받을 수 있는 길이며, 사람인 성직자가 사람들의 죄를 용서할 수는 없다고 주장했어. 이는 교회와 성직자의 특별한 권위를 인정하지 않겠다는 뜻이니, 교회가 가만히 있을 리가 없었지. 로마 가톨릭교회는 그런 주장을 펴는 이들을 모질게 박해했어. 하지만 이들의 비판은 16세기에 종교 개혁 운동이 일어날 때까지 줄기차게 이어졌단다.

교회 내부에 잘못을 반성하려는 이들이 없었던 것은 아니야. 그들은 무엇보다 절대 권력을 가지고 있는 교황의 힘을 제한하려 했어. 각 지방의 주교들은 자신들의 회의 기구인 '공의회'를 만들고, 교회의 중요한 일을 이 회의를 통해 결정하고자 했지. 그래야 교황 혼자서 마음대로 결정해 잘못된 명령을 내리는 것을 막고, 그때껏 쌓여 온 교회의 문제점도 고칠 수 있을 거라고 생각했어. 그러나 이는 쉽지 않은 일이었단다. 교황은 아예 공의회를 소집하지 않거나 공의회에서 결정된 약속을 무시하곤 했지.

교회는 달라지지 않았고, 사람들 사이에서는 로마 가톨릭교회가 인정하지 않는 새로운 신앙을 따르는 움직임이 생겨나기 시작했어. 당시 전쟁이며 기근, 흑사병 등으로 큰 고통을 겪고 있던 유럽인들은 예수님이나 성인들의 삶을 통해 어려움을 헤쳐 나갈 힘을 얻기를 원했어. 하지만 로마 가톨릭교회는 더 이상 사람들에게 감동을 주지 못했고, 그에 따라 자연스럽게 새로운 신앙을 찾는 이들이 생겨난 거야.

14세기 후반, 영국의 신학자 위클리프(1330~1384)와 보헤미아의 신학자 후스는 로마 가톨릭교회를 비판하며 새로운 크리스트교 운동을 벌였어. 그들은 크리스트교도에게 중요한 것은 오직 성경의 가르침이라며 교회의 복잡한 교리와 예배 의식 그리고 성직자 조직을 비판했어. 참된 신앙을 강조하며 복잡한 예배 의식이 아닌 깊은 믿음이 사람들을 구원하는 기적을 베푼다고 했지. 당시 종교를 통해 새로운 감동을 얻고자 하는 많은 사람이 그들을 따랐어. 하지만 후스는 결국 종교 재판을 거쳐 화형을 당하고 말았지. 후스뿐 아니라 그를 따르던 사람들도 로마 교회로부터 심한 박해를 받았어. 하지만 그들의 정신은 끝내 살아남아 종교 개혁으로 이어졌단다.

루터의 종교 개혁

1513년에 교황이 된 레오 10세(1475~1521)는 신의 뜻을 실천하는 데는 관심이 없었어. 그는 교황 자리가 세상의 온갖 부귀영화를 누릴 수 있게 해 주는 자리라고만 여겼어. 유흥을 즐기며 값비싼 예술품들을 모아 성당을 꾸미는 데만 열심이었지. 당시 교황 가운데서도 가장 사치스러운 사람으로 기억되는 레오 10세는 성직자라기보다 정치가나 사업가에 더 가까웠어. 돈이 많은 드는 사업을 연이어 펼치며 프랑스와 전쟁을 치르기도 했지. 그는 이런 자금을 마련하기 위해 성직을 팔거나 자신의 권력을 이용해 돈을 거두어들였지만, 돈은 늘 부족했어.

교황 레오 10세가 벌인 중요한 사업 가운데 하나가 로마의 성 베드로 성당을 다시 짓는 일이었지. 그는 이 사업에 드는 비용을 마련하기 위해 사람들에게 '면죄부'를 팔았어. 면죄부는 죄를 지은 사람이 돈을 내고 이것을 사면 죄를 면제받고 천국에 갈 수 있다는 증서였어. 교황이 발행한 천국행 티켓이라고 할 수 있지. 면죄부를 파는 성직자들이 '금화가 헌금 상자에 떨어지며 쩔그렁 소리를 내는 순간 영

면죄부 판매 교황의 명을 받은 판매원들이 장터에서 면죄부를 사라고 권하고 있다.

혼은 죄를 용서받고 천국에 갈 것'이라고 선전했어. 살인, 절도, 강도, 사기와 같은 무거운 죄에 대해서도 각각 다른 값을 매겨 면죄부를 팔았어. 레오 10세는 이 면죄부 파는 일을 독일의 상인인 푸거 집안에게 맡긴 뒤, 그 수익을 나누어 가졌어. 교황이 면죄부로 장사를 한 셈이었지.

　이런 교황에게 정면으로 도전장을 낸 사람이 있었어. 바로 독일의 수도사였던 마르틴 루터(1483~1546)였단다. 루터는 독일 비텐베르크 대학에서 성경을 연구하고 설교하던 사람이었어. 신앙심이 깊은 루터는 로마 가톨릭교회가 큰 잘못을 저지르고 있다고 생각했지. 교황의 면죄부 판매에 화가 난 루터는 로마 가톨릭교회의 잘못을 조목조목 적어 95개 조항으로 이루어진 선언문을 완성했어. 다음은 그 내용의 일부분이야.

종교 개혁의 시작 종교 개혁의 불을 지핀 독일의 종교 개혁가 루터와 그가 쓴 95개 조의 반박문.

20조 : 교황이 모든 벌을 면제한다고 선언한다면, 그것은 진정한 의미에서의 모든 벌이 아니라, 단지 교황 자신이 내린 벌을 면제한다는 것뿐이다.

36조 : 진실로 회개한 크리스트교도는 면죄부가 없어도 징벌이나 죄에서 완전히 해방되는 것이다.

1517년 10월 31일, 루터는 비텐베르크에 있는 한 교회의 문에 이 선언문을 붙였어. 역사를 바꾼 종교 개혁은 이렇게 시작되었단다.

루터의 선언문은 인쇄되어 독일 전체로 퍼져 나갔어. 루터는 신이 아닌 교황이 돈을 받고 인간의 죄를 용서하는 것은 있을 수 없는 일이라고 비판했고, 사람들은 루터의 생각에 크게 공감했지. 그에 따라 면죄부의 판매도 크게 줄어들었단다.

뒤이어 1519년에는 루터와 로마 가톨릭교회 편에 선 요한 에크라는 신학자 사이에 큰 논쟁이 벌어졌어. 이때 루터는 올바른 신앙생활을 하는 데 교회나 성직자는 꼭 필요한 것이 아니며, 오직 성경만이 신앙생활의 안내자가 될 수 있다고 주장했어. 로마 가톨릭교회의 입장에서 보면 이는 교회 제도 자체를 위협하는 생각이었지. 이에 에크는 루터를 후스와 같은 이단자라고 몰아갔고, 교황은 루터에게 그의 주장을 거두어들이라고 요구했어. 하지만 루터는 자신의 주장에는 조금도 잘못이 없으며, 만일 성경에서 자신의 주장이 잘못되었다는 증거를 찾아내면 주장을 취소하겠다고 맞섰어. 결국 교황은 루터를 파문하고 말았단다.

루터는 곧 죽을 위험에 처했지만, 작센 지방을 다스리던 작센 공이 그를 자신의 성 지하실에 숨겨 주어 겨우 목숨을 구했어. 이후 루터는 그곳에서 성경을 독일어로 번역하고 글을 쓰며 살아갔지. 루터가 쓴 글은 인쇄되어 독일 전역으로 퍼져 나갔어. 특히 독일 중북부 지방을 지배하던 제후들이 루터의 주장을 지지했지.

독일에서 일어난 농민 전쟁

루터의 주장에 감명을 받은 것은 제후들만이 아니었어. 교회와 영주에게 불만이 많았던 농민들과 하급 기사들, 도시의 하층민들은 루터의 주장이 자신들의 생각을 대변해 준다고 느꼈고, 그를 열렬히 지지했단다. 특히 농노들은 "인간은 자신의 양심 외에는 그 누구에게도 복종할 필요가 없다."는 루터의 주장을 자신들을 구원해 줄 메시지라고 여겼어. 그리고 자신들도 자유로운 신분이 될 수 있다는 희망을 가지고 반란을 일으켰어. 그들은 곡괭이와 낫으로 무장하고 영주의 성이나 수도원으로 쳐들어가 영주를 살해한 뒤 자신들의 의무가 적힌 문서를 불태웠어. 그동안 억눌려 온 농민들의 분노가 폭발하면서 반란의 불길은 독일 땅의 3분의 1 이상을 휩쓸 정도로 커졌단다. 하지만 군사 훈련을 받아 본 적이 없는 농민 반란군은 지도자도 없이 이리저리 몰려다녔기 때문에 곧 귀족들의 군대에게 진압되고 말았지.

루터의 주장을 접한 농민들이 반란을 일으킨 것은 그동안 수도원에 대한 불만이 너무나 많이 쌓여 있었기 때문이야. 당시 수도원은 많은 땅을 가지고 있었어. 물론 농민들이 그 땅에서 일해야 했지. 화폐 경제가 발달하자 수도원들은 돈을 모으기 위해 농민들에게 더 많은 세금을 물리고, 농민들이 가지고 있던 한 줌의 권리마저 빼앗으려

독일 농민 전쟁 농민 반란 지도자의 화형 장면(왼쪽)과 1524년 독일 농민 전쟁 때 반란군의 요구 사항 12개 조를 적은 인쇄물의 표지(오른쪽).

했어. 이런 상황에서 교회의 도덕적 타락을 비판하는 루터의 주장을 듣게 된 농민들은 더 이상 참지 못하고 불만을 터뜨린 거야.

1524년에 독일 슈바벤 지방을 휩쓸었던 농민군의 대장은 "부당한 세금을 낼 수 없다!", "우리를 농노 신분에서 해방시켜 달라!"고 주장 했어. 가축은 그 누구의 것도 아니니 귀족들이 내라는 가축 이용료를 못 내겠다는 주장과 하느님은 인간을 평등하게 지으셨으니 인간은 신분의 차별 없이 평등해야 한다는 주장을 한 거야. 성경만이 옳은 안내자라는 루터의 메시지를 그대로 실천에 옮기려 한 농민들은 이렇듯 지배 계급과 사회 제도를 공격했어.

그런데 정작 루터는 농민 반란 소식을 듣고 반란을 즉시 진압해야 한다고 했어. 그는 농민들의 폭력적인 행동을 두려워했어. 루터의 의도는 교황과 성직자의 부패와 타락을 지적하고 이를 고치려 한 것이지, 농민들이 반란을 일으켜 지배 계급을 공격하도록 만들려고 했던 것은 아니었거든. 하지만 루터의 주장은 그동안 사회를 지배해 온 가치관과 신분 제도를 공격할 수 있는 무기가 되기에 충분했어.

우리가 사는 사회를 설계도에 따라 짓는 건물이라고 생각해 보자. 중세 사회의 설계도는 당시의 크리스트교적 세계관이라고 할 수 있겠지. 루터는 그 설계도 전체를 버리려고 했던 것이 아니야. 다만 교회와 성직자들이 설계도를 그대로 따르지 않고 건물을 잘못 짓는 것을 지적한 거였어. 하지만 루터의 주장은 자신이 의도한 것 이상으로 사회 변화를 꿈꾸는 자들에게 영향을 미쳤단다. 농민들은 신분 제도가 지배하는 사회의 기본 질서를 바꾸기 위해 반란을 일으켰고, 종교 지도자들은 루터와는 다른 교리를 내세우며 기존 교회의 지배 질서를 위협하는 종교 운동을 주도했지. 교황이나 황제의 간섭을 받지 않고 자신의 영토를 지배하고 싶어 하는 귀족들도 지금까지와는 다른 질서를 원하기 시작했어. 일단 설계도를 문제 삼는 사람이 나타나자, 아예 설계도 자체를 바꾸어야 한다는 과격한 주장들이 잇달아 나올 수 있었던 거야.

다시 말해 교황에 대한 루터의 도전이 역사적으로 의미 있는 것은 당시 사회가 기초로 삼던 설계도에 문제 제기를 했다는 점에 있어. 루터는 중세 제도라는 커다란 둑에 작은 구멍을 만들었고, 그 구멍으로 물이 넘치면서 결국 둑이 무너지는 일이 벌어진 거야. 이처럼 종교 개혁은 루터가 교회를 비판하고 나선 직접적 원인이었던 면죄부 판매나 교리의 문제에 한정되는 사건이 아니었어. 중세 제도가 무너지고 근대적 사회 질서가 세워지는 데 큰 역할을 한 역사적 사건이었지.

새로운 교회와 프로테스탄트

루터는 자신의 주장이 신분 제도를 없애자는 주장으로 받아들여지는 것을 원치 않았고, 농민 반란에도 강력히 반대했어. 하지만 로마 가톨릭교회와는 끝내 화해하지 못했지. 결국 농민 반란이 진압된 뒤 루터와 루터를 따르는 사람들은 가톨릭교회에서 떨어져 나와 따로 루터파 교회를 세웠단다. 이렇게 교회의 개혁을 주장하며 로마 가톨릭교회에 반대했던 이들을 '프로테스탄트'라고 불러. 프로테스탄트란 '항의하는 사람들'이라는 뜻이야. 그들은 사람들이 알아들을 수도 없는 라틴어로 진행하던 교회 의식을 집어치우고, 성경 말씀을 따르는 초기 교회의 정신을 되살려야 한다고 주장했지.

시간이 흐를수록 프로테스탄트 중에서도 교리나 사회 문제에 대해 루터와는 조금씩 다른 생각을 가진 종교 지도자들이 나오기 시작했어. 그중 대표적인 사람이 스위스 제네바에서 활동했던 장 칼뱅 (1509~1564)이야. 칼뱅은 제네바에 도시 국가를 세우고 자신의 종교 사상에 따라 사람들을 다스렸어. 그의 정부는 매우 엄격했지. 도시 사람들은 1주일에 몇 번씩 교회에 가야 했고, 오락이나 유흥을 즐기는 생활도 할 수 없었어.

칼뱅은 책을 써서 자신의 사상을 펼치기도 했어. 칼뱅 사상의 핵심은 인간은 이 세상의 어떤 일도 바꿀 수 없다는 것이야. 인간의 과거, 현재, 미래의 삶은 모두 신이 정해 놓았다는 의미이지. 이를 '예정설'이라고 한단다. 칼뱅의 예정설에 따르면, 사람이 구원을 받고 안 받고는 오직 신이 미리 정해 놓은 계획에 달려 있다고 해. 그러니 사람들은 로마 가톨릭교회에서 권하는 선행이나 고해를 해도 구원을 약속받을 수 없다는 거지. 칼뱅의 사상은 도시 상인들에게 크게 환영을 받았어. 도시 상인들이 칼뱅의 사상에 끌린 이유는 그의 사상이 돈 버는 일을 죄악시하며 헌금을 강요하던 기존 교회와 달랐기 때문이야. 칼뱅의 교리는 성실하게 일해서 돈을 벌고 검소한 삶을 살고 싶어 하는 도시 상인들에게 구원의 희망을 주었어. 칼뱅은 신에게 구원받을 사람인지 아닌지는 그 사람이 세상을 살아가는 태도를 보면 알 수 있다고 했거든. 구원을 약속받은 사람은 깊은 신앙을 가지고 성실하게 일하며, 검소하고 도덕적인 사람이라고 했지. 도시 상인들은 칼뱅의 가르침에서 용기를 얻어 돈벌이에 주력하는 자신들의 삶을 당당하게 받아들일 수 있었어.

칼뱅을 따르는 이들에게 크리스트교는 현실의 삶을 성실히 살게 하는 도덕이었어. 그들은 "일 하지 않는 자는 먹지도 말라.", "짧은 인생에서 시간을 낭비하는 것은 죄다."라는 신조 아래

칼뱅 프랑스 출신 종교 개혁가 칼뱅의 초상(오른쪽)과 그가 설교했던 스위스 제네바의 성 피에르 대성당(왼쪽).

루터파의 전파
칼뱅파의 전파
영국 국교회
프로테스탄트
가톨릭

노르웨이 왕국
스웨덴 왕국
장로파
덴마크 왕국
스코틀랜드 왕국
북해
폴란드 왕국
청교도
회센
비텐베르크
런던 왕국
런던
대서양
프랑스 왕국
신성 로마 제국
헝가리
위그노
제네바
오스만 제국
교황령
에스파냐 왕국
나폴리 왕국
지중해

유럽의 종교 분포

엄격하게 도덕적인 생활을 했어. 신에게 예배를 하거나 부적을 바쳐 용서를 구할 수 있다는 생각을 버리고, 돈을 벌고 사회적으로 성공하는 것을 매우 자랑스럽게 생각했지. 독일의 사회학자 막스 베버(1864~1920)는 이 프로테스탄트의 도덕이 근대 자본주의 정신에 큰 영향을 미쳤다고 설명했어. 칼뱅의 사상은 로마 가톨릭교회에서 갈라져 나온 신교 세력을 대표하며 이후 유럽 사회와 정치에 큰 영향을 끼쳤단다. 칼뱅의 사상은 프랑스, 에스파냐, 네덜란드, 영국의 도시민들 사이에도 널리 퍼졌어. 하지만 칼뱅의 사상을 받아들인 사람들은 심한 정치적 박해를 받았지. 당시 사회에서 새로운 종교를 갖는다는 것은 지배 질서를 향한 저항을 의미했기 때문이야. 하지만 도시를 중심으로 돈을 벌고 교양도 갖춘 신교 세력은 점차 권력을 차지하고 새 시대를 열어갔단다.

영국의 종교 개혁

1533년에는 영국 교회도 로마 가톨릭교회에서 떨어져 나와 독립을 한단다. 흔히 이 사건을 두고 '영국의 종교 개혁'이라고 부르지. 영국의 종교 개혁은 루터나 칼뱅의 종교 개혁과는 달리 당시 영국의 왕이었던 헨리 8세(1491~1547)의 이혼 문제에서 시작되었어.

〈**헨리 8세**〉 16세기의 초상화가 한스 홀바인이 그린 헨리 8세의 초상.

왕자가 없었던 헨리 8세는 자신이 죽은 뒤 영국이 혼란에 빠질 것을 걱정했어. 그래서 딸밖에 낳지 못한 왕비 캐서린과 이혼하고 젊은 궁녀인 앤 불린과 결혼을 하려 했지. 하지만 교황은 이를 허락하지 않았어. 그러자 헨리 8세는 영국 의회에 나와 영국 교회는 로마 가톨릭교회에서 독립할 것이며, 앞으로 영국 교회의 최고 지배자는 영국 국왕이라고 선언해 버렸어. 이후 헨리 8세는 자신의 뜻대로 왕비와 이혼하고 앤 불린과 결혼했단다. 그러나 이번에도 그가 원했던 아들을 얻지 못했고, 헨리 8세는 앤 불린을 사형에 처한 뒤 4번이나 더 결혼을 했지.

헨리 8세가 영국 교회를 로마 교황의 지배로부터 독립시킨 결정적인 이유는 물론 자신의 이혼 문제였어. 하지만 당시 영국에서도 교황에 대한 감정이 좋지 않았고, 수도원의 횡포로 불만이 갈수록 커지고 있었어. 헨리 8세는 1536년과 1539년, 두 차례에 걸쳐 토지를 많이 가지고 있던 수도원을 해산하고 그 토지를 몰수했어. 로마 교황에게 속해 있던 수도원을 해산하고 그 땅을 몰수한 것은 그만큼 교황의 권력을 약화시키고 국왕의 권력을 키워 나가려는 의도였다고 볼 수 있지.

이렇듯 16세기에는 유럽 각지에서 종교 개혁이 일어나면서 그동안 유럽 전 지역을 지배해 오던 로마 가톨릭교회의 세력이 점차 약해져 갔어.

대항해와 유럽의 팽창, 자본주의가 싹트다

16, 17세기 유럽의 변화

르네상스와 종교 개혁이 한창이던 1450년부터 1600년 중엽까지, 유럽에서는 또 하나의 커다란 변화가 일어났단다. 이 시기에 유럽인들은 전 세계를 향한 항해와 탐험을 시작했어. 인도와 아메리카로 가는 신항로를 개척하는가 하면, 끊임없이 새로운 지역을 탐험하고 정복해 나갔지. 유럽인들이 바다로 나서자, 수천 년 동안 거의 교류도 없이 서로 다른 문명을 발전시켜 오던 각 대륙이 서로 거래를 하기 시작했어. 물론 이 거래의 주도권을 쥔 것은 배를 타고 정복에 나선 유럽인들이었지.

유럽인들은 세계의 바다를 누비고 다니며 이익이 되는 것들을 약탈해 다른 곳에 팔았어. 아프리카 흑인들을 잡아다 아메리카의 농장에 노예로 팔아넘겼고, 아메리카에서 노예들이 캔 은으로 아시아의 비단과 향료를 샀어. 유럽인들은 이런 식으로 이후 세계 경제의 주도권을 쥘 발판을 마련해 갔단다.

해외 정복지와 교역을 하면서 엄청난 물자와 귀금속이 유럽으로 흘러들었어. 특히 아시아의 향료와 아메리카에서 캐낸 금과 은은 유럽 경제에 큰 영향을 미쳤지. 갑자기 금과 은이 쏟아져 들어오면서 물가가 치솟아 평민들의 생활은 더 어려워졌어. 하지만 상인들은 큰 이익을 남겼지. 상인들의 장사 규모가 커지면서 은행이 발달했고, 유럽에는 점차 새로운 경제의 틀이 만들어졌단다.

또 하나, 이 시기의 변화를 말할 때 빼놓을 수 없는 것이 있어. 16, 17세기에 걸쳐 이루어진 자연 과학의 발전이야. 흔히 이 시대를 '과학 혁명의 시대' 또는 '천재들의 시대'라고 해. 코페르니쿠스의 지동설에서 뉴턴의 자연법칙 발견에 이르는 놀라운 성과가 모두 이 시기에 나왔거든. 이제 인간은 자연법칙을 연구하여 자연을 정복하고 인간의 필요에 따라 이용할 수 있게 되었어. 17세기 유럽에서 이루어진 과학적 발견들은 이후 인류의 문명이 과학 기술을 중심으로 발전하는 데 결정적 영향을 미쳤단다.

그런데 이 시기에 유럽 안팎에서 일어난 변화와 과학 혁명이 무슨 상관이 있을까? 이 무렵 많은 천재 과학자가 나오고 이들이 새로운 법칙을 발견한 것은 유럽인들이 세계로 진출하면서 유럽 사회가 크게 변화한 것과 밀접한 관련이 있어. 사회의 큰 변화를 겪으며 사람들은 전과는 완전히 다른 방식으로 생각하기 시작했고, 그 결과로 새로운 과학적 발견들이 이루어질 수 있었던 거야. 물론 이러한 과학적 발견들은 다시 사람들의 생각에 엄청난 영향을 미치면서 새로운 사회를 건설하는 힘이 되었단다.

신항로 발견 이전의 아시아 무역

13세기 유럽에는 아시아에서 진귀한 물품들을 가져다 파는 상인들이 늘어나고 있었어. 7세기 이후 중단되었던 아시아와의 무역이 되살아난 거였지. 당시 아시아 북쪽 초원 지대에서 살던 몽골족은 아시아 동쪽 끝에서 유럽의 헝가리와 폴란드에 걸치는 대제국을 건설했어. 몽골 제국은 물건을 싣고 아시아와 유럽을 오가는 상인들에게 호의적이었기 때문에 그들의 여행길을 보호해 주곤 했어.

하지만 14세기 중반에 몽골 제국이 무너지자 상황은 달라졌어. 몽골 제국의 뒤를 이은 명나라는 외국인과 교역하는 것을 배척하는 나라였거든. 그 때문에 중국 땅에 있던 유럽인들은 쫓겨나고, 육로를 통해 아시아와 교역하는 일도 무척 위험해졌어.

당시 인도에서 나는 후추나 계피 같은 향료는 유럽인들에게 매우 인기가 높았어. 음식의 맛을 돋우거나 고기 냄새를 없애고, 약과 향수를 만드는 데도 쓰였거든. 그렇지만 아랍과 이탈리아 상인의 손을 거쳐야만 이런 물건들을 유럽에 들여올 수 있었기 때문에 값이 무척 비쌌어. 특히 경제적으로 어려움을 겪고 있던 봉건 왕조의 왕족과 귀족들은 비싼 아시아의 향료를 사는 데 큰 부담을 느꼈지. 그들은 다른 통로로 이런 물건들을 살 수는 없을까 궁리했어. 향료 산지를 알아내 직접 그곳에 가서 물건을 구하려고 했단다. 그들은 향료 산지로 가는 바닷길을 개척하려고 했고, 모험적인 상인들은 바닷길에 관심을 가지기 시작했지. 만약 유럽에서 직접 아시아를 오가는 바닷길을 개척할 수만 있다면 큰돈을 벌 수 있을 게 분명했으니까.

🚢 마르코 폴로와 《동방견문록》

13세기에 몽골족이 아시아와 유럽에 걸치는
대제국을 건설하자 로마 교황과 유럽의 몇
몇 지배자는 몽골 제국의 황제에게 대사를
보냈어. 그들은 몽골 제국이 유럽을 위협하
는 이슬람교도들을 물리치는 데 힘을 보태 주
면 좋겠다고 생각했던 거야. 몽골 제국의 황제는

마르코 폴로

그들의 뜻을 따르지는 않았지만, 유럽의 선교사와 수공업자, 상인들이
몽골 제국에 들어오는 것을 마다하지 않았지.

이 무렵 몽골 제국의 중심부였던 중국 땅으로 흘러든 유럽인 중에는
이탈리아 상인 집안 출신인 폴로 형제가 있었어. 몇 년 동안 중국을 여
행한 뒤 유럽으로 돌아간 니콜로 폴로는 1275년에 어린 아들 마르코
폴로(1254~1324)를 데리고 다시 중국으로 갔단다. 이때 그들은 몽골 제
국의 황제인 쿠빌라이 칸의 영접을 받았지. 몽골 황제는 비록 유목민

중국에 간 폴로 형제 몽골 황제로부터 황제의 황금 서판을 받고 있다. 이 서판은 특별한 보호를 상징한다.

출신이었지만 문화적으로 앞선 생각을 지닌 사람이었어. 황제는 마르코 폴로를 신임했고, 이후 마르코 폴로는 원나라의 관리가 되어 17년 동안이나 동아시아를 여행하며 황제를 위해 일했단다.

그리고 1292년, 마르코 폴로는 고향으로 돌아갔어. 이후 그는 중국에서 겪은 일들을 한 작가에게 받아 적도록 하여 《동방견문록》이라는 책을 지었단다. 《동방견문록》은 당시 아시아 사람들의 생활 모습이며 문화, 자연 등을 자세히 소개하는가 하면, 일본을 황금의 나라라고 묘사해서 유럽 상인들의 호기심을 자극했어. 이후 중국과 유럽 사이의 교역이 확대되자 이 책이 상인들의 여행에 길잡이가 되어 더욱 널리 읽혔어. 그뿐만 아니라 《동방견문록》은 유럽에 아시아를 처음 소개한 책으로, 지금까지도 그 가치를 인정받고 있어.

《동방견문록》 마르코 폴로가 중국에서 겪은 일을 기록한 《동방견문록》의 여백에 탐험가 콜럼버스의 메모가 적혀 있다.

마르코 폴로 가족
1357년에 제작된 카탈로니아 지도책에 실린 마르코 폴로 가족의 여행하는 모습.

항해 기술의 발전

하지만 당시의 기술로는 먼 바다까지 항해할 수 없었어. 육지에서 멀리 떨어진 망망대해에서는 배의 위치를 확인할 방법이 전혀 없었기 때문에 길을 찾을 수가 없었거든. 그래서 당시 모든 배는 육지의 지형을 볼 수 있는 해안을 따라서만 항해했단다.

그때까지 범선에 달았던 사각형 돛도 문제였어. 사각 돛을 단 배는 바람이 부는 방향으로만 나아갈 수 있었어. 그래서 바람이 멈추거나 원하는 방향으로 불어 주지 않으면, 돛을 내리고 노를 젓거나 무작정 바람의 방향이 바뀌기만을 기다려야 했어. 그러니 뱃사람들은 먼 바다로 나가는 것을 두려워할 수밖에 없었지.

사정이 달라진 것은 1400년 무렵이었어. 중국에서 발명된 나침반이 유럽으로 전해진 거야. 나침반은 망망대해에서도 배가 어떤 방향으로 가고 있는지 알려 주었어. 또 모래시계를 쓰기 시작하면서 배가

▲ **중국 고대의 나침반** 12세기 무렵 이슬람 상인들을 통해 이 나침반이 서양에 전해졌다.

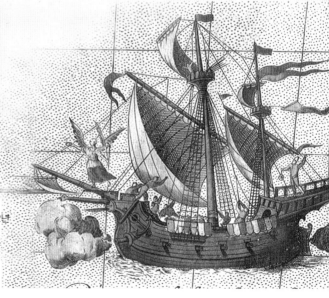

▶ **마젤란 탐험대의 빅토리아호** 1519~1522년 세계 최초로 태평양과 대서양을 횡단한 포르투갈의 탐험가 마젤란이 탔던 배이다. 삼각형 돛을 달고 있다.

얼마나 오랫동안 항해했는지도 잴 수 있었지. 이전보다 더욱 정확한 지도도 새로 만들어졌어. 이 무렵 나온 지도에는 씨줄과 날줄이 그어져 있어서, 항해하는 사람들이 자신의 위치를 파악하는 데 큰 도움이 되었단다.

그뿐이 아니었어. 당시 먼 바다까지 배가 나갈 수 있게 해 준 가장 중요한 발명품은 삼각형 돛이었어. 이 돛은 바람의 방향을 바꿀 수 있어서 사각 돛과 달리 바람이 어느 방향에서 불어오건 배가 원하는 방향으로 갈 수 있게 해 주었거든. 이렇게 항해 기술이 발전하면서 안전하게 먼 바다를 항해할 수 있게 된 유럽인들은 곧장 바닷길 개척에 나서기 시작했단다.

포르투갈과 에스파냐, 대항해의 선두에 서다

미지의 세계를 향한 항해와 탐험에 앞장선 것은 포르투갈과 에스파냐의 왕실이었어. 당시에 부자 왕실이 아니고서는 이처럼 불확실하고 위험하며, 돈도 많이 드는 일을 추진할 수 있는 이가 없었지. 15세기에 먼 바다 항해를 시도한다는 것은 오늘날 우주 개발 계획을 추진하는 것만큼이나 큰 사업이었거든.

포르투갈의 왕자 엔히크(1394~1460)는 그 누구보다도 먼 바다 항해에 관심이 많았어. 그는 포르투갈 남부 해안의 성에 연구실을 차리고는, 여러 나라의 천문학자, 수학자, 지도 제작자, 항해 기술자를 모아 항해를 위한 준비에 열정을 쏟았단다. 엔히크의 목표는 아프리카 해안을 돌아 인도로 가는 바닷길을 찾는 것이었지. 안타깝게도 생전에 그 꿈을 이루지는 못했지만 15세기 말, 마침내 포르투갈의 지원을 받은 탐험가들이 아프리카 남쪽 끝에 다다랐고, 인도로 가는 바닷길도 개척했어. 그 후 포르투갈 탐험가들은 아프리카를 돌아 아시아 쪽으로 항해하며 인도, 동남아시아, 중국 광둥 등으로 진출했단다. 포르투갈은 그 지역들을 정복

엔히크 항해자로 알려진 포르투갈의 왕자.

해 요새를 쌓고 유럽으로 물건을 실어 나를 항구를 마련했어. 포르투갈은 20세기까지 이 지역 중 일부를 자기네 땅으로 가지고 있었지.

한편 당시 유럽에는 알려지지 않은 땅이었던 아메리카에 이르는 바닷길을 개척한 인물이 있었어. 바로 이탈리아의 뱃사람 크리스토퍼 콜럼버스(1451~1506)야. 콜럼버스는 지구가 둥글다는 사실을 믿고 유럽에서 서쪽으로 계속 항해하면 지구를 돌아 인도에 닿을 수 있다고 생각했어. 그는 이런 생각을 품고 7년 동안이나 항해를 지원해 줄 후원자를 찾아 유럽 각국의 왕실을 찾아다녔어. 하지만 번번이 비웃음만 사고 거절당했지.

그런 콜럼버스에게 마침내 지원자가 나타났어. 다름 아닌 에스파냐 왕실이었지. 에스파냐 왕실은 콜럼버스가 인도로 가는 새 바닷길을 찾아내면 에스파냐의 국력을 과시할 수 있을 거라고 여겼어. 사실

콜럼버스 자신도 항로 발견에 성공하게 되면 엄청난 재물과 권력을 가질 수 있으리라 기대하고 위험한 항해에 나선 거였지. 실제로 콜럼버스는 에스파냐 여왕에게 자신이 성공하면 인도의 총독 자리를 내줄 것과, 그곳에서 나는 이익의 10분의 1을 줄 것을 요구했어.

에스파냐 왕실에게서 3척의 배를 얻어 1492년 대서양 항해에 나선 콜럼버스는 80여 일 만에 카리브 해의 한 섬에 도착했어. 콜럼버스는 죽을 때까지 카리브 해 섬들이 인도의 일부라고 믿었대. 하지만 그곳은 사실 지금의 아이티와 도미니카 공화국의 섬들이었지. 콜럼버스는 인도에 이르는 항로를 개척하지는 못했지만 유럽에 알려지지 않았던 아메리카 대륙에 도착했던 거야.

콜럼버스 이탈리아 탐험가 콜럼버스의 모습과 1492년 10월 12일 콜럼버스 일행이 아메리카에 도착하는 장면.

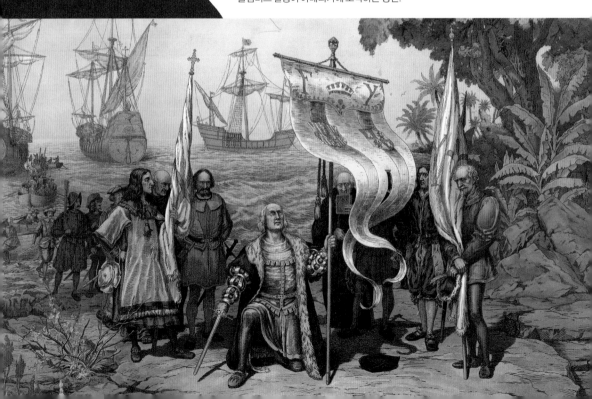

황금에 눈먼 정복자들

이후 에스파냐에는 바다 건너 먼 나라에 황금이 가득하다는 소문이 퍼졌어. 에스파냐의 겁 없는 사나이들은 카리브 해의 원주민들이 걸치고 있던 황금 장신구에 눈독을 들였지. 벼락부자의 꿈을 품은 정복자들이 바다를 건너 아메리카 본토로 들어가 원주민들을 마구 죽이고 재물을 약탈했어.

에르난 코르테스(1485~1547)도 그런 정복자 중 한 명이었어. 그는 전설의 보물을 약탈하려고 많은 병사와 대포까지 거느리고 정복에 나섰어. 저항하는 원주민의 마을을 불태우며 황금을 찾아 전진하던 코르테스의 무리는 결국 멕시코 몬테주마 왕의 성을 발견했지. 그들은 멕시코 아즈텍의 거대한 도시 문명을 보고 크게 놀랐어. 도시에는 곧게 뻗은 도로가 나 있었고, 시장에서는 온갖 식료품과 금은 장식품들이 거래되고 있었어. 옥을 깎아 세운 기둥과 높은 벽을 가진 궁전은 당시의 유럽에서는 볼 수 없는 화려한 것이었어. 코르테스 일행은 왕을 포로로 잡고 궁전의 금은보화를 손에 넣었지. 에스파냐의 정복자들은 페루의 잉카 제국 등 아메리카의 다른 문명까지 정복하고 황금을 약탈했어. 아메리카의 오랜 문명들이 유럽 약탈자들의 손에 철저히 파괴된 거야.

황금을 좇던 에스파냐 정복자들은 1540년대에 안데스 산맥 기슭에서 거대한 은광을 발견하고는 해발 4000여 미터 고지에 광산촌을 건설했단다. 그들은 여기서 원주민들을 노예로 부리면서 엄청난 양의 은을 캐내 에스파냐로 실어 갔어. 유럽인들은 이렇게 약탈해 간 금과 은으로 아시아에서 향료와 비단을 사들였어. 신대륙에서 들어오는 금은으로 부자가 된 유럽인들은 이후 전 세계의 물자를 사들이며 세계 무역을 독점하기 시작했지.

영국과 네덜란드의 세계 진출

포르투갈과 에스파냐의 뒤를 이어 정복 활동에 나선 나라는 영국과 네덜란드였어. 당시 에스파냐는 유럽에서 가장 강한 나라였고, 에스파냐의 펠리페 2세(1527~1598)는 유럽 최대 봉건 왕족 가문의 황제로서, 1580년에 포르투갈 왕위까지 물려받았지. 그는 에스파냐의 아메리카 정복 덕분에 신대륙에서 쏟아져 들어오는 금과 은으로 엄청난 부를 누렸어.

영국은 이런 펠리페 2세에 맞서 해외 정복지를 차지하려고 나섰어. 영국의 배들은 해적선이 되어 신대륙에서 금과 은을 실어 오는 에스파냐의 보물선을 약탈하기도 하고, 정복지를 차지하려고 해외에서 전쟁을 벌이기도 했어. 당시 영국을 다스리던 엘리자베스 1세 여왕은 약탈을 일삼는 해적 선장 드레이크에게 은밀히 돈을 대 주었어. 또 새 항로를 찾으라는 임무도 맡겼지. 드레이크는 세계 일주에 성공하고 돌아와 영국의 영웅으로 대접받았어. 그런가 하면 훗날 영국 함대의 사령관이 되어 에스파냐의 무적함대를 물리치는 데 공을 세우기도 했지.

한편, 당시 네덜란드는 독립된 나라가 아니라 에스파냐의 지배를 받고 있던 지역이었어. 다시 말하면 에스파냐 봉건 왕실의 재산이었던 거야. 네덜란드에는 유럽 각지에서 신교도

영국의 해적 선장 프랜시스 드레이크

탄압을 피해 찾아든 프로테스탄트 상인들이 모여 살고 있었어. 이들은 포르투갈 상인들이 아시아에서 실어 온 물품을 사다가 유럽 전역에 파는 중간 상인 노릇을 하면서 이익을 톡톡히 보고 있었지.

그러나 1560년대에 네덜란드 주민들이 에스파냐 황제에게 반란을 일으켜 독립을 얻어 낸 뒤로는 사정이 달라졌어. 에스파냐 황제는 네덜란드 상인들이 반란 자금을 지원한 것을 알고는 이들의 장삿길을 끊어 버렸어. 이 무렵 아시아에서 진귀한 물건들을 실은 배가 들어오는 곳은 포르투갈의 항구였어. 네덜란드 상인들은 바로 이 포르투갈 항구에서 아시아의 물건을 구입해 유럽 전역에 파는 중개상이었던 거야. 에스파냐 황제는 네덜란드 상인들이 이곳에서 물건을 사 갈 수 없도록 막았어. 당시에는 포르투갈 역시 에스파냐 황제의 재산이었기에 가능한 일이었지.

장삿길이 막힌 네덜란드 상인들은 자신들이 직접 아시아에서 물건을 실어 오려고 마음먹고는 탐험대를 조직했어. 돈을 대서 배를 마련하고 원주민을 정복하기 위한 무기도 준비했지. 1602년에만 원정대를 아시아에 60번이나 보냈을 정도로 그들의 아시아 정복 열기는 대단했어. 네덜란드인들도 에스파냐 원정대만큼이나 무자비하고 공격적이었지. 그들은 인도와 동남아시아의 원주민들을 무력으로 몰아내고 무역항을 마련했어. 말이 거래지, 강도떼가 무기를 들이대며 귀중한 물건들을 빼앗아 가는 것이나 다름없었어.

근대 초에 이렇듯 황금과 향신료를 찾아 나선 유럽 정복자들에 의해 세계는 하나의 역사 무대가 되었어. 이때부터 유럽의 역사에는 세계 여러 민족이 함께 등장한단다. 유럽인들이 써 내려간 대탐험과 팽

창의 역사는 백인들에게 쫓겨나는 아메리카 원주민, 노예로 팔려 가는 아프리카인, 식민 지배를 받는 아시아인의 역사이기도 했단다.

돈, 돈, 돈을 벌려는 사람들

해외 정복지에서 갖가지 물건이 들어오고 상인들이 큰돈을 벌면서 유럽에는 많은 변화가 생겨났어. 그중에서도 가장 중요한 변화는 그때껏 돈에 관심이 없던 많은 사람들이 돈을 벌어야겠다고 생각하기 시작한 거야. 아직까지 대부분의 사람이 농사를 지어 필요한 식량을 얻던 시대였으니, 사람들은 돈을 벌 일도, 쓸 일도 거의 없었어. 게다가 공동체 사회에서는 서로 돕고 사는 것이 미덕이어서, 혼자만 재물에 욕심을 부리는 것은 곧 죄를 짓는 것이나 마찬가지라는 생각이 퍼져 있었지.

하지만 탐험대가 금과 은을 비롯한 진기한 물건들을 실어 오고, 상인들이 이것들을 팔아 큰돈을 버는 모습을 지켜보면서 사람들의 생각도 바뀌었어. 보물을 찾아 모험을 떠나는 것을 남자로서 한번 도전해 볼 만한 일이라고 여기는 사람이 많아졌고, 재물에 욕심을 내는 것이 죄라는 생각도 사라져 갔어. 사람들은 갈수록 억척스럽게 돈벌이에 달려들었고, 특히 큰 수익을 올릴 수 있는 해외 무역에 관심을 갖는 사람들도 무척 많아졌어.

사실 해외 원정은 성공하면 많은 이익을 얻지만, 실패하면 손실이 너무나 컸어. 그러니 아무리 큰 부자나 왕실이라 해도 혼자 힘으로 돈을 대기란 쉽지 않았지. 이런 이유로 해외 원정대는 점차 여러 사람이 함께 돈을 대는 방식으로 꾸려졌어. 해외 무역을 하려는 사업가들 여럿이서 함께 돈을 투자해 배를 마련하고 선장과 선원을 모집하는 거야. 사업가마다 배에 물건을 실을 수 있는 공간을 나누고, 그 자리에 각자 원하는 물건을 싣도록 되어 있었어. 여러 사람이 함께 투자해 돈을 버는 자본주의적 '사업'은 이렇게 시작되었단다.

장사를 잘 모르거나 돈은 많지 않지만 해외 원정 사업에 끼고 싶은 사람들이 참여할 수 있는 형태의 회사도 생겨났어. 주식을 팔아 원정대에 필요한 돈을 모으는 방식이었어. 원정대가 돌아오면 주식을 가진 사람들이 주식 수에 따라 이익을 나누어 받는 거지. 요즘 흔히 볼 수 있는 '주식회사'의 형태가 이때 벌써 갖추어졌던 거야.

앞서 이야기한 드레이크 선장의 해적선도 이렇게 자금을 마련했고, 영국의 동인도 회사도 이런 방식으로 세워졌어. 처음에는 원정대가 한 번 해외로 나갔다 돌아오면 주식을 산 이들에게 이익금을 나누어 준 뒤 회사를 해체했어. 하지만, 점차 계속 유지하는 쪽으로 바뀌어 갔어. 또 다른 사업을 하거나 은행을 세울 때에도 같은 방식이 적용되었지. 이렇게 주식회사는 유럽의 경제 발전에 매우 중요한 역할을 했고, 오늘날 자본주의 경제의 발판이 되었단다.

해외 원정 시대가 열린 뒤 나타난 또 하나의 큰 변화는 유럽

앙투안 파르망티에 신대륙에서 전파된 감자 보급에 앞장선 프랑스의 농학자. 옥수수, 감자꽃 등을 들고 있다.

상인들이 그때까지 거래하지 않았던 새로운 상품들이 거래되기 시작했다는 점이야. 이때 유럽에 전해진 담배나 옥수수, 차, 커피, 감자 등은 유럽 사람들의 생활을 바꾸었어. 특히 감자는 훗날 수백만의 유럽인을 먹여 살리는 주요 식량이 되었지.

하지만 당시 새로 거래된 상품 중에서 가장 중요한 것은 따로 있었어. 바로 노예야. 포르투갈, 영국, 네덜란드, 프랑스 상인들은 원정대가 아프리카에서 잡아 온 원주민들을 사서 아메리카의 농장과 광산에 노예로 팔았어. 노예 무역은 비인간적인 것이었지만, 엄청난 이익이 생기는 사업이었지. 상인들은 노예 무역으로 챙긴 수입을 유럽 내에서 새로운 사업을 벌이는 데 썼단다.

물가가 치솟다

해외 무역이 시작되기 전, 유럽에서는 돈이 무척 귀했어. 유럽에는 돈을 찍어 낼 은이 많이 나지 않는 데다 유럽인들은 주로 아시아에서 물

아프리카의 흑인 노예들 아프리카에서 잡혀 온 노예들이 아메리카의 담배 농장에서 일하고 있다.

건을 사 오는 쪽이었거든. 그러니 돈은 주로 유럽 밖으로 흘러 나가기만 했지. 그러나 16세기에 멕시코와 페루에서 쏟아져 들어온 은으로 많은 돈을 찍어 내면서 유럽에는 갑자기 돈이 흔해졌어.

또 이 시기에는 유럽의 인구가 갑자기 늘었어. 정확한 이유를 설명할 순 없지만, 1450년부터 1600년 사이에 유럽 인구는 크게 늘었어. 많은 사람이 모여 사는 대도시도 생겨났지. 이렇게 인구가 크게 늘고 돈이 많이 돌자, 물가가 치솟는 현상이 벌어졌어. 예를 들어 1650년 파리의 곡물 가격은 150년 전인 1500년에 비해 15배나 뛰었다고 해. 사실 이렇게 물가가 오른 것은 알고 보면 당연한 일이었어. 갑자기 돈이 많아지니 돈의 가치는 떨어지고, 인구가 늘어났으니 식량을 비롯한 생활필수품을 사려는 사람은 더 많아졌던 거지. 이렇게 당시 유럽에서 생활필수품 가격이 갑자기 오른 현상을 '가격 혁명'이라고 부른단다.

인류가 처음 겪은 물가 급등은 많은 사람에게 고통을 안겨 주었어. 특히 정해진 임금을 받는 직공들의 생활은 너무나 어려워졌지. 받는 돈은 같은데 물건 값이 올랐으니 생활비가 모자랄 수밖에. 그래서 많은 도시민이 굶주려야 했어. 1580년에는 프랑스 파리 일대에서만 12만 명이 굶어 죽었을 정도였지. 영국에서는 양털 값이 치솟자 지주들이 자기 땅에서 농사짓던 농민들을 쫓아내고 대신 양을 기르기 시작했어. 쫓겨난 농민들은 당장 먹고살 길이 막막하니 거지나 도둑이 될 수밖에 없었지. 그 바람에 거지 떼와 도둑이 크게 늘어 영국은 골치를 앓기도 했어.

하지만 물가가 오르면서 엄청난 이득을 보는 사람들이 있었어. 가장 큰 이득을 본 사람들은 교역을 하는 상인들이었어. 그들이 사들인 물건 값은 시간이 갈수록 점점 더 올랐으니까. 물건을 만들어 파는 제조업자도 오른 값만큼 이익을 남길 수 있었지. 이렇게 해서 많은 돈을 번 상인과 제조업자들은 그 돈을 다시 투자해 새로운 사업을 벌여 나갔어.

물가 폭등은 많은 대중을 희생시킨 반면, 상인과 제조업자들에게는 사업가로 성장할 수 있는 기회를 제공해 준 셈이었어. 결국 유럽의 해외 원정과 가격 혁명은 사업가가 주도하는 근대 자본주의가 꽃필 수 있는 기반이 되었단다.

또 하나의 변화, 과학 혁명

항로 개척과 해외 원정으로 유럽 사회가 변하고 있을 때, 앞으로 세계 문명에 결정적 영향을 끼칠 또 하나의 거대한 변화가 일어났어. 자연에 대한 새로운 연구 결과들이 쏟아져 나온 거야. 이 시기에 이루어진 자연과 우주에 대한 새로운 발견을 '과학 혁명'이라고 부르지.

과학 혁명은 폴란드의 수학자이자 천문학자인 코페르니쿠스 (1473~1543)의 지동설에서 시작되었어. 지금 우리에게는 '지구가 태양을 중심으로 돈다.'라는 주장은 지극히 당연한 것이야. 하지만 16세기만 해도 이는 크리스트교의 우주관을 정면으로 뒤집는 혁명적인 사상이었어.

중세 교회는 사람들에게 '우주의 중심에는 지구가 있고 그 아래에 지옥이 있으며, 우주의 가장 높은 곳에는 신이 사는 천국이 있다.'라고 가르쳐 왔어. 그런데 코페르니쿠스는 1543년에 발표한《천구의 회전에 관하여》라는 책에서 이런 설명을 완전히 뒤엎었어. 우주의 중심은 지구가 아닌 태양이며, 지구는 다른 행성과 마찬가지로 태양 주위를 돌고 있다는 주장을 펼친 거야.

그 뒤 이탈리아의 과학자 갈릴레오 갈릴레이(1564~1642)도 같은 주장을 했어. 이런 주장들이 나오면서 1000년 이상 불변의 진리로 받아들여져 온 크리스트교적 우주관에 금이 가기 시작했지. 그러자 교회는 코페르니쿠스의 책을 금서로 정하고, 갈릴레이를 재판에 부쳐 그의 죄를 물었어. 그래도 자신의 주장을 끝까지 굽히지 않았던 갈릴레이는 평생 집에만 갇혀 살아야 하는 벌을 받았어.

갈릴레이는 자신이 직접 제작한 천체 망원경을 통해 울퉁불퉁한 달 표면을 관찰하고, 이를 정리한 연구 결과를 내놓기도 했어. 그는 당시 사람들이 믿고 있던 완벽한 하늘나라는 세상에 존재하지 않으

코페르니쿠스 코페르니쿠스의 초상(왼쪽)과 지동설의 내용대로 태양을 중심으로 돌고 있는 지구를 그린 그림(오른쪽).

며, 천상의 세계도 지상의 세계와 다를 바 없는 물질 세계라고 주장했지. 갈릴레이의 주장은 직접 관찰한 사실에 따른 것이었기 때문에 코페르니쿠스의 주장보다 훨씬 더 충격적이었어.

이후 조금씩 무너지고 있던 중세의 우주관을 완전히 허물어 버린 사람이 등장하는데, 바로 영국의 천재 과학자 아이작 뉴턴(1642~1727)이야. 뉴턴은 우주의 모든 물체에 똑같은 자연법칙이 작용한다는 사실을 알아냈어. 그는 자연 현상을 관찰해서 중력의 법칙을 알아냈고, 온 우주에 같은 힘의 원리가 작용한다는 사실도 밝혀냈어. 뉴턴이 설명해 낸 세계는 법칙에 따라 정확하게 움직이는 시계와도 같았어. 뉴턴의 발견으로 사람들은 세계를 완전히 새롭게 볼 수 있었지.

뉴턴의 설명으로 우주 전체가 동일한 법칙에 따라 움직인다는 사실이 알려지자, 신이 모든 자연 현상을 주관한다는 교회의 주장은 더 이상 설 자리가 없었어. 그때까지 인간은 자연의 신비를 알 수 없었

갈릴레오 갈릴레이 갈릴레오가 귀족들에게 천체 망원경 사용법을 설명하고 있는 모습(왼쪽)과 그의 초상화(오른쪽).

기에 신이 자연 현상을 움직인다고 믿고 신 앞에 무릎을 꿇었지만, 이제는 더 이상 그럴 필요가 없었어. 지금까지는 자연이 신의 뜻에 따라 움직인다고 믿었지만, 이제는 인간이 밝혀낸 자연법칙에 따라 자연이 움직이고 있다는 새로운 사실을 믿었지. 이제 인간은 이 법칙을 손에

아이작 뉴턴 근대 과학 문명의 기초를 닦은 영국의 과학자.

쥐고 신 대신 자연을 지배하려고 했어. 자연법칙에 바탕을 두고 얼마든지 자연을 정복하고 이용할 수 있다고 여겼으니까. 결국 인간이 자연법칙을 이용하여 기계와 동력을 만들어 내면서 오늘날과 같은 근대 기계 문명이 시작된 거란다.

갈릴레이나 뉴턴 이후 과학 연구에서는 실험과 관찰이 필수적인 과정으로 자리 잡았어. 그들이 자연의 법칙을 밝혀낸 것이 무수한 실험과 관찰을 통해서였기 때문이야. 이렇게 실험과 관찰을 중시하는 연구 방법은 근대 과학의 기초가 되었단다.

당시에 이루어진 자연법칙의 발견은 단순히 새로운 과학적 지식을 발견했다는 것 이상의 큰 의미가 있어. 만일 이 같은 발견과 과학적 방법론이 나오지 않았다면, 기계를 사용하고, 자동차를 타고 다니는 현재와 같은 삶은 가능하지 않았을 거야. 당시의 과학적 발견들이 기초가 되어 근대 과학 기술 문명을 바탕으로 한 새로운 삶의 방식이 가능해진 거란다.

🚢 코르테스의 아즈텍 문명 정복

에르난 코르테스는 에스파냐의 하급 귀족 출신으로, 쿠바에서 원주민 노예 농장을 경영하던 사람이었어. 그는 1519년, 병사 150명에 기병 13명, 대포 몇 대를 이끌고 멕시코 해안 지방을 출발하여 내륙 원정에 나섰지. 원주민들은 원정대의 행군을 막으며 저항했지만, 코르테스는 마을을 불지르고 수천 명의 원주민을 살해하며 진격을 계속했어.

이 소식을 들은 내륙의 한 왕이 코르테스 원정대에게 사신을 보냈어. 사신은 황금과 알록달록한 새털로 만든 선물을 줄 테니 그만 돌아가 달라고 했지. 하지만 사신이 가져온 화려한 황금 선물을 본 코르테스는 오히려 눈이 번쩍 뜨였어. 왕국을 찾아내 황금을 다 차지해야겠다는 욕심이 불타올랐던 거야.

코르테스 원정대는 그들에게 선물을 보낸 몬테주마 왕의 왕국을 찾아갔어. 지금의 멕시코 수도인 멕시코시티에 있던 아즈텍 문명의 제국이었지. 코르테스 앞에 펼쳐진 아즈텍 문명의 도시는 웅장했어. 도로는 곧게 뻗어 있었고, 운하와 다리가 수없이 많았어. 웅대한 신전 안에는 높은 탑들이 솟아 있었지. 몬테주마 왕은 돌을 쌓아 올려 지은 높은 궁전에 살고 있었어. 그가 지닌 권력은 너무나 강력해서, 모든 관리와 백성들이 왕 앞에서는 땅에 엎드려 얼굴을 들지 못할 정도였어.

몬테주마 왕은 침입자인 코르테스 원정대를 정중하게 맞이했어. 아즈텍 제국에는 오래전부터 태양신의 아들인 흰 얼굴의 신이 제국을 점령하러 올 것이

에르난 코르테스

라는 신화가 전해 내려오고 있었기 때문이야. 왕은 코르테스가 바로 그 신일지도 모른다고 생각했던 거지.

코르테스는 계략을 써서 몬테주마 왕을 가두고 황금을 요구하는가 하면, 아즈텍 축제에 모인 귀족들을 습격해 죽였어. 그러자 백성들이 반란을 일으켰지. 코르테스는 왕을 인질로 잡고 백성들에게 반란을 멈추라고 명령하도록 했지만, 백성들은 그 말을 듣지 않았어. 결국은 몬테주마 왕마저 반란을 일으킨 백성들이 던진 돌에 맞아 죽고 말았단다.

간신히 해안가로 도망친 코르테스는 새로 병사들을 조직해 다시 도시로 쳐들어갔어. 아즈텍의 새로운 황제가 이들을 맞아 싸울 준비를 했지. 하지만 아즈텍 병사들은 싸움도 하기 전에 쓰러져 죽어 갔어. 유럽인들이 옮긴 천연두가 면역력이 전혀 없는 원주민들 사이에 삽시간에 퍼졌기 때문이야. 결국 코르테스 원정대는 아즈텍 제국의 지배를 받던 주변 부족들까지 끌어들여 찬란하게 문화의 꽃을 피웠던 아즈텍 문명을 마구 파괴하고 불태워 버렸어. 이 사건은 황금에 눈먼 유럽인들이 오랜 역사를 지닌 아메리카 원주민 문명을 처참하게 파괴한 하나의 사례란다.

테노치티틀란 에스파냐인이 바라본 아즈텍의 테노치티틀란. 호수 안의 섬에 있는 도시로 수로, 운하, 고가도로 등이 설치되어 있었다.

몬테주마 아즈텍 제국의 황제. 자신의 권위를 상징하는 물건들로 온몸을 치장했다.

종교 전쟁과
근대 국가의 탄생

하나의 유럽이 갈라지다

이런 상상을 한번 해 보렴. 여기 유럽이라는 커다란 판이 있어. 이 판은 중세 때부터 유럽 전체를 한 덩어리로 유지해 온 판이야. 로마 가톨릭교회와 봉건 체제가 지배하는 세계지. 중세의 유럽인들은 모두 교황이 유럽 전체를 이끄는 정신적 지도자라는 것을 인정하고, 황제와 왕 그리고 제후들조차 유럽은 가톨릭교회가 지배하는 하나의 나라라고 받아들였어.

유럽 역사에서 15세기부터 18세기까지 약 300년간은 이 판이 깨지고 근대라는 새로운 판이 짜인 시기야. 이 판에 금이 가기 시작한 것은 르네상스와 종교 개혁 때였지. 하지만 로마 가톨릭교회와 봉건 제도의 지배력은 어느 한 사건을 계기로 단숨에 사라진 것이 아니었어. 그러니 근대 초의 300여 년은 낡은 판을 유지하려는 세력과 여기서 떨어져 나오려는 세력 사이에 치열한 다툼이 벌어졌던 아주 복잡한 시기였지.

그중에서도 17세기는 이 판이 완전히 산산조각이 나는 시기라고 할 수 있어. 17세기에 유럽인들은 끊이지 않는 전쟁, 혁명, 굶주림의 고통을 겪으며 다른 어느 때보다도 어렵게 살았어. 이때 일어난 혁명과 전쟁들은 중세의 사회 질서가 무너지고 새로운 질서가 세워지는 과정에서 일어난 혼란이었지. 그러니까 17세기는 15세기와 18세기 사이에 놓인 어두운 터널이라고도 할 수 있어. 터널을 통과하기 전 유럽인들은 모두 교황의 지배에 복종하는 크리스트교의 형제였어. 반면에 터널을 통과한 뒤의 유럽인들은 영국인, 프랑스인, 네덜란드인, 프로이센인이라는 각기 다른 나라의 국민으로 갈라졌단다. 18세기에는 유럽 각 나라가 가톨릭교회의 지배에서 벗어나 독립적으로 발전하기 시작했거든.

16세기 후반부터 17세기까지 이어진 혁명과 전쟁들은 종교를 빌미로 벌어지곤 했어. 구교도와 신교도 사이에 벌어진 싸움이었지. 그래서 이 시기를 '종교 전쟁의 시기'라고도 해. 하지만 이 시기의 전쟁을 구교도와 신교도가 종교 문제 때문에 다툰 것이라고만 이해한다면 사건의 껍데기만 본 거야. 중요한 것은 한쪽은 기존 판을 그대로 유지하려 했고, 다른 쪽은 그 판을 깨고 나오려 했다는 점이지. 당시 벌어진 네덜란드 독립 전쟁이나 에스파냐와 영국의 대결, 또 30년 전쟁과 같은 복잡한 사건들도 이런 맥락에서 보면 좀 더 이해하기 쉬울 거야.

특히 30년 전쟁은 유럽의 거의 모든 나라가 참전했던 17세기 판 유럽의 세계 대전이었어. 바로 이 전쟁이 끝나면서 중세 때부터 유럽을 한 덩어리로 유지해 온 판이 산산조각 났지. 이 전쟁에서 오스트리아와 에스파냐 제국의 황제는 가톨릭교를 앞세워 유럽 전체를 지배하려는 구세력이었고, 신교의 깃발을 든 작은 나라의 국왕들은 판에서 떨어져 나오려는 신세력이었어. 전쟁이 끝나자 제국의 지배에서 풀려난 작은 나라들은 독자적인 국가로 발전하기 시작했어. 특히 앞서 나간 것은 이 시기를 거치며 독립을 획득한 네덜란드와 에스파냐 제국을 누른 영국이었어.

네덜란드 독립 전쟁

네덜란드 독립 전쟁은 16세기 말에 네덜란드가 에스파냐 제국으로부터 독립하기 위해 벌인 전쟁이야. 당시 '네덜란드'란 라인 강 하구의 17개 주를 부르는 이름이었어. 이 지역은 땅이 바다 수면보다 낮아 가끔씩 물에 잠기는 곳이라서 '낮은 땅'이라는 뜻의 이름을 얻었지. 일찍부터 교역의 중심지로 성장했던 이 지역에는 여러 도시가 발달해 있었어. 이탈리아나 발트 해 지역을 오가는 배들이 드나들면서 큰 시장이 생기고, 주변 지역에서는 모직 공업도 발달했지. 안트베르펜, 암스테르담 같은 도시들은 당시 유럽의 경제 중심지였어.

이런 도시의 상인들은 유럽 최고의 부자들이었을 뿐 아니라 자치 도시의 권력을 쥐고 있었지. 이들은 봉건 귀족과 달리 새로운 것을 잘 받아들였고, 모험을 두려워하지 않았어. 그 때문에 유럽의 다른 지역에서 종교 문제로 박해를 받던 사람들이 이 지역으로 모여들었어. 특히 많은 나라에서 신교도들을 심하게 탄압했기 때문에 네덜란드 도시에는 신교도들이 많이 모여 살았단다.

하지만 이 시기 네덜란드 도시들은 독실한 가톨릭 신자인 에스파냐의 황제 펠리페 2세가 지배하고 있었어. 펠리페 2세는 당시 유럽에서 가장 막강한 세력을 가지고 있던 합스부르크가의 후계자로, 15세기 이후 이 집안의 재산이던 네덜란드를 물려받은 거야. 펠리페 2세는 지금의 에스파냐 지역뿐 아니라 이탈리아와 네덜란드, 그리고 아메리카의 식민지까지 지배했어. 펠리페 2세는 고대 로마의 황제처럼 막강한 중앙 집권적 권력을 가진 황제가 되고 싶어 했어. 가톨릭교를 국교로 하는 대제국을 이루려 했지.

그래서 펠리페 2세는 가톨릭교를 믿지 않는 이교도들을 심하게 탄압했어. 네덜란드에도 에스파냐 군대를 주둔시키고 신교도들을 탄압했지. 게다가 큰 나라를 다스리는 강력한 중앙 정부를 만들기 위해 돈이 많이 필요했던 펠리페 2세는 네덜란드 지역 농민과 상인들에게 무거운 세금을 물렸단다. 신교에 대한 탄압을 억지로 참고 있던 네덜란드 주민들은 그처럼 무거운 세금만은 도저히 낼 수 없다고 생각했고, 결국 반란을 일으켜 저항했지. 그러자 펠리페 2세는 1만여 명의 군대를 보내 반란을 무자비하게 진압했어.

이를 지켜본 네덜란드 사람들은 펠리페 2세의 폭력적인 지배에서 벗어나기 위해 독립 전쟁을 시작했단다. 펠리페 2세에 반대하는 네덜란드의 신교

20대 젊은 시절의 펠리페 2세

종교 전쟁과 근대 국가의 탄생　**71**

도, 귀족, 상인들이 신교의 깃발 아래 모여들어 에스파냐 군대에 맞서 싸웠지. 그들은 네덜란드의 주요 항구와 도시를 차례로 점령하며 에스파냐 세력을 내쫓았어. 결국 1581년, 네덜란드의 북부 7개 주는 에스파냐로부터 독립하여 새로운 나라가 되었단다.

구세력과 신세력의 싸움에서 첫 번째 승자가 된 네덜란드는 유럽에서 가장 먼저 시민들이 주권을 가진 공화국이 되었어. 오랜 중세의 지배 질서가 깨지면서 지금까지와는 완전히 다른 성격의 국가가 생겨난 거야. 이전의 국가가 황제나 왕의 재산이었다면, 새로 태어난 네덜란드는 국민의 국가였어. 이후 젊은 정신이 지배하는 네덜란드에는 많은 예술가, 지식인, 상인들이 옮겨 와 살았단다. 이들은 새로운 방식으로 네덜란드를 이끌어 가며 해외 교역에도 앞장섰지. 이후 네덜란드는 17세기 유럽에서 상업과 예술이 가장 번성한 나라로 성장해 갔어.

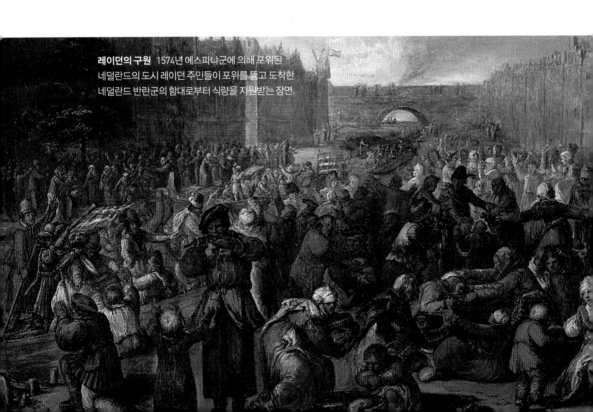

레이던의 구원 1574년 에스파냐군에 의해 포위된 네덜란드의 도시 레이던 주민들이 포위를 뚫고 도착한 네덜란드 반란군의 함대로부터 식량을 지원받는 장면.

영국의 부강을 이끈 엘리자베스 1세

이 시기에 구세력이 지키려던 큰 판에서 떨어져 나와 독자적인 나라로 발전해 간 또 한 나라가 있어. 바로 도버 해협 건너편의 섬나라, 영국이야. 영국은 이미 헨리 8세 때 종교 개혁을 통해 가톨릭교회의 지배에서 벗어났어. 엘리자베스 1세(1533~1603)는 영국이 좀 더 튼튼한 독립 국가로 발전할 수 있도록 기틀을 잡고, 구세력인 에스파냐 제국에 도전장을 던졌던 왕이란다. 평생 독신으로 지낸 엘리자베스 1세는 영국 국민과 결혼했다고 할 정도로 국민의 이익을 위해 일했고, 국민들에게 훌륭한 왕이라는 칭송을 들었어. 엘리자베스의 국내외 정책이 영국이 근대 국가로 성장하는 데 결정적인 역할을 했기 때문이야.

중세 말기였던 16세기에 유럽의 각 나라는 지금과 같이 독립된 국가가 아니었어. 각 나라의 왕족과 대귀족들은 서로서로 복잡한 혼인 관계를 맺고 있었기 때문에 각국 왕실의 핏줄이 뒤얽혀 있었지. 어떤 나라 왕실에서 땅을 물려받은 상속자가 다른 나라 왕실의 후계자와 결혼을 할 때는 자기가 상속받은 땅을 가지고 갔어. 그러니 한 왕실이 소유한 영토는 지금 우리가 알고 있는 국경과는 상관없이 이곳저곳에 흩어져 있었지. 왕들은 영토를 왕가의 재산으로 여겼고, 국민들에게는 당연한 듯 자신의 종교를 강요했단다.

그러나 엘리자베스 1세는 왕의 역할에 대해 이전 왕들과는 다른 생각을 가지고 있었어. 엘리자베스 1세는 왕실의 이익이 아니라 국가의 이익을 먼저 생각했고, 종교를 둘러싼 불필요한 싸움을 막으려고 했지. 헨리 8세의 딸로 엘리자베스의 이복 언니이기도 한 메리 여왕은 엘리자베스 1세 이전에 영국을 통치했어. 메리는 당시 구세력을

〈**엘리자베스 1세**〉 에스파냐 무적함대를 격파한 기념으로 1588년에 그린 초상화. 창밖에 격파된 무적함대가 보인다.

대표하던 에스파냐의 펠리페 2세와 결혼한 독실한 가톨릭교도였지. 펠리페 2세는 영국 왕과 결혼하여 영국까지도 자신이 지배하려고 했던 거야. 메리는 영국 내 신교도들을 가혹하게 탄압했고, 그 때문에 많은 신교도가 학살을 당하거나 나라를 떠나야 했어.

메리가 죽고 엘리자베스가 왕위에 올랐을 때 가장 먼저 해결해야 할 일은 이런 심각한 종교 갈등이었어. 엘리자베스는 신교도였지만 무조건 반대파에게 보복하고 그들을 처형하는 정책을 택하지 않았어. 엘리자베스에게 중요한 것은 구교냐 신교냐가 아니라, 영국에서 사람들이 종교 문제로 서로 싸우고 죽이는 일이 일어나지 않도록 하는 것이었지. 엘리자베스는 종교 싸움으로 나라가 분열되지 않도록 구교의 의식과 신교의 교리를 결합해 '성공회'라는 영국 교회 제도를 만들었어. 독립된 나라를 건설하기 위한 발판을 만든 거지.

엘리자베스 1세의 노력은 여기서 끝나지 않았어. 독립된 나라 영국을 부강하게 하는 것이 최대 관심사였던 엘리자베스는 '중상주의'라는 경제 정책을 써서 나라의 이익을 늘리기 위해 노력했어. 중상주의를 한마디로 설명하면, 다른 나라와 무역을 할 때 수입보다 수출을 많이 함으로써 국가의 재산을 늘려 나가는 정책이야. 그러기 위해서는 수출품을 만들어 내는 국내 산업을 키우고 수출을 장려해야 하지.

그런데 엘리자베스 1세의 중상주의 정책은 수출을 늘리는 것을 넘어 해군력을 키우는 쪽으로 나아갔어. 이는 섬나라인 영국의 방위를 위한 것이기도 했지만, 그보다 더 큰 목적은 해외 정복 시대에 발맞춰 아메리카와 아시아의 정복지에서 이익을 챙기려는 데 있었지. 또한 엘리자베스 여왕은 카리브 해에서 에스파냐의 보물선을 약탈하던 해적 선장 드레이크를 후원하기도 했어. 드레이크가 세계 일주에 성공하고 돌아오자, 여왕은 그에게 작위를 내려 먼 바다 항해에 성공한 공로를 치하했지. 엘리자베스 1세는 다른 어떤 가치보다도 영국의 국가적 이익을 앞세웠던 거야. 이러한 엘리자베스 여왕의 정책은 영국이 유럽 전체 봉건 왕실이 얽혀 있는 구체제에서 따로 떨어져 나오는 데 결정적인 역할을 했고, 영국을 강력한 하나의 독립 국가로 다시 태어나게 했단다.

영국, 에스파냐 무적함대를 격파하다

이 시기에 최강의 구세력이었던 에스파냐 제국은 유럽 각지에 영토를 갖고 가톨릭교를 내세워 그 지역들을 통치하려 했어. 또한 해외 정복지에서 많은 금과 은을 약탈해 해외 무역의 주도권을 쥐고 있었지.

당시 독립된 나라로서 힘을 키워 가던 영국이 이런 에스파냐에 드디어 도전장을 던졌단다. 먼저 엘리자베스 1세는 에스파냐의 지배에서 벗어나기 위해 독립 전쟁을 벌이는 네덜란드 신교도들을 노골적으로 도왔어. 이 전쟁 통에 당대 최고 실력을 지닌 네덜란드의 모직물 기술자들이 에스파냐의 침공을 피해 영국으로 이주하기도 했어. 그들에게서 기술을 전수받은 덕분에 이후 영국 모직물은 세계 최고의 품질을 자랑하게 되었지. 영국 산업은 네덜란드 독립 전쟁을 통해서도 적잖은 이득을 보았던 거야.

영국이 네덜란드의 독립 전쟁을 지원한 뒤로 영국과 에스파냐의 사이는 점점 더 나빠졌어. 결국 가톨릭 세력은 엘리자베스 1세를 암살하고, 스코틀랜드의 여왕 메리 스튜어트로 하여금 그 뒤를 잇게 하려는 음모를 꾸몄어. 하지만 음모는 사전에 들통이 났고, 엘리자베스 1세는 당시 스코틀랜드의 혼란을 피해 영국에 와 있던 메리 스튜어트를 재판에 부쳐 처형했어. 그러자 에스파냐의 펠리페 2세는 이 일을 구실 삼아 영국을 치기로 결정했고, 영국을 못마땅하게 여기던 교황도 이를 승인했지.

1588년, 펠리페 2세는 거대한 규모의 함대를 동원해 영국으로 쳐들어갔어. 대형 범선 130척에 대

스코틀랜드의 여왕 메리 스튜어트 엘리자베스 1세의 암살 계획을 승인한 것이 발각되어 1587년에 처형당했다.

포 2000문을 싣고, 병사 2만 명을 동원한 이 함대에는 '무적함대'라는 이름이 붙여졌지. 그러나 이미 영국 해군은 세계 최고 수준의 배와 전략을 가지고 있었어. 에스파냐의 크고 무거운 배들은 움직임이 둔해 영국 해안의 좁은 바다에서 제대로 싸워 보지도 못했어. 영국의 작고 빠른 배가 다가와 포격을 가하면 피하지도 못하고 당할 수밖에 없었지. 결국 에스파냐의 무적함대는 절반 이상의 배를 잃고 영국에 무참히 패배했단다.

유럽 최강이던 에스파냐 제국은 이 전쟁에서 지면서 세력이 크게 약화되었어. 가톨릭교회의 지배에서 벗어나 왕을 중심으로 국력을 키워 온 영국의 승리는 역사의 새로운 흐름을 예고하는 것이었어. 바로 유럽 전체를 하나의 종교와 제국으로 통치하려는 구세력이 물러나고, 새로 성장하는 근대 국가들이 역사의 주인공으로 등장하리라는 것이지.

〈에스파냐 무적함대의 패배〉 영국의 화가 라우더버그가 1796년에 그렸다.

종교의 이름으로 벌어진 '30년 전쟁'

17세기 전반 유럽 전 지역을 전쟁으로 몰아넣었던 '30년 전쟁(1618~ 1648)'은 그때까지 인류가 경험한 그 어떤 전쟁보다도 끔찍했어. 숱한 마을과 농토가 폐허로 변했고, 많은 사람이 목숨을 잃었지. 1631년 독일의 마그데부르크에서는 군대의 공격으로 도시 주민 2만여 명이 몰살당하는 끔찍한 일이 벌어지기도 했어. 이 오랜 전쟁의 주 무대였던 독일 지역의 인구는 전쟁 전 2100만 명에서 전쟁 후 1300만 명으로 크게 줄었단다.

　30년 전쟁은 동유럽의 보헤미아에서 종교 문제로 시작되었어. 이 전쟁을 이해하려면 당시 유럽의 정치 상황을 살펴보아야 해. 당시 중부 유럽에는 합스부르크 가문의 황제가 다스리던 신성 로마 제국이 있었어. 신성 로마 제국은 오스트리아와 보헤미아, 그리고 독일 지역 전체를 포괄하는 큰 나라였지. 하지만 그중에서도 황제가 직접 다스리는 지역은 오스트리아와 헝가리뿐이었고, 나머지 지역은 각지의 왕과 제후들이 다스리는 300여 개의 작은 나라로 이루어져 있었어.

습격당한 독일의 마그데부르크 1631년 5월 20일, 가톨릭 편의 제국 군대가 프로테스탄트의 도시 마그데부르크를 약탈하고 주민들을 몰살했다.

작은 나라의 왕과 제후들은 자신의 영토를 지배하는 동시에 신성 로마 제국 황제의 지배를 받고 있었지.

그런데 이 제후들 중에는 루터의 종교 개혁 이후 신교를 자신이 다스리는 나라의 종교로 정한 신교도 제후들이 있었어. 종교 개혁 바람이 몰아친 뒤 신교 세력과 구교 세력은 각 지역의 종교를 그 지역을 지배하는 제후가 선택한다고 합의했기 때문에 황제도 그에 따를 수밖에 없었지. 하지만 새로 신성 로마 제국의 황제가 된 페르디난트 2세는 신앙심이 깊은 가톨릭교도로, 제국 전체가 가톨릭교를 믿게 하려고 애썼어.

당시 보헤미아는 신교를 믿는 지역이었어. 14세기에 후스라는 종교 지도자가 가톨릭교회를 비판하고 새로운 크리스트교 운동을 벌였던 곳이 바로 보헤미아였지. 그런데 보헤미아의 왕이 죽고, 1617년에 신성 로마 제국의 황제 페르디난트 2세가 보헤미아의 왕을 겸하면서 문제가 생겼어. 페르디난트 2세가 보헤미아의 신교도들을 탄압하기 시작한 거야. 황제는 신교도들이 세운 교회를 허물고, 예배도 허락하지 않았어.

황제의 이런 정책에 화가 난 보헤미아의 신교도 귀족들은 황제의 칙서를 가져온 제국의 대표들을 프라하 성 창문 밖으로 내던져 버렸어. 가톨릭교를 강요하는 신성 로마 제국 황제에 대한 보헤미아 신교도 귀족들의 반란이었지. 이 사건이 일어나자 신성 로마 제국 내에서 신교를 믿는 제후국들이 보헤미아 편을 들며 신성 로마 제국 황제와 싸우기 시작했어. 신교도와 구교도 사이의 오랜 싸움은 이렇게 시작되었어.

프라하 창문 투척 사건 1618년에 보헤미아 신교도 귀족과 시민 대표들은 구교를 강요하는 신성 로마 제국 황제의 사신들을 프라하 성 3층에서 창밖으로 던져 버렸다.

처음에는 종교 갈등으로 시작되었지만, 전쟁이 계속되면서 싸움의 이유가 종교가 아닌 정치적인 문제로 바뀌어 갔어. 종교적으로는 구교를 믿어도 정치적으로 황제의 지배에서 벗어나고 싶은 독일 제후들이 신교도 편이 되어 싸웠기 때문이야. 다시 말하면 종교 문제는 구실일 뿐, 전쟁에 참여한 제후들의 진짜 목적은 황제의 지배에서 벗어나는 것이었어.

5년간의 치열한 전투 끝에 황제 페르디난트 2세는 신교도의 군대를 격파했어. 황제는 반란을 일으켰던 신교도 왕국의 토지를 몰수했고, 전쟁은 그대로 황제와 구교도의 승리로 끝나는 듯싶었지. 그런데 이때 스웨덴이 전쟁에 끼어들었어. 스웨덴의 구스타브 왕(1594~1632)은 오스트리아 제국이 독일 전체를 지배하는 큰 나라가 되는 것을 원치 않았어. 독실한 신교도였던 구스타브 왕은 스웨덴의 지휘 아래 광대한 신교도 왕국을 건설하고 싶어 했지. 스웨덴 군대는 북부 독일을 차지하고 오스트리아를 향해 진격했어. 하지만 구스타브 왕은 1632년에 전사하고 말았지.

다음에는 프랑스가 전쟁에 끼어들었어. 프랑스 왕은 구교도로서 자기 나라의 신교도들을 대대적으로 탄압했지만, 이 전쟁에서는 신교도 편에 섰지. 그는 프랑스를 둘러싸고 있는 오스트리아와 에스파냐의 세력이 너무 커지는 것을 원치 않았거든. 이 무렵 에스파냐 제국의 황제는 오스트리아 황제의 조카로, 그들은 모두 합스부르크 가문 출신이었어. 두 황제는 가톨릭교를 앞세워 유럽 전체를 하나의 제국으로 유지하려는 구세력의 대표자들이었던 거지. 프랑스 왕은 그들의 영향을 받지 않는 강한 프랑스를 건설하기 위해 전쟁에 참여했던 거야.

이렇게 유럽 각국의 왕들은 각자 자신의 국익을 위해 전쟁에 뛰어들었어. 전쟁은 이미 종교적 명분과는 상관없이 진행되고 있었어. 황제가 고용한 사령관은 가톨릭 신앙에 관심이 없었고, 나중에는 황제의 말조차 듣지 않는 일도 벌어졌어. 또 전쟁이 이어지는 동안 돈을 받고 고용된 사나운 용병들이 이 마을 저 마을을 약탈하고 돌아다녔어. 군인들은 농민들의 곡식과 가축을 빼앗고 농토를 짓밟았어. 곳곳에서 여자와 아이들이 살해되고, 사람들은 전염병과 굶주림에 시달렸지. 수많은 도시와 마을에 사나운 이리떼와 도적들만이 들끓는 참담한 세상이 되고 말았어.

스웨덴의 구스타브 왕

근대 국가의 싹이 자라나다

더 이상 전쟁을 계속할 수 없을 만큼 유럽 사회가 황폐해지자 각국의 대표들이 만나 협상을 벌였어. 이 협상 결과가 1648년에 맺어진 '베스트팔렌 조약'이야. 이 조약으로 원래 구교도 지역이었던 오스트리아, 헝가리, 보헤미아는 계속 구교가 지배하는 지역으로 남았고, 나머지 지역은 신교가 지배하는 지역으로 인정되었어.

하지만 이보다 더 중요한 것은 이 전쟁으로 유럽에 커다란 판도 변화가 일어났다는 점이야. 신성 로마 제국의 힘이 크게 약해지면서, 이 제국의 지배를 받던 독일 제후국들은 사실상 독립국이 되었어. 에스파냐 제국의 세력도 크게 약해졌지. 형제 나라인 오스트리아 제국과 분리되었고, 에스파냐의 지배를 받던 포르투갈과 네덜란드도 독립해 떨어져 나갔거든. 오스트리아와 에스파냐 제국은 그동안 작은 나라들을 가톨릭교라는 끈으로 묶어 자신들의 지배 아래 둠으로써 유럽을 하나의 큰 판으로 유지해 온 세력이었지. 그런데 이제 끈이 풀리고 오스트리아와 에스파냐 제국의 힘이 약해지자, 작은 나라들이 각자 독립된 지위를 얻은 거야. 이런 점에서 30년 전쟁은 그때까지 유럽을 지배해 온 가톨릭교회와 봉건 제도라는 큰 판을 산산조각 낸 전쟁이라고 할 수 있어.

그뿐만이 아니야. 종교의 이름으로 오랫동안 피비린내 나는 전쟁을 치른 뒤, 새로운 국가의 왕들은 종교가 국민을 하나로 묶어 주는 이념이라는 생각을 버렸단다. 왕들은 각자 자신이 차지한 지역의 지배권을 확실히 하면서 나라를 새로운 방식으로 통치하기 시작했지. 이는 '근대 국가'의 시작을 알리는 신호였어. 근대 국가란 국가가 왕이나 귀족의 재산이었던 봉건 시대와는 달리, 국민의 이익을 위한 정치를 하는 새로운 국가를 말해. 물론 30년 전쟁이 끝난 뒤 바로 오늘날과 같은 근대 국가의 형태가 갖추어진 것은 아니야. 하지만 각국의 왕들은 황제의 지배에서 벗어나 자신의 영토를 확실히 확보했어. 근대 국가를 향한 첫걸음을 내디딘 거라고 할 수 있지.

그중에서도 네덜란드와 영국은 나날이 발전을 거듭했어. 17세기 이후 네덜란드와 영국의 배는 세계의 바다를 주름잡으며 세계 무역을 주도해 나갔지. 그런가 하면 프랑스의 왕은 영토 내 반대 세력들을 통합하는 데 성공해 당시 유럽에서 가장 큰 영토를 차지했어. 그 뒤 프랑스는 강한 왕권을 중심으로 17세기 후반에 유럽 최강국으로 떠올랐지. 거대한 늙은 제국이 몰락한 유럽에서 이제 작고 젊은 근대 국가들의 시대가 열리기 시작한 거란다.

베스트팔렌 평화 조약 조인식 1648년에 유럽 군주들은 독일 뮌스터에 모여 평화 조약을 맺으며 30년 전쟁을 끝냈고 네덜란드의 독립을 인정했다.

유럽 여러 나라의 발전

종교 전쟁 이후의 유럽

종교 전쟁이 끝난 뒤 유럽에서는 본격적으로 근대 국가가 발달하기 시작했어. 각 나라는 저마다 국가의 이익을 최우선으로 삼는 정책을 펼치며 군사력을 키워 나갔지. 하지만 각 나라의 역사는 각자 처한 상황과 지역 조건에 따라 매우 다르게 전개되었단다.

이번 장에서는 17세기 후반부터 18세기까지 유럽 각지에서 어떤 나라들이 어떻게 발전했는지를 살펴볼 거야. 당시 영국에서는 의회가 국왕의 세력을 견제하면서 영국식 의회 민주주의 전통을 만들어 나갔고, 프랑스에서는 루이 14세가 모든 유럽 국가 왕들이 부러워할 만한 큰 부와 권력을 누렸어. 그런가 하면 이 시기에는 지금까지 이야기된 적이 없던 프로이센이나 러시아 같은 동유럽 국가들이 유럽 역사의 무대에 등장한단다.

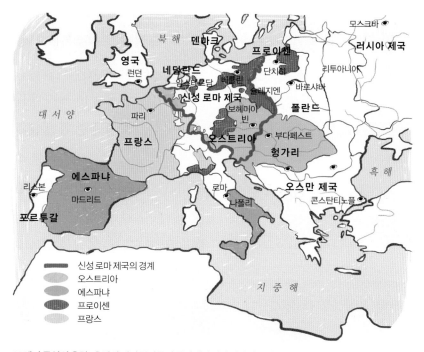

18세기 중엽의 유럽 유럽의 여러 국가들이 독립적인 각각의 나라로 성장하기 시작했다.

　이번 장에서 다룰 내용들은 제각기 다른 나라의 역사라서 서로 연결이 되지 않고 복잡하게 느껴질지도 몰라. 하지만 이후 유럽 근대사를 이해하고 오늘날 유럽 여러 나라의 특성을 아는 데 무척 중요한 부분이란다. 이 시기는 유럽이 오늘날처럼 영국, 프랑스, 독일 같은 국가 단위로 발전해 가기 위한 밑그림이 그려진 시기라고 할 수 있어. 이때부터 유럽에서는 작은 단위의 독립적인 국가들이 서로 다른 전통을 만들어 내기 시작했던 거야.

영국의 입헌 군주정

일찍부터 해외 진출에 나서며 무역과 상업을 발달시킨 영국은 당시 유럽에서 가장 빠르게 변화하는 나라였어. 이렇게 변화에 적극적인 사회 분위기에 힘입어 영국에서는 점차 의회의 힘이 커졌단다. 이 의회를 중심으로 두 차례의 시민 혁명이 일어나면서 영국에 '입헌 군주제'라는 정치 제도가 들어선 거지. 이는 당시 유럽에서 가장 민주적이고 선진적인 제도였어. 자, 그럼 영국에서 의회의 힘이 커진 배경은 무엇인지, 두 차례의 시민 혁명은 어떻게 일어났는지, 또 영국의 의회는 민주주의 발달에 어떤 역할을 했는지 살펴보자.

귀족들이 앞장선 청교도 혁명

영국의 발전에 큰 역할을 했던 엘리자베스 여왕이 죽자 영국의 왕위는 스코틀랜드의 왕 제임스 1세(1566~1625)에게 넘어갔어. 봉건적 왕위 계승의 원칙에 따른 것이었지. 그런데 제임스 1세는 엘리자베스 여왕과는 무척 다른 왕이었어. 엘리자베스 여왕이 스스로 절제하면서 국가의 이익을 최우선으로 했다면, 제임스 1세는 왕이란 절대 권력을 가진 사람이라고 여기며 무엇이든 자기 마음대로 하려고 했지. 제임스 1세의 뒤를 이은 찰스 1세(1600~1649)도 마찬가지였어. 이들 스코틀랜드 출신의 왕들은 사치가 심했을 뿐만 아니라 국민들에게도 제멋대로 세금을 물리곤 했어.

당시 영국의 귀족들은 이런 왕들에게 가장 불만이 컸던 세력이었어. 당시 영국의 귀족 계급

영국의 제임스 1세

은 꽤 합리적인 태도를 가진 이들이었거든. 그들은 의회를 중심으로 모여 스코틀랜드 출신 왕들이 제멋대로 정치를 하는 것은 잘못된 일이라고 비판하곤 했지. 이렇게 영국 귀족 계급이 사리 분별에 밝은 태도를 보인 것은 그들이 영국 사회의 변화에 잘 적응했기 때문이야.

영국은 유럽에서도 가장 먼저 해외 무역에 나선 나라로, 모직물 공업을 비롯해 여러 산업이 일찍부터 발달했어. 이렇게 상공업이 발달하자 영국 귀족들은 옛날 방식대로 농민들이 바치는 수입에만 의존하지 않았어. 말하자면 그들은 사업가 정신을 지닌 귀족들이었지. 상공업이 발달한 사회 여건에서 어떻게 하면 자신들의 토지에서 더 많은 이익을 낼 수 있을지 고민하고, 그에 따라 토지를 운영한 거야. 그런가 하면 그들은 자식들에게 근대적 교육을 받게 해 법률가나 의사 같은 전문 지식인으로 키웠어. 이렇게 해서 형성된 영국의 귀족 지식인층은 예로부터 왕의 권력 남용을 막아 온 영국 의회의 전통을 살려 왕권을 제한해야 한다고 생각했어. 이들 중에는 칼뱅의 종교 사상을 이어받은 영국식 신교도인 청교도가 많았지.

이렇게 고등 교육을 받고 자긍심 또한 강한 영국 귀족 계급의 눈에 찰스 1세는 촌스럽고 무지한 데다 통치 방식은 제멋대로여서 국익에 도움이 안 되는 왕이었

권리 청원 1628년에 영국 의회가 왕의 권력 남용을 막기 위해 통과시킨 법으로 국민의 기본권을 보장하는 내용을 담고 있다.

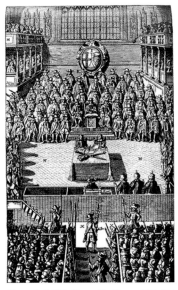

찰스 1세의 처형 찰스 1세는 청교도 혁명에서 의회군이 승리한 뒤 1649년에 반역죄로 처형되었다.

어. 결국 귀족들은 의회를 중심으로 뭉쳐 왕에게 도전했지. 그들은 왕이 의회의 승인 없이 자기 마음대로 세금을 매겨서는 안 되며, 함부로 종교를 강요해서도 안 된다고 주장했어. 그리고 1628년, 왕에게 자신들의 요구를 담은 '권리 청원'이란 문서를 제출해 서명하게 했단다. 찰스 1세는 마지못해 의회의 요구를 받아들였지만, 그 뒤에도 의회를 무시한 전제 정치를 계속했어.

의회와 왕의 대립은 결국 군사적 충돌로 이어졌어. 왕은 군대의 힘으로 의회를 굴복시키려 했고, 의회도 군대를 조직해 이에 맞섰지. 몇 년에 걸친 내전 끝에 크롬웰(1599~1658)이 이끄는 의회군이 승리했고, 찰스 1세는 1649년에 처형되고 말았어. 영국 의회와 왕이 맞붙어 의회가 승리한 이 사건을 '청교도 혁명'이라고 한단다. 의회에 있던 귀족 계급 중에는 청교도가 많았고, 특히 의회군을 승리로 이끈 크롬웰이 독실한 청교도였기 때문이야.

왕정으로 돌아가다

그 뒤 영국은 왕이 아닌 국민이 주권을 갖는 공화국이 되었어. 크롬웰은 '호국경(Lord Protector)'이라는 이름으로 공화국 영국의 새로운 지배자가 되었지. 크롬웰은 혁명으로 혼란해진 사회의 질서를 회복하고 도덕 정치를 펴는 것을 목표로 삼았어. 하지만 크롬웰의 도덕 정치는 아주 독단적이었단다. 독실한 청교도였던 크롬웰은 국민들에게 술을 마시거나 유흥을 즐기는 일을 엄격히 금지하고 극장도 폐쇄했어. 또 신분 제도와 귀족 계급의 특권을 인정했기 때문에 결국 모든 계급의 평등을 주장하는 '수평파'를 탄압했지. 공화국에 걸맞은 민주주의적 개혁은 이루어지지 않았고, 시간이 갈수록 크롬웰의 인기는 바닥으로 떨어졌어. 언제부터인가 런던 뒷골목에서는 크롬웰을 반역자라고 욕하는 소리가 끊이질 않았어.

1658년에 크롬웰이 죽고 그의 아들이 호국경 자리를 물려받았지만, 민심은 이미 호국경의 통치를 원하지 않았단다. 크롬웰의 통치를 떠받쳐 주던 군대마저도 패가 갈려 다툼을 벌였지. 이렇게 호국경의

크롬웰을 악당으로 묘사한 풍자화 크롬웰이 지옥 입구에서 왕실의 떡갈나무를 도끼로 찍어 쓰러뜨리는 병사들을 지휘하고 있다. 왕실의 떡갈나무 가지에는 성경, 왕실 문장, 대헌장, 법 조항들이 매달려 있다.

통치가 심각하게 흔들리자 뜻밖의 일이 벌어졌어. 프랑스로 쫓겨 갔던 찰스 1세의 아들 찰스 2세(1630~1685)가 런던 시민들의 큰 환영을 받으며 돌아와 왕위에 오른 거야. 짧은 공화정 시대가 끝나고 다시 왕정 체제로 돌아간 거지.

또 한 번의 혁명, 명예혁명

돌아온 찰스 2세는 청교도 혁명을 교훈 삼아 의회와 충돌을 피하면서 비교적 조심스럽게 통치했어. 아무나 함부로 잡아 가두는 일을 금지하는 법이 통과되는가 하면, 의회 정치의 기틀이 마련되기도 했지. 하지만 찰스 2세의 뒤를 이어 즉위한 제임스 2세(1633~1701)는 달랐어. 그는 왕에게는 신이 부여한 신성한 권력이 있다고 믿는 사람이었어. 제

메리와 윌리엄 의회를 통해 영국의 공동 왕으로 추대됨으로써 명예혁명이 이루어졌다.

임스 2세는 종교 문제로 의회와 갈등이 생기자 노골적으로 의회를 무시하며 전제 정치를 펼쳤어. 이에 위협을 느낀 의회는 제임스 2세를 왕위에서 몰아내기로 했지. 의회에서는 당시 네덜란드에 살고 있던 제임스의 딸 메리(1662~1694)와 그녀의 남편 윌리엄(1650~1702)을 데려와 왕으로 추대하고, 의회의 요구 사항인 '권리장전'이라는 문서를 승인하도록 했어. 이로써 전제

적인 권력을 휘두르려던 왕과, 왕의 권력을 제한하려는 의회 사이의 오랜 싸움은 의회의 승리로 결판이 났단다.

이후 영국 왕은 의회의 승인 없이는 자기 마음대로 법을 만들거나 세금을 물릴 수 없었어. 왕이라도 의회가 만든 법에 따라 통치해야 한다는 입헌 군주제의 전통이 세워진 거야. 이는 의회 민주주의가 발달할 수 있는 발판을 마련한 것이기도 했지. 영국인들은 이 사건을 매우 자랑스럽게 생각해서 '명예혁명'이라고 부른단다. 피 흘리는 전투나 혁명의 과정 없이 민주주의적인 개혁을 이루어 냈다는 의미에서 그런 이름을 붙인 거야.

영국은 명예혁명을 통해 유럽에서 가장 합리적으로 통치를 하는 선진국이 되었어. 적어도 왕은 신이 아니며, 아무리 왕이라도 제멋대로 나라를 통치할 수 없다는 생각이 당연해진 거지. 물론 명예혁명 이후에도 영국은 신분 제도를 그대로 유지했고, 죄인을 길거리 나무에 매달아 죽이는 등 여전히 근대 민주주의 사회와는 거리가 있었어. 하지만 당시 유럽의 다른 나라에서 왕의 권력은 신에게 받은 신성한 것이라는 생각이 당연하게 받아들여졌던 데 비하면, 영국은 가장 먼저 질적으로 다른 사회로 나아가고 있었던 거야. 그래서 당시 유럽의 지식인들은 영국 사회를 부러워하기도 했단다.

프랑스의 절대 왕정

30년 전쟁 이후 프랑스는 유럽에서 가장 강력한 국가가 되었단다. 지방 봉건 제후들의 세력을 누르고 왕이 절대적으로 강한 힘을 가진 나라로 거듭났기 때문이지. 이렇게 사회가 왕을 중심으로 조직되고, 그의 궁정을 중심으로 문화가 꽃핀 시기를 '절대 왕정' 시기라고 해. 이전까지는 왕국이 있긴 했어도 복잡한 봉건적 관계들로 얽혀 있어 왕이 통치하는 영역을 명확히 구분하기 어려웠고, 한 나라 안에서도 지방 제후의 땅에는 왕의 권력이 미치지 못했단다. 이때 등장한 프랑스의 루이 14세(1638~1715)는 귀족 세력을 누르고 강력한 왕권을 확립해 절대 군주의 대명사가 되었어. 왕 중심의 효율적 통치 제도를 마련한 루이 14세는 국가의 이익을 최우선으로 하는 정책을 펴고, 왕이 언제라도 동원할 수 있는 군대를 길렀어. 그 결과 프랑스는 화려한 궁정 문화를 가진 나라이자, 대륙에서 가장 힘 있는 나라가 되었지. 유럽의 다른 나라 왕들은 루이 14세의 프랑스를 부러워했고, 프랑스의 선진적인 제도와 문화를 모방하려 했단다.

🐺 프랑스 절대 왕정의 지방 세력 진압 과정

루이 14세의 할아버지인 앙리 4세(1553~1610) 때만 해도 프랑스에서는 지방 귀족들의 힘이 무척 셌어. 그들이 가진 땅이 워낙 많았기 때문에 이들이 왕을 인정하지 않고 갈아치우거나 다른 나라를 세우는 것도 가능했지. 앙리 4세는 이들이 가진 땅을 사들이는 한편, 귀족들을 자신의 편으로 끌어들였어. 그러나 1610년에 앙리 4세가 암살되고, 그의 아들 루이 13세(1610~1643)가 9살에 왕위에 오르자, 프랑스에는 다시 한 번 내분과 혼란이 찾아왔지. 대귀족들은 각기 음모를 꾸미고 싸우기 시작했어. 이들은 자신들의 특권을 확대하기 위해 특권층의 모임인 삼부회를 소집하자고 요구했어. 그에 따라 1614년에 삼부회가 소집되었지만 귀족들의 의견이 서로 달라 싸우다 헤어지고 말았지.

그 뒤 귀족들은 급기야 왕에 대항하는 반란을 일으켰어. 1648년의 일이란다. 당시 몸이 아픈 루이 13세를 대신해 정치를 하던 쥘 마자랭(1602~1661)은 귀족들을 왕의 명령에 복종시키기 위한 정책을 폈어. 마자랭은 지방 귀족들의 요새를 허물게 하고, 지방에 직접 왕의 관리를 파견했어. 이들이 음모를 꾸미는 것을 막고, 지방 정치도 왕이 직접 챙기기 위한 것이었지. 그뿐만 아니라 귀족들에게 세금을 더 내라고 요구하기도 했어. 그러자 화가 난 귀족들은 왕이라고 해서 귀족을 무시하고 마음대로 정치할 수는 없다면서 반란을 일으켰지. 그들은 필요하다면 귀족들이 왕의 권력을 제한할 수 있어야 한다고 주장했어. 하지만 마자랭은 이 문제를 잘 해결했고, 이 일을 겪으면서 왕은 오히려 국민들에게 열렬한 지지를 받는단다. 프랑스 국민들의 눈에도 귀족들은 자신의 이익을 챙기기 위해 자꾸 나라를 갈라놓으려는 존재로 보였던 거야.

태양신의 아들, 루이 14세

루이 14세는 1643년에 5살의 나이로 왕위에 오른 뒤 1715년까지 72년 동안이나 왕위에 있었어. 23세의 루이 14세는 당시 국정을 도맡아 하던 마자랭이 죽자 모든 신하를 모아 놓고 중대한 선언을 했어. 앞으로는 나라의 모든 일을 자신이 맡아 처리하겠다는 거였지. 그 뒤 루이 14세는 사소한 나랏일까지 자신이 직접 처리했고, 프랑스 귀족들은 왕이 수행하는 역할을 옆에서 지켜볼 수밖에 없었어.

▲ **베르사유 왕궁 전경** 루이 14세는 파리 근교에 거대한 왕궁을 짓고, 1682년에 이곳으로 거처를 옮겼다.
▶ **루이 14세** 태양왕으로 불렸던 루이 14세는 유럽 최고의 권력자였으며, 72년 동안 프랑스를 지배했다.

　루이 14세는 왕의 품위와 우아함을 매우 중요하게 여겼어. 아침에 일어나서 잠자리에 들기까지 그의 모든 일상생활은 마치 의식을 거행하는 것처럼 진행되었지. 그는 옷을 입는 일뿐 아니라 식사와 밤에 잠자리에 드는 일에도 일일이 격식을 갖추었어. 신하들은 왕을 우러러보면서 모든 사람에게 생명을 주는 태양과 같다고 말했고, 왕은 마치 자신이 태양신의 아들인 것처럼 행동했어. 귀족들은 늘 왕 곁에서 시중을 들며 그에게 복종해야 했지.

　이제 루이 14세는 '태양왕'이라고 불리며 세계 최고의 권위를 누렸어. 이렇게 왕이 신의 아들 대접을 받고, 높은 귀족들조차 궁정에 모여 왕 앞에 머리를 조아리는 일은 루이 14세 이전에는 없던 일이었어. 이

전에는 국왕이라도 교황의 승인을 받아야 했고, 귀족들은 왕과 같은 계급이니 왕이 함부로 대하지 못했지. 루이 14세는 거대한 베르사유 궁을 지어 왕의 위엄을 과시했고, 대귀족들에게 거처를 제공하기도 했어. 이는 대귀족들을 자신의 감시 아래에 두려는 것이었어. 이제 귀족들은 왕권에 도전해 반란을 일으키는 대신 어떻게 하면 좀 더 왕의 환심을 살까 하고 서로 경쟁했단다.

🐾 귀족들의 루이 14세 시중들기

아침 8시, 루이 14세가 잠에서 깨어나 시종이 가지고 온 가발을 골라 쓰고 가운을 걸쳐. 그러면 왕자들, 최고의 귀족인 공작들, 장교, 고위 관리, 대신들이 차례로 들어와 문안 인사를 했어. 이들이 지켜보는 가운데 왕은 천천히 옷을 입었어. 왕의 동생은 왕에게 따뜻하게 덥힌 속옷을 건넸고, 시종과 공작은 왕이 입을 옷의 소매 한 쪽씩을 잡고 있었지. 왕은 계속해서 까다로운 절차에 따라 비단 바지와 재킷을 입고, 깃에 레이스로 된 장식을 붙였어. 그 위에 칼을 차고, 화려하게 수가 놓인

겉옷을 입은 왕은 깃 털이 달린 모자를 쓰고 미소를 지으며 침실을 빠져나가. 그러면 구경하던 사람들은 입을 모아 아부를 하기 시작하지. 그리스의 태양신 아폴로보다

루이 14세의 일상 고개를 숙이고 아부하는 귀족과 대신들에게 둘러싸인 루이 14세.

더 아름답다느니, 그리스의 영웅 헤라클레스보다 더 용맹스러워 보인 다느니 하면서 모두 왕의 비위를 맞추었지.

판에 박힌 발림을 하는 귀족들은 이 모든 것이 연극이라는 사실을 잘 알고 있었어. 하지만 그들은 매우 열성적으로 왕을 받들었어. 왕의 침대 앞에선 마치 제단 앞에 선 것처럼 머리를 숙였고, 왕이 카드놀이를 할 때나 다른 사람과 대화를 할 때도 일일이 예의를 갖추며 지켜보았지. 왕이 별 의미 없이 한 말도 마치 대단한 경구라도 되는 듯 받아 적었어. 모든 남자들은 왕을 닮고 싶어 했고, 모든 여자들은 왕의 마음에 드는 것이 최고의 꿈이었지. 이렇듯 프랑스 왕은 당시 세계에서 그 누구도 능가할 수 없는 최고의 권위를 누렸어.

왕가의 부를 뒷받침한 중상주의 정책

절대 왕정 시대에 프랑스 왕의 권력은 그의 두둑한 주머니에서 나왔단다. 루이 14세는 그의 국고를 돌보기 위해 콜베르(1619~1683)를 재무

거울의 방 베르사유 궁전의 중앙 홀인 거울의 방. 콜베르의 중상주의 정책으로 프랑스에서도 거울을 만들 수 있게 되었다.

장관으로 등용했는데, 콜베르는 왕의 재정을 키우기 위해 중상주의 정책을 썼어. 흔히 '콜베르주의'라고 알려진 정책이야. 국가 재정의 낭비를 줄이고, 수입보다 수출을 많이 해서 국가가 가진 돈을 최대로 유지하는 정책이었지. 콜베르는 프랑스가 차지하고 있던 해외 식민지를 적극적으로 약탈하고, 외국 물건을 사는 데 금은을 낭비하지 않도록 신경 썼어. 이를 위해 귀족들도 해외 무역을 할 수 있게 허용하는가 하면, 해군력을 강화해서 무역선을 늘리고자 했지. 그뿐만 아니라 투자자와 사업가들에게 보조금을 주면서 국내 산업을 키웠어. 또 국내에서 필요한 물건을 외국에서 사 오기보다는 외국에 내다 팔 수 있는 좋은 물건을 만들려고 노력했어. 해외에서 기술자들을 데려오고, 프랑스 장인들이 해외로 빠져나가지 못하도록 하기도 했지. 그 결과로 프랑스에서 생산되는 벽걸이 장식이며 모직물, 레이스 등의 생산이 늘

〈**인쇄업자 레오나르의 가족**〉 프랑스 화가 이아생트 리고의 작품. 고급스럽고 화려한 귀족 취향으로 그려진 바로크 회화이다.

어나고 품질도 향상되었어.

　세계 최고의 사치품들로 베르사유 궁을 지은 것도 프랑스 산업 발전에 도움이 되었어. 프랑스에서 거울을 만든 것도 베르사유 궁에 거울의 방을 짓기 위해서였으니까. 당시 거울은 베네치아에서만 생산할 수 있었어. 물론 값도 비쌌지. 콜베르는 이 비싼 거울을 사 오는 대신 프랑스에서 직접 만들어야겠다고 생각했어. 그리고 베네치아의 거울 만드는 기술자를 끌어들이기 위해 여러 계략을 꾸몄지. 그리하여 결국 프랑스에서도 거울을 만들게 되었고, 프랑스에는 거울을 만드는 새로운 산업이 생겨났어. 베르사유 궁은 모든 사치품이 전시된 거대한 진열장이나 마찬가지였단다. 이런 화려한 궁을 갖고 싶어 한 외국 국왕들은 프랑스에서 만든 사치품들을 수입해 자신들의 작은 '베르사유'를 짓기 시작했지. 이후 프랑스는 높은 품질의 사치품을 생산해 파는 나라로 자리 잡았고, 이를 통해 프랑스 경제는 활기를 띠었어.

　경제가 발전하자, 이를 바탕으로 프랑스에는 고급스런 문화가 발달하기 시작했어. 바로크 양식이라고 부르는 미술과 음악 작품들이 만들어지고, 뛰어난 극작가들이 등장해 문학에서도 전성기를 맞게 되었지. 프랑스에서 바로크 양식은 궁정을 중심으로 왕의 취향에 맞춰 왕의 권위를 드러내기 위해 발달한 문화인 만큼 당시 회화와 조각들은 매우 장식이 많고 화려하며, 웅장하고 힘이 있는 것이 특징이야.

잘 훈련된 왕의 군대

이렇게 우아하고 문화적인 프랑스를 만들었던 콜베르의 정책은 매우 공격적이기도 했어. 그래서 루이 14세가 통치하는 동안 프랑스는 30

년간이나 전쟁을 벌였어. 전쟁은 유럽 안에서도, 또 해외 식민지에서도 벌어졌지. 이런 전쟁을 준비하기 위해 루이 14세의 군사 책임자였던 루부아(1641~1691)는 군대를 개혁했어. 그는 군사 학교를 설립하고 군대 훈련을 강화하여 왕의 직속 부대를 만들었어. 그 결과, 네덜란드와의 전쟁이 끝날 무렵인 1678년에 프랑스 군대에는 10년 전에 비해 네 배나 많은 수의 훈련된 병사들이 있었지.

이는 프랑스만의 변화는 아니었어. 중세의 전쟁에서는 기사의 개인 무술 실력이 중요했지만, 이제는 훈련된 병사들로 구성된 군대가 더욱 중요했어. 그러니 강력한 국가를 원하던 당시 왕들은 저마다 군대에 많은 물품을 지급하고, 더 많은 병사를 훈련시키기 위해 애를 썼단다.

프로이센의 등장

지금 독일이 자리 잡고 있는 중부 유럽 지역은 30년 전쟁이 끝난 뒤에도 여전히 조그만 왕국과 제후국, 도시 국가들로 분열되어 있었어. 이들 나라 가운데 독일 북부의 프로이센이 가장 먼저 강력한 국가로 성장했어. 30년 전쟁 직후부터 앞서 나가기 시작한 프로이센은 이후 약 100년간 급속히 성장했고, 1756년부터 1763년까지 7년 동안에는 중부 유럽의 패권을 놓고 오랜 전통을 가진 오스트리아와 전쟁을 벌여 영토를 넓혔어. 이 프로이센이 훗날 중부 유럽을 통일해 독일을 건설한 바로 그 나라란다. 중부 유럽에서도 가장 낙후된 지역에 있던 작은 제후국 프로이센이 어떻게 해서 이토록 강한 나라로 성장했을까? 그 과정을 한번 살펴보자.

프로이센이 성장한 배경

독일의 엘베 강에서 동쪽으로 폴란드에 이르는 지역은 중세 때 독일어를 쓰는 크리스트교도들이 이교도인 슬라브족을 물리치고 정복한 땅이었어. 독일인 기사들은 정복한 지역에 도시를 건설하거나 영주가 되어 직접 다스리기도 했어. 이들은 독일어를 사용하고 독일인 특유의 생활 방식을 공유하고 있었지만, 자신들이 같은 민족이라거나 같은 나라 사람이라고 생각하지 않았다고 해.

사실 이 지역은 인구도 많지 않고, 영토 대부분이 황무지나 늪지인 척박한 땅이었기 때문에 큰 나라가 성장하기 좋은 조건은 아니었어. 그런데 15세기 초부터 베를린 주변을 지배하던 브란덴부르크라는 독일 귀족 집안의 지배자들이 이 지역 주변 땅을 정복하기 시작했어. 그들은 발트 해 연안까지 영토를 넓히면서 프로이센을 건설했지.

브란덴부르크의 지배자들은 이 지역을 계속 다스리려면 강한 군대가 꼭 필요하다고 생각했어. 이 지역에는 자연 방벽이 없었기에 외부

프로이센 왕의 대관식 브란덴부르크를 지배했던 프리드리히는 1701년에 자신을 프로이센의 왕으로 선언하고, 수도 쾨니히스베르크에서 대관식을 가졌다.

의 침입에 대항하기가 쉽지 않았거든. 실제로 30년 전쟁 동안 이 지역은 스웨덴 군대와 합스부르크 군대가 지나다니는 길목이 되어 많은 피해를 입었어. 그래서 종교 전쟁이 한창이던 1640년에 브란덴부르크의 지배자가 된 프리드리히 빌헬름(1620~1688)은 경쟁력 있는 군대를 키우기 시작했어. 그 뒤로 강한 군대를 키우는 것은 이 나라의 전통이 되었지.

브란덴부르크의 지배자가 합스부르크 황제의 허락을 받아 프로이센 왕이 된 것은 1701년의 일이야. 당시 브란덴부르크 지배자는 합스부르크 가문이 에스파냐를 차지하기 위해 전쟁을 할 때 800명의 지원군을 보냈고, 그 대가로 왕의 칭호를 얻은 거였지. 프로이센 왕국은 이렇게 시작되었어.

군국주의 국가 프로이센

왕국이 된 뒤에도 프로이센의 왕들은 군대를 키우는 데 온 힘을 쏟았고, 프로이센은 자연히 군대를 중심으로 한 나라가 되었어. 물론 프로이센이 성장하던 17, 18세기에는 유럽의 다른 나라 왕들도 군대를 키워 국력을 확장해 나갔지. 하지만 유럽의 다른 나라들과 프로이센의 군대에는 큰 차이점이 있었어. 프로이센의 군대는 그 나라의 모든 것이었거든.

이 시기 프로이센은 일찍이 해외 교역을 시작해 국내 산업을 키운 영국이나 프랑스와는 사뭇 달랐어. 프로이센은 상업이 발달하지 않은 가난한 후진국이었지. 하지만 프로이센의 국왕들은 이런 악조건 속에서도 강력한 군대를 유지하기 위해 노력했어. 국왕은 자신의 재산에서 나오는 소득과 세금의 대부분을 군대를 유지하는 데 썼어. 또 프로이센에서는 귀족들이 모두 장교로 복무해야 했지. 이 나라 귀족들은 왕에게서 자신들의 영지와 농노를 세습할 수 있는 권한을 얻는 대신 군대에 복무하는 것을 의무로 받아들였던 거야. 그래서 프로이센의 농노들은 서유럽의 다른 나라들에 비해 훨씬 가혹한 조건에서 일해야 했어.

예를 들어, 서로 다른 두 집에서 각각 고급 자동차를 산다고 생각해 봐. 한 집은 재산이 많아서 여유롭게 고급 차를 샀고, 다른 집은 가진 재산이 별로 없지만 모든 돈을 털어서 고급 차를 샀어. 이때 두 집은 같은 자동차를 사용하기는 하지만, 그 자동차가 갖는 의미며 자동차를 사용하기 위해 식구들이 감수해야 하는 일들은 무척 다르지 않겠니? 프로이센은 그 나라의 경제 규모나 자원에 비해 훨씬 큰 규모의 군대를 가지고 있었기 때문에, 군대를 유지하기 위해서 사회의 다른 부분을 크게 희생해야 했던 거야. 그러니 프로이센이라는 나라의 중심은 군대였고, 그곳에서 발달한 문화 역시 군대 중심의 문화였지.

유럽의 강국으로 거듭나다

프로이센의 이런 전통은 1713년부터 1740년까지 왕위에 있었던 프리드리히 빌헬름 1세(1688~1740) 때 절정에 달했단다. '군인 왕'이라는 별명을 가진 그는 다른 데는 관심이 없고, 오로지 군대를 키우는 데만 온 힘을 쏟았어. 그는 자신의 재위 기간 동안 군대의 규모를 두 배로 키워 프로이센을 유럽의 강국으로 만들어 놓았어.

하지만 인구도 적고 돈도 없는 나라에서 군대를 키우는 일은 쉽지 않았지. 프리드리히 빌헬름 1세는 나라를 운영하는 데 드는 온갖 비용을 아껴서 군대에 쏟아붓도록 했어. 왕실 경비도 4분의 3이나 줄일 정도였지. 자신부터 더할 나위 없이 검소한 생활을 했는데, 맛있는 음식 대신 주로 절인 양배추로 식사를 했다고 해. 이전 왕이 대관식 행렬에 500만 탈러를 쓴 데 비해, 프리드리히 빌헬름 1세는 자신의 대관식 행렬 비용으로 고작 2500탈러를 썼어. 또 궁중 연회나 만찬도 모두 없애고, 이전에 왕이 지원하던 문화 후원도 중단했어.

프리드리히 빌헬름 1세는 이렇게 아낀 돈을 모두 군대에 투자했단다. 그의 관리들은 유럽 각지로 튼튼한 병사들을 모집하러 다녔어. 프리드리히 빌헬름 1세는 특히 키가 큰 병사를 좋아해서 키 큰 병사들로만 이루어진 군대를 만들기도

프리드리히 빌헬름 1세 '군인 왕'으로 불렸던 프리드리히 빌헬름 1세의 초상(위)과 그가 창설한 프로이센 군대의 1745년 전투 장면(아래).

했대. 이 부대에는 멀리 아시아 지역에서 온 병사도 있었어. 프로이센의 군대는 엄격한 규율과 혹독한 훈련 시스템을 가진 것으로도 유명했어. 국왕은 언제나 제복을 입고 직접 군대 시찰을 다닐 정도로 군대를 사랑했지.

그가 나라를 다스리는 모습 또한 '군인 왕'다웠어. 그는 초라한 제복 차림으로 지팡이를 짚고 베를린 시내를 돌아다니면서 게으른 시민을 만나면 사정없이 지팡이로 내려치며 혼냈다고 해. 마치 엄한 아버지가 자식을 가르치듯, 장교가 사병을 훈육하듯 시민을 다스린 거지. 그런가 하면 군대를 사랑한 국왕은 병사들에게 군복을 입히고 필요한 물품을 대기 위해 양모 공업을 장려하고 제조업을 육성했어. 글자를 모르는 병사들은 훈련시키기가 힘들다는 점 때문에 초등 교육을 의무화하기도 했지.

이런 정책들 덕분에 프리드리히 빌헬름 1세가 즉위할 당시 4만여 명이던 프로이센의 군대는 무려 8만 3000여 명으로 늘어났어. 당시 베를린 인구 10만 명 중 2만 명이 군인이었다고 해. 게다가 프리드리히 빌헬름 1세는 군사 기금도 700만 탈러나 저축했어. 하지만 그가 실제로 군대를 전쟁에 투입한 적은 없었어. 그는 자신이 그토록 공을 들여 만든 군대의 병사들이 전쟁에 나가 죽거나 다치는 것을 원하지 않았다고 해. 그렇다고 해서 군대가 아무런 소용이 없었던 것은 아니야. 오히려 다른 나라와 거래를 할 때 군대의 덕을 톡톡히 보았지. 실제 전쟁에 참여하는 대신 든든한 군대를 담보로 삼아 큰소리를 칠 수 있었던 거야.

1740년에 프리드리히 빌헬름 1세가 사망하자, 아들인 프리드리히 대왕(1712~1786)이 그의 잘 훈련된 군대와 두둑한 군자금을 물려받았어. 프리드리히 대왕은 이 군대와 군자금을 가지고 곧 유럽 여러 나라를 놀라게 만들었지. 중세 때부터 독일 지역에서 가장 세력이 컸던 오스트리아 제국의 합스부르크가와 한판 전쟁을 벌인 거야. 1756년부터 1763년까지 7년 동안 이어진 이 전쟁에서 프로이센은 슐레지엔이라는 넓은 땅을 빼앗았어. 슐레지엔은 자원도 풍부하고 산업도 발달한 지역이었어. 프로이센은 이 지역을 얻음으로써 중요한 산업을 가진 나라가 되었고, 인구 또한 이전에 비해 두 배로 늘어났단다. 이 7년 전쟁은 프로이센이 전통적인 강국이었던 오스트리아를 누르고 중부 유럽의 새로운 강국으로 성장했음을 보여 주는 전쟁이었던 셈이야.

러시아의 서구화

러시아는 17세기까지만 해도 유럽에 속해 있지 않았어. 러시아는 그때까지 서유럽과 교류도 별로 없었고, 역사와 풍습도 유럽과는 아주 달랐지. 러시아가 유럽의 문물을 적극적으로 받아들이고 정치 제도를 유럽식으로 개혁해 나가기 시작한 것은 1700년 무렵의 일이야. 하지만 그 뒤로 러시아는 유럽 역사에서 빼놓을 수 없는 중요한 역할을 한단다.

러시아의 뿌리

유럽 대륙의 동쪽 끝, 숲 지대는 예로부터 슬라브족이 사는 땅이었어. 이 지역에는 9세기까지도 나라가 없었지. 그러다 9세기 무렵 바이킹의

러시아의 시조 류리크 바이킹의 족장으로, 9세기에 라도가에 도착해 이 지역을 지배하고 류리크 왕조를 열었다.

족장 류리크가 이 땅을 정복한 뒤 나라를 세웠고, 이후 이곳 사람들은 자신들을 류리크의 후손이라는 뜻에서 러시아인이라 불렀단다. 류리크가 세운 나라의 중심은 지금의 우크라이나 수도인 키예프였어. 키예프는 동로마 제국의 수도인 콘스탄티노플과 교류하며 그곳의 문화를 받아들였지. 이후 러시아 사람들이 서유럽과는 달리 그리스 정교를 믿고, 자신들만의 독특한 알파벳을 가진 것은 모두 러시아가 동로마 제국의 문화를 받아들였기 때문이란다.

13세기가 되자 이 지역은 몽골족의 침입을 받았어. 러시아인들은 이후 250년간이나 몽골족의 지배를 받았고 그들에게 조공을 바치며 살았지. 하지만 15세기에 들어서면서 상황이 달라지기 시작했어. 모스크바를 중심으로 세력을 키운 모스크바 공국이 몽골족을 몰아낸 거야. 이후 모스크바 공국은 볼가 강을 따라 슬라브족이 살고 있는 주변 땅을 차례로 정복하면서 강력한 왕국으로 발전했어. 이 모스크바 공국이 성장한 나라가 바로 러시아란다.

유럽과 다른 길을 걸어온 나라

17세기 말 이전의 러시아는 유럽보다 아시아에 더 가까운 나라였어. 모스크바 주변에 살던 러시아인들은 볼가 강을 따라 북부 숲 지대와 남부 초원 지대로 퍼져 나갔지만, 유럽으로 통할 수 있는 바다에는 이르지 못했어. 당시 러시아에서 유럽과 교역할 수 있는 항구는 아르한 겔스크 한 군데뿐이었고, 이마저도 겨울이면 얼어붙어 배가 드나들 수 없었지. 이렇게 유럽과 단절되어 있던 러시아는 16세기에 우랄 산맥을 넘어 동쪽으로 진출했어. 러시아 탐험가들은 시베리아의 강줄기를 따라 곳곳에 정착해 도시를 건설했지. 점차 세력을 넓힌 그들은 드넓은 중앙아시아를 차지하고 아시아의 페르시아, 중국과 마주했어. 이후 모스크바와 아스트라한 같은 러시아 큰 도시의 시장에는 페르시아인, 아프가니스탄인, 키르기스인, 인도인, 중국인 등 아시아인들이 북적댔어. 그에 비해 유럽은 여전히 멀기만 했지.

이 당시 러시아 풍습과 러시아 사람들의 기질을 보아도 서유럽에 비해 거친 편이었어. 예를 들면, 러시아 최초의 '차르'가 된 이반 4세(1530~1584)는 자신에게 반대하는 사람들을 하도 잔혹하게 탄압하고 죽여서 '잔혹한 이반'이라는 별명으로 더 잘 알려져 있지. 서유럽의 학자들 중에는 이런 점을 두고 러시아가 지닌 아시아적 특성이라고 설명하는 이들도 있어. 하지만 이런 시각은 편견을 담고 있는 거란다. 그렇게 말하면 아시아의 문화가 서유럽 문화에 비해 야만적이라는 뜻이 되니까. 그보다는 당시 러시아 사람들이 숲 속 야만 생활에서 벗어난 역사가 짧았기 때문에 태도와 풍습이 아직 거친 상태였다고 볼 수 있어. 이런 특징들은 사회가 문명화되면서 점차 사라져 갔지.

러시아는 땅은 넓지만 인구가 적었어. 북쪽 숲 지대와 남쪽 초원 지대가 막힘없이 이어져 있고 동쪽으로는 시베리아 벌판이 펼쳐져 있었지만, 추운 기후 때문에 사람이 살기에는 좋지 않았거든. 대부분의 러시아 농민들은 서유럽 농민들처럼 귀족의 땅에 묶여 농사를 짓고 사는 농노들이었어. 인구가 적어 노동력이 부족했던 러시아에서는 농노들의 처지가 더욱 어려웠단다. 17세기 이후에는 러시아 정부에서 농노를 한층 가혹하게 부릴 수 있는 법을 만들었어. 정부는 농노가 자기가 사는 곳을 떠날 수 없도록 하고, 주인이 농노를 사고팔 수도 있게 했어. 농노의 주인이 다른 사람의 농노를 죽이면 자신의 농노 1명을 주어 갚기만 하면 될 정도로, 농노의 존재는 하찮게만 여겨졌어. 러시아에서 농노는 노예와 다를 바가 없었던 거야. 러시아의 황제는 이렇게 지주들에게 노동력을 확실히 갖게 해 주는 대신, 지주들의 복종을 얻어 냈어. 땅보다도 농노를 갖는 것이 중요했던 지주들은 기꺼이 황제의 권력 앞에 고개를 숙였지.

하지만 러시아 농노들도 나라가 혼란스러울 때면 코사크들이 사

카스피 해를 항해하는 스텐카 라친과 코사크족 코사크의 족장
스텐카 라친은 1667~1671년에 러시아 귀족과 차르 관료에게
대항하는 반란을 일으켰다.

는 지역으로 도망을 치곤 했어. 코사크란 러시아 변경 지역에서 말을 타고 떠돌아다니며 지내던 유목 민족이야. 코사크는 권력의 지배에서 자유로운 이들이었어. 그들은 때로는 황제를 돕기도 하고, 때로는 농민들과 함께 반란을 일으키기도 했지. 1667년에 코사크의 족장 스텐카 라친이 도망친 농노들과 함께 반란을 일으켰을 때는, 볼가 강을 따라 모스크바까지 진격해서 러시아 황제와 귀족들의 간담을 서늘하게 만들기도 했어.

러시아를 바꾼 표트르 대제의 개혁

유럽보다는 아시아와 가깝던 러시아를 유럽의 한 나라가 되도록 이끈 사람은 17세기 말에 차르가 된 표트르 대제(1672~1725)였단다. 어릴 때 궁 밖에서 자라며 영국과 네덜란드의 기술자들을 접할 기회가 있었던 표트르는 그들의 문화를 부러워했어. 황제가 된 그는 러시아의 기술자 수백 명을 모집해 유럽 방문단을 꾸렸지. 기술자들에게 유럽의 기술을 배워 오도록 한 거야. 심지어 이때 표트르 대제는 스스로 신분을 속이고 연수생들 사이에 끼어 유럽에 갔어. 그는 유럽의 광산, 철공소, 상점, 화랑, 병원 등을 둘러보고 대포와 배 만드는 기술을 손수 익혔어. 이 여행 동안 표트르는 러시아가 서유럽보다 여러 면에서 뒤떨어진 나라라는 것을 절감하고, 서유럽 나라들을 본보기로 러시아를 바꿔 나가기로 결심했단다. 서유럽의 나라들에 견줄 만한 강력한 국가를 건설하기로 한 거지.

그러기 위해서는 유럽과 교역할 수 있는 항구가 필요했어. 그래서 표트르는 발트 해나 흑해에서 유럽으로 가는 항구를 얻기 위해 재위

기간 내내 전쟁을 했어. 그러던 중 1700년에 스웨덴과 치른 전쟁에서 4만 명의 러시아 군대가 8000명의 스웨덴 군대에게 대패하는 것을 지켜보면서 그는 러시아 군대를 서유럽식으로 개혁해야겠다고 마음 먹었다고 해. 그 뒤 표트르 대제는 외국의 군사 전문가를 데려다 군대 조직을 서유럽식으로 바꾸고, 유럽에서 총과 대포를 사들여 군인들에게 나누어 주었어. 이렇게 군대를 개혁한 그는 결국 스웨덴을 물리치고 발트 해 연안의 늪지를 빼앗았어. 그리고 이 발트 해 연안의 늪지에 서유럽으로 가는 항구를 세웠지. 이곳이 바로 훗날 러시아 혁명이 일어날 때까지 러시아의 수도였던 상트페테르부르크야. 이후 상트페테르부르크는 서유럽과 교류하는 창구이자 새로운 러시아의 상징이 되었어.

유럽식 군대와 도시, 정부 기관을 새로 건설하기 위해서는 많은 돈이 필요했어. 표트르는 이 돈을 마련하기 위해 각종 세금을 새로 만들어 거두었어. 토지나 사람에 대해 기본적으로 물리는 세금 말고도 여관, 방앗간, 창고를 운영하는 사람에게 특별히 세금을 물렸고, 모자, 가죽, 관 같은 물건에도 따로 세금을 물렸어. 말하자면 이 무렵 러시아 사람들은 죽어서도 세금을 내야 하는 셈이었지. 또 표트르는 러시아 풍습을 서유럽식으로 바꾸고 사람들이 흔히 기르던 수염도 면도를 하도록 했기 때문에, 수염을 기르는 사람은 특별 세금을 내야 했어. 이런 세금은 주로 농민들의 몫이었기에 러시아 농민들의 부담은 더욱 크게 늘어났지.

표트르 정부는 수입을 늘리기 위해 서유럽식 광산을 개발하고 공장을 짓는 데 투자를 했어. 지주들에게 이런 광산과 공장의 운영을 맡기고, 이들이 소유한 농노들을 데려다 공장에서 일을 시킬 수 있도록 했지. 그러니까 러시아에서는 광산이나 공장에서도 농노들이 일을 해야 했던 거야. 이는 서유럽과 러시아의 큰 차이점이기도 했어. 서유럽에서는 정부의 간섭 없이 도시가 발달하고 무역을 하는 사람들

수염세를 풍자한 그림 표트르 대제가 귀족의 수염을 강제로 자르고 있다.

이 생겨나 산업도 발달했지만, 러시아에서는 이 모든 것을 정부가 나서서 주도하며 농노들에게 강제로 일을 시킨 거였지.

표트르의 서구화 정책으로 러시아 사회는 크게 변했어. 이제 러시아는 유럽의 기술을 받아들여 유럽과 같은 제도를 가진 나라로 바뀐 거야. 이런 개혁에 힘입어 러시아는 유럽의 강국으로 성장해 갔어. 하지만 그 전까지 전혀 달랐던 유럽을 따라가려니 문제도 많았지. 광산을 개발하고 공장을 지었지만, 정부가 간섭하고 농노를 데려다 일을 시키지 않으면 돌아가지 않았거든. 쉽게 말해 러시아는 유럽과 같은 제도를 만들어 놓고 유럽을 따라잡기 위해 국민의 자유를 심하게 억압했던 거야. 이는 결국 1917년, 억압된 국민들이 황제의 권력에 맞서 혁명을 일으키는 사건으로 이어졌단다.

5

근대 시민 사회의 탄생

1830년
프랑스 7월 혁명

1832년
영국 선거법 개정

1838년
영국 차티스트 운동 시작

1848년
프랑스 2월 혁명·독일 3월 혁명

1871년
독일 통일

프랑스 대혁명, 자유 민주주의를 향하여

현대 자유 민주주의의 기초를 놓다

지금 누군가가 사람은 태어나면서부터 귀한 사람, 천한 사람이 따로 있다고 주장한다면 우리는 말도 안 된다고 생각할 거야. 하지만 불과 200여 년 전만 해도 대부분의 사회에서 인간이 신분에 따라 차별받는 것을 당연하다고 여겼어. 신분제 사회에서는 사람이 어떤 신분으로 태어나느냐에 따라 전혀 다른 삶을 살아야 했지.

1789년에 혁명이 일어나기 전까지 프랑스 사회도 신분제 사회였어. 몇몇 특권 계급이 농민과 상공업에 종사하는 사람들을 지배했지. 특권 계급만이 정부의 주요 관직과 군대의 중요한 자리를 차지할 수 있었고, 나머지 신분은 무거운 세금에 시달리며 각종 의무를 다해야 했단다.

1789년부터 10년 동안이나 이어진 프랑스 대혁명은 신분이 낮은 시민과 농민들이 왕과 귀족에게 대항하여 들고일어나 신분 제도를 없앤 역사적 사건이었어. '대혁명'이라는 표현도 역사적인 여러 혁명 중에서 특히 중요한 혁명이라는 의미에서 붙여진 말이야. 당시 혁명을 일으킨 프랑스 시민들은 모든 개인이 법 앞에서 평등한 인간이라고 선언했어. 이로써 그동안 귀족들이 누렸던

라 마르세예즈 프랑스 대혁명을 형상화한 조각가 뤼르의 작품.

특권은 폐지되었고, 크리스트교 성직자들의 특권도 무너졌어. 국가는 더 이상 크리스트교를 내세워 특권 계급에게 봉사하는 기구가 아니며 개인이 평등하고 자유롭게 살 수 있는 사회를 건설해야 한다는 새로운 목표가 등장했지. 시민들은 스스로 국가를 다스릴 수 있는 제도들을 마련했어. 헌법을 만들고, 시민 대표가 함께 나라의 일을 의논할 의회도 만들었지. 자유 민주주의 국가의 기틀이 마련된 거야.

프랑스 대혁명은 유럽의 다른 나라들에 엄청난 충격을 주었어. 이웃 나라의 왕과 귀족들은 혁명에 위협을 느꼈지. 이들은 프랑스의 지배 계급을 도와 혁명으로 이룬 개혁을 되돌리려 했어. 하지만 한번 번

지기 시작한 자유와 평등의 이념은 다음 세기 동안 전 유럽을 휩쓸었
단다. 그리고 뒤이어 세계 여러 나라들이 프랑스 대혁명에서 선포된
자유 민주주의 정치 제도를 갖추어 나갔어. 이런 의미에서 프랑스 대
혁명은 오늘날 세계 여러 나라에서 채택하고 있는 법과 질서의 기초
를 놓은 혁명이라고 할 수 있단다.

혁명 전의 프랑스 사회

혁명이란 한 사회의 운영 질서가 뿌리부터 바뀌는 것을 의미해. 이는
한 사회를 '누가 어떤 방식으로 다스린다.'는 원칙이 완전히 변하는 큰
사건이야.

혁명 전의 프랑스 사회는 전제적인 왕이 다스리고, 소수 귀족들이
특권을 누리는 신분제 사회였어. 왕이 귀족 세력을 누르고 왕권을
강화하는 과정에서 자신에게 복종하는 대가로 특권을 주었던 거지.
이 같은 18세기 절대 왕정 아래 프랑스 체제를 '앙시앵 레짐(ancien
régime)' 또는 '구제도'라고 해. 약 2700만 명에 이르는 프랑스 전체 인
구는 구제도 아래에서 세 가지 신분으로 나뉘어 있었어. 제1신분은
성직자 계급, 제2신분은 귀족 계급이었지. 프랑스의 이 두 계급은 유
럽의 어느 귀족보다도 부자였고, 큰 권력을 갖고 있었어. 많은 토지
를 소유하고 법으로 정한 여러 특권을 누리고 있었거든. 반면 제3신
분에 속하는 사람들 중 많은 수는 특권 계급이 가진 땅에서 고되게
일하며 많은 세금을 내야 했어.

제1신분과 제2신분

교회를 책임지는 성직자들이 제1신분에 속했어. 이들의 수는 10만 명 정도였지. 이들은 전 인구의 1퍼센트도 안 되는 적은 수였지만, 이들이 가진 토지 재산은 프랑스 전체 토지의 약 10퍼센트나 되었어. 성직자들은 이 땅을 농민들에게 빌려 주고 지대를 바치게 했어. 당시 프랑스 교회와 성직자들은 많은 땅을 가진 지주였던 셈이야. 이에 더해 교회는 농민들에게 수입의 10분의 1을 십일조로 거두었어. 본래 십일조는 교회를 운영하기 위한 세금이었지만, 성직자들은 이런 수입으로 사치스런 생활을 누렸단다.

그런데도 성직자들은 나라에 세금을 한 푼도 내지 않았어. 프랑스 정부가 성직자들에게 세금을 내지 않아도 된다는 면세 특권을 주었기 때문이야. 그뿐만 아니라 교회는 크리스트교 교리와 도덕관에 나쁜 영향을 미친다고 판단되는 책을 검열할 권리도 갖고 있었어. 종교 개혁 이후 힘이 약해지기는 했어도 아직 교회는 정부에 큰 영향력을 행사할 수 있었던 거지.

프랑스의 제2신분은 귀족 계급이었어. 이들은 조상 대대로 물려받은 땅인 장원을 가지고 있었지. 제2신분의 수는 40만 명 정도였는데, 이들이 가진 토지는 전체 토지의 25퍼센트가 넘었어. 귀족들은 장원에 속한 농민들로부터 각종 납부금과 사용료를 거둬들였지만, 국가에 내야 하는 세금은 거의 면제받았어. 또한 그들은 교회, 군대, 정부의 최고위직을 모두 차지했어. 귀족들은 농민들의 희생으로 사치와 특권을 누릴 수 있었지.

제3신분 – 부르주아

제1신분과 제2신분에 속하는 특권 계급을 제외한 모든 사람이 제3신분에 속했어. 부유한 대사업가부터 가난한 날품팔이까지, 당시 프랑스 인구의 96퍼센트가 모두 이 신분에 속했지.

이 가운데 부유한 사업가들은 아시아와 아메리카로 가는 항로가 열린 뒤 큰돈을 벌어 물질적으로는 귀족 부럽지 않게 살고 있었어. 이들을 도시 시민을 뜻하는 '부르주아'라고 불렀지만 신분은 농민과 마찬가지로 제3신분이었지. 부르주아들은 자신들이 가난하고 무식한 농민과 같은 취급을 받는 것을 기분 나빠 했어. 그래서 돈으로 귀족 신분을 사서 귀족 행세를 하기도 했지만, 그조차도 점점 어려워졌어. 그러자 부르주아들은 자신들을 제대로 대접해 주지 않는 사회에 갈수록 더 큰 불만을 품게 되었지.

부르주아들은 프랑스 정부의 경제 정책에도 불만이 많았어. 당시 프랑스 경제는 성장하고 있었고, 왕들도 국가의 부를 늘리기 위해 애쓰고 있었지. 하지만 당시 프랑스에는

〈**부르주아 가족**〉 아침 식사를 하는 프랑스의 부르주아 가족. 로코코 화가 프랑수아 부셰의 1739년 작품.

상인들이 장사하는 데 방해가 되는 관행이 많았어. 같은 나라 안에서도 각 지방마다 다른 지방에서 들어오는 물건에 관세를 물렸고, 통행세도 따로 받았거든. 예를 들면, 상인들이 북쪽 도시인 루아르에서 파리까지 마차로 포도주를 싣고 오는 경우 관세를 11번, 통행료를 12번이나 지불해야 했어. 이런 관행은 귀족들이 각 지방을 나누어 다스리던 중세 봉건 제도에서 유래한 것으로 통행료는 고스란히 귀족의 수입이 되었지.

게다가 프랑스 왕은 몇몇 상인에게만 특권을 주어 사업을 독점하게 했어. 정부로서는 이렇게 사업자 수를 적게 유지해야 감독하기가 더 쉽고, 경제 활동을 확실히 장악할 수가 있었으니까. 부르주아들이 자유로운 사업을 하는 데 이 모든 일이 큰 방해가 되었어. 하지만 정부에 자신들에게 유리한 정책을 기대하기는 어려웠지. 관직은 모조리 귀족들이 차지하고 있었고, 부르주아는 낮은 신분 탓에 관직에 오를 수 없었기 때문이야. 귀족들이 자신들의 이익을 스스로 포기하고 도시 상인들이 장사하기에 유리한 방향으로 개혁을 할 턱이 없었지.

그런데 부르주아 중에는 사업가 말고 또 다른 무리의 사람도 있었어. 교수, 작가, 문필가, 법률 전문가, 학생, 예술가 등의 지식인들이었지. 당시 이들 사이에서는 계몽사상이 유행하고 있었어. 신과 교회의 권위에만 기댄 구시대의 관념에서 벗어나 인간의 이성과 합리적인 사고를 통해 사회를 변화시켜야 한다는 생각을 '계몽사상'이라고 해. 계몽사상을 가진 지식인들은 인간을 아무런 근거 없이 귀한 사람, 천한 사람으로 나누는 신분 제도를 당장 없애야 한다고 주장했어. 또 신문이나 잡지에 글을 써서 신분 제도를 당연한 것으로 받아들이는 사람들을 일깨우고 잘못된 사회 제도를 비판했지. 그들은 인간은 모두 평등하며 자유롭게 살 권리가 있으므로, 그것을 막는 사회 제도를 개혁하고 새로운 사회를 건설해야 한다고 생각했어. 이들의 계몽사상은 프랑스 대혁명이라는 커다란 기차를 움직인 정신적인 동력이라고 할 수 있어.

제3신분 – 농민

제3신분에서 소수의 부르주아를 뺀 나머지 대다수는 농민이었어. 당시 프랑스 사회는 대부분의 사람들이 농사를 지어 먹고살던 때였으니까. 제3신분은 전체 인구의 96퍼센트에 달했지만, 이들이 소유한 농지는 전체 농지의 30퍼센트에 지나지 않았어. 그러니 대부분의 농민들은 자기 농토에서 생산한 농작물만으로는 먹고살기가 어려웠지. 이들은 품팔이를 하거나 남의 땅을 빌려 농사를 지어 간신히 생계를 해결하는 처지였어. 농민들이 가난했던 것은 단지 땅이 부족했기 때문만은 아니야. 당시 농민들은 많은 세금을 내야 했어. 정부가 성직자와 귀족을 먹여 살리는 돈을 농민들에게서 거둬들였던 거야.

세금 외에도 농민들이 져야 하는

프랑스 구제도에 대한 풍자화 제3신분이 제1신분인 성직자와 제2신분인 귀족을 등에 업은 채 힘겹게 지탱하고 있다.

부담은 무척 많았어. 교회에는 수입의 10분의 1을 십일조로 내야 했고, 예전부터 귀족에게 바쳐 왔던 공납도 계속 바쳐야 했지. 귀족들이 소유하고 있는 기계를 쓸 때 내는 사용료도 만만치 않았어. 또 농민들은 방앗간, 포도주 압착기, 빵 굽는 기계의 사용료도 내야 했어.

게다가 귀족들은 혁명 직전에 물가가 상승해 이전 씀씀이를 유지하기 어려워지자, 농민들에게 전보다 더 많은 부담을 떠안겼어. 이때 귀족들은 변호사를 고용해 옛 문서를 샅샅이 뒤졌어. 농민들에게 세금으로 떠안길 명목이 더 없나 찾아내기 위해서였지. 그들은 전에는 내지 않았던 납부금을 새로 만들어 농민들에게 통지하거나 이미 몇 세대 전에 면제해 주기로 약속했던 납부금까지 찾아내 한꺼번에 물리곤 했어. 갑자기 생각지도 못했던 납부금 통지서를 받은 농민들이 억울함을 호소할 수 있는 방법은 법정에 고소하는 길뿐이었어. 하지만 법정에서 판결은 귀족인 영주가 했고 농민들은 글자도 모르니, 결과는 불 보듯 뻔한 것이었어. 농민들은 울며 겨자 먹기로 납부금을 내는 수밖에 없었지. 농민들은 이런 현실을 매우 부당하게 여겼고, 점점 더 큰 불만을 품었어. 결국 1789년에 혁명이 일어났을 때 이런 농민들의 불만이 폭동으로 터져 나왔단다.

혁명의 배경

제3신분에 속한 많은 사람이 구제도에 대해 불만이 많았지만, 왕과 귀족이 가진 권력에 대항할 수 있는 힘은 없었어. 당시 프랑스 왕정은 체제를 비판하는 사람을 잡아들이고 벌주면서 구제도를 유지했거든. 그런데 그들에게도 큰 문제가 있었어. 권력을 유지하는 데 가장 중요한 체제 유지 비용이 바닥났던 거야. 프랑스 정부는 당시 절정에 달했던 프랑스의 국력을 과시하기 위해 루이 14세 이후 국외에서 많은 전쟁에 끼어들었어. 하지만 전쟁을 치르는 데 워낙 돈이 많이 들었기 때문에 국고는 곧 바닥났고, 이는 혁명의 불씨로 이어졌어.

정부의 재정 위기

1774년에 왕위에 오른 루이 16세(1754~1793)는 선왕에게 많은 빚을 물려받았어. 게다가 루이 16세가 왕이 된 뒤 빚은 더욱 늘어났지. 당시 영국과 숙적이었던 프랑스는 영국으로부터 독립하려는 미국의 혁명파를 돕는 데 돈을 썼거든. 돈이 떨어진 루이 16세는 유능한 재무 장관을 등용해서 빚을 갚을 수 있는 묘안을 내도록 했어. 결론은 지금까지 세금을 내지 않았던 귀족들에게 세금을 거둬들이자는 것이었지. 이 결정에 귀족들은 거세게 반발했어. 그들은 자신들의 특권을 지키기 위해 똘똘 뭉쳐 왕에게 도전했어.

귀족들은 옛날 기록을 내세워 왕에게 삼부회를 소집하라고 요구했단다. 삼부회는 중세말에 왕이 세금을 걷기 위해 각 신분의 대표들을 소집해 동의를 구했던 일종의 신분제 의회인데, 1614년 이후에는 한 번도 소집된 적이 없었어. 하지만 귀족들은 세금 징수를 승인하는 것은 예전부터 전국 신분 회의의 권한이었다고 주장했지.

프랑스 절대 왕정의 마지막 왕
루이 16세

그들은 삼부회를 통해 잃어버렸던 권력을 되찾아 왕의 힘을 약화시키고, 앞으로 귀족 정치를 하려는 심산이었어. 왕 또한 삼부회를 소집해 세금을 거두기로 결정하면 된다고 생각하고 일단 귀족들의 요구를 받아들였어.

하지만 막상 삼부회를 소집하기로 하자 프랑스 사회의 분위기는 왕이나 귀족이 의도했던 것과는 전혀 다른 방향으로 나아갔단다. 제3신분의 불만이 터져 나오면서, 왕과 귀족이 마지못해 손잡고 유지해 온 구제도에 대한 맹렬한 공격이 시작되었거든.

개혁에 대한 기대감

왕이 귀족들의 요구에 밀려 삼부회를 소집하기로 했다는 소식이 알려지자 프랑스 사회는 술렁거렸어. 왕은 바닥난 국고를 채우기 위해 각 신분의 대표들을 소집하려고 했지만, 사람들은 오히려 자신들의 불만을 왕에게 전달할 수 있는 기회라고 생각했지. 특히 제3신분의 사람들은 구제도를 개혁하고자 하는 희망을 품고 삼부회에 열띤 관심을 보였어.

하지만 170여 년간 한 번도 삼부회를 소집한 적이 없기 때문에 아무도 어떤 방식으로 삼부회를 소집해야 하는지 정확히 알지 못했어. 사정이 이렇다 보니 관료, 지방 귀족, 지식인 등 각 계층의 사람들은 모두 예전에 있었던 삼부회에 대한 기록을 찾느라 정신이 없었지. 이런 분위기 속에서 프랑스 사회는 구제도를 개혁하기 위한 의견들이 들끓었어. 파리의 클럽과 카페, 거리 곳곳에서 활발한 토론이 벌어졌지. 1788년 6월부터 이후 6개월 동안 인쇄된 팸플릿만 500여 종이 넘었고,

다양한 의견을 담은 문서들이 왕실 담당 기관으로 쏟아져 들어왔어.

이런 움직임에 놀란 귀족들은 결국 본색을 드러냈단다. 그들은 스스로 검열관이 되어 팸플릿의 내용을 검열하고, 필자들을 비난했어. 일부 팸플릿의 내용이 너무나 과격해 보였거든. 당시 나온 팸플릿 중에는 귀족들의 특권을 문제 삼고, 보통 사람들이 국가의 주인이라고 주장하는 내용도 많았어. 계몽사상의 영향을 받은 이런 팸플릿의 저자들은 프랑스 사회가 신분 구별이 없는 평등한 사회가 되어야 한다고 강력하게 주장했지.

1789년, 혁명이 시작되다

드디어 1789년 5월, 루이 16세가 삼부회를 소집하여 각 신분의 대표들이 베르사유 궁전에 모였어. 이곳에 모인 대표 가운데 제3신분의 대표 수는 제1신분과 제2신분 대표의 두 배였어. 전국 각지에서 법률가, 사

삼부회 1789년 5월 5일에 베르사유 궁에서 신분 대표들이 모여 회의를 하고 있다.

업가, 투자가, 의사 등 사회적으로 존경받고 실력 있는 부르주아들이 제3신분의 대표로 뽑혀 왔어. 제3신분 대표들은 자신들의 수가 다른 신분에 비해 훨씬 많다는 사실을 매우 반겼고, 이번 기회에 프랑스 사회를 자신들의 뜻대로 개혁해야겠다고 생각했지.

국민 의회의 수립

하지만 제3신분 대표들은 이런 생각이 환상에 지나지 않음을 곧 알아차렸단다. 베르사유에서 며칠간 성대하게 진행된 회의에서 제3신분 대표들은 철저히 차별을 받았고, 이를 통해 자신들이 어떤 처지인가를 새삼 깨달았지.

제3신분 대표들은 회의 개막식부터 차별 대우를 받았어. 번쩍거리는 관복을 입은 귀족들 앞으로 초라한 검은 옷을 입고 입장해야 했지. 자리도 귀족 계급이 모두 앞자리를 차지해서 뒷자리에 쭈그리고 앉아야 했어. 게다가 왕은 이 회의의 투표 원칙을 신분별 투표로 하겠다고 발표했어. 신분별 투표란 각 신분에게 한 표씩 주는 방식으로 제1신분, 제2신분, 제3신분이 각각 한 표씩만을 행사할 수 있는 거야. 이렇게 되면 제3신분이 다른 신분보다 대표 수가 두 배나 많다는 사실이 아무런 의미가 없었지.

제3신분 대표들은 매우 실망했어. 특권 계급인 제1신분과 제2신분이 힘을 합치면, 제3신분은 자신들의 뜻대로 결정할 수 있는 일이 아무것도 없을 테니까. 이제 제3신분 부르주아들은 왕이나 귀족에게 개혁을 기대할 수 없으며, 자신들이 원하는 개혁을 자신들의 힘으로 실현해야 한다는 사실을 깨달았어.

결국 제3신분 대표들은 투표 방식에 항의하며 시위를 벌이기 시작했단다. 그러자 왕은 제3신분 대표 중 과격한 이들을 아예 회의장에 들어오지 못하도록 막았어. 이에 분노한 제3신분 대표들은 회의장 근처 테니스 코트에서 모임을 갖고, 자신들의 모임을 프랑스 '국민 의회'라고 선포했어. 그들은 국민 의회에서 아예 프랑스의 헌법을 새로 만들기로 했어. 그리고 새 헌법을 만들 때까지 어떤 압력이 들어와도 절대 국민 의회를 해산하지 말자고 굳게 약속했지.

왕은 제3신분의 대담한 행동에 놀라 베르사유 궁으로 근위대를 불러들였어. 그리고 대표들에게 회의장을 떠나라고 명령했어. 하지만 제3신분 대표들은 조금도 흔들리지 않았지. 오히려 제3신분의 지도자였던 미라보(1749~1791)는 이렇게 선언했어. "우리는 절대로 왕의 명령을 따를 수 없다. 총칼로 우리를 몰아내기 전까진 의회를 떠나지 않을 것이다!" 결국 루이 16세는 국민 의회를 해산시킬 수 없었고, 이로 인해 왕의 권위는 크게 흔들렸단다.

〈테니스 코트 서약〉 회의장에서 쫓겨난 제3신분 대표들이 베르사유 궁의 테니스 코트에 모여서 서약을 하고 있다. 프랑스 혁명기의 화가 다비드의 작품.

바스티유 요새 공격

프랑스 사회를 바꾸려는 국민 의회가 만들어졌다는 소식이 파리의 거리로 퍼져 나가자 파리 민중들은 술렁이기 시작했어. 국민 의회가 새로운 정부를 만들어 주리라 기대하는 한편, 지금까지 참았던 귀족 계급에 대한 불만을 직접 행동으로 표현하기 시작했지. 그들은 곡물 투기꾼으로 알려진 귀족들을 붙잡아다 가로등에 매달기도 하고, 폭동을 일으키거나 가게를 털기도 했어.

파리 민중들이 이렇듯 과격한 행동을 하게 된 것은 당시 프랑스 사회가 그만큼 흉흉했기 때문이야. 당시 프랑스는 경제 사정이 아주 나빠서 약 1000만 명이 실업자였고, 약 200만 명이 거지 신세였어. 식량 부족이 심각해서 굶는 사람도 많았어. 먹고살 길이 없는 사람들은 구걸을 하거나 남의 물건을 훔치면서 각지를 떠돌아다니는 수밖에 없었지. 그들은 시골 마을을 습격해서 채 익지도 않은 농작물을 가져다 먹기도 하고, 도시에서는 시장을 약탈하기도 했어.

사람들은 이런 어려움이 모두 귀족 때문이라고 생각했지. 굶주린 사람들은 곡물 투기를 하는 귀족들 때문에 식량이 부족하다고 여겼고, 도적떼를 무서워하는 사람들은 귀족들이 자신들을 해치려고 돈을 주고 부랑배를 샀을 거라고 생각했어. 그만큼 프랑스 민중들 사이에는 귀족에 대한 증오심이 뿌리 깊이 퍼져 있었던 거야.

파리의 심상치 않은 분위기에 위협을 느낀 왕은 곧 외국 용병 부대를 끌어들여 파리 곳곳에 배치하고 궁 주위도 에워싸게 했어. 곳곳에 군대가 들어서고 외국 군대까지 나타나자, 파리의 분위기는 더욱 험악해졌어. 시민들은 왕이 시민들과 국민 의회를 무력으로 탄압하려

한다고 생각했지. 그들은 왕의 무력 공격을 막고 자신들의 마지막 희망이나 다름없는 국민 의회를 지켜 내기 위해서는 무기를 드는 수밖에 없다고 여겼어.

자신들의 힘으로 스스로를 지키겠다고 결의한 시민들은 무기를 구하려고 파리 동쪽 끝에 자리 잡은 바스티유 요새로 쳐들어갔어. 이 요새는 구제도를 비판하는 계몽사상가들을 가두기 위한 감옥이자 왕이 무기를 보관하던 무기고였어. 권력의 상징이나 다름없는 곳이었지. 7월 14일, 총성과 함께 이 요새를 지키던 병사와 반란자 몇몇이 쓰러졌어. 그리고 요새는 곧 시민의 손에 넘어갔단다.

이 충격적인 사건으로 루이 16세는 더 이상 시민을 무력으로 진압할 수 없음을 깨달았어. 왕은 이제 국민 의회를 인정할 수밖에 없었지. 파리 시민의 무력 행동을 통해 국민 의회는 프랑스의 새로운 정부로 태어났단다.

바스티유 요새 습격 1789년 7월 14일에 파리 민중들이 바스티유 요새를 습격하고 있다.

농민들의 반란, 대공포

파리 시민들이 바스티유 요새를 공격했다는 소문은 전국 각지로 전해졌어. 귀족의 횡포에 시달리던 시골 농민들이 국민 의회에 거는 기대는 파리 시민들과 같았지. 하지만 농민들은 바스티유에서 벌어진 전투 소식에 긴장했고, 곧 무시무시한 소문이 돌기 시작했어. 소문은 지방마다 조금씩 달랐지만, 간추리면 귀족들이 강도떼를 무장시켜 농민들을 죽이러 보낼 것이라는 내용이었어. 이런 소문에 놀란 농민들은 공포에 질렸어. 농민들은 스스로를 지키려는 생각으로 손에 곡괭이나 갈퀴를 들기 시작했지. 이 소문은 사실이 아니었지만 한번 일기 시작한 농민들의 흥분은 쉽게 가라앉지 않았단다. 농민들은 영주의 성으로 쳐들어가 재물을 약탈하고 불을 지르는가 하면, 영주의 땅을 차지하고 영주를 죽이기도 했어. 특히 자신들의 봉건적 의무가 적힌 문서들을 찾아내 불태웠지. 이런 농민들의 반란이 당시 프랑스 농촌을 휩쓸었어.

이렇게 공포 때문에 농민들이 각지에서 반란을 일으킨 현상을 '대공포'라고 해. 이는 그동안 농민들이 신분제에 얼마나 억눌려 지냈는지, 또 귀족들을 얼마나 미워했는지를 잘 보여 주는 사건이야. 이런 농민들의 분노와 행동은 프랑스 대혁명에서 귀족들이 신분 제도를 포기하도록 하는 데 큰 영향을 끼쳤어.

구제도를 무너뜨리다

전국 곳곳에서 농민들이 반란을 일으키고 있다는 소식은 금세 베르사유에 전해졌어. 농민들의 반란은 베르사유에 모여 있던 각 신분 대표들에게 큰 충격을 주었어. 특히 국민 의회의 제3신분 대표들은 이 기회에 신분 제도를 폐지하고 프랑스 국민 모두에게 평등한 권리를 주어야 한다고 주장했지. 물론 성직자와 귀족 대표들은 자신들이 몇 세기 동안 누려 온 특권을 포기하고 온 국민이 평등한 권리를 갖는 것에 반대했어. 하지만 농민들의 반란이 걷잡을 수 없이 번지고 있다는 소식이 계속 들려오자, 불안에 떨던 귀족들은 하나둘 자신의 특권을 포기하는 쪽으로 돌아서기 시작했어.

인간과 시민의 권리 선언

몇몇 귀족이 먼저 제3신분의 뜻에 따르겠다고 나섰고, 이어 프랑스에서 가장 큰 영지를 가진 귀족이 자신의 특권을 포기하겠다고 발표했어. 이제 상황은 국민 의회에 유리한 쪽으로 기울고 있었어. 그러자 1789년 8월 4일 밤, 국민 의회는 귀족들의 봉건적 특권을 폐지한다는 놀라운 선언을 했단다. 이는 사람을 태어나면서부터 높은 신분, 낮은 신분으로 구별해 온 구제도의 폐지를 의미했어. 이로써 귀족과 성직자들은 더 이상 세금을 면제받을 수 없었고, 귀족은 농민을 하인처럼 부릴 수 없게 되었어. 몇 백 년 동안 유지되었던 신분 제도가 무너지는 혁명적인 사건이 일어난 거지. 그리고 이 역사적인 사건을 가능하게 한 결정적인 힘은 전국적으로 들고일어나 지배 계급과 국민 의회에 압력을 넣은 파리 시민과 농민들에게서 나왔어.

이렇게 파리 시민과 농민들의 직접적인 행동으로 국민 의회가 힘을 얻고 귀족들이 구제도를 포기하자, 국민 의회는 프랑스 헌법에 담아야 할 대원칙을 발표했어. 바로 '인간과 시민의 권리 선언'이었지. 흔

프랑스 인권 선언 1789년 8월 26일에 프랑스 국민 의회가 선언한 '인간과 시민의 권리 선언서'(왼쪽)와 삼색기를 들고 있는 파리 하층 시민의 모습(오른쪽). 삼색기는 인권 선언의 이념인 자유, 평등, 박애를 상징한다.

히 줄여서 '인권 선언'이라고 부르곤 해. "인간은 누구나 자유롭고, 평등하게 살 권리를 가지고 태어났다."라는 말로 시작되는 이 선언은 인류의 역사를 바꾼 중대한 선언이야. 지금의 우리에게는 당연한 말처럼 들리지만, 당시에는 강력한 혁명 의지를 담은 표현이었어. 신분 차별이 없는 평등한 사회를 만들려면 구제도를 완전히 허물어 버려야만 했으니까.

이 선언서는 모든 사람은 신분에 따른 차별 없이 법 앞에서 평등하다는 것, 모든 권력은 국민에게서 나오므로 국가는 국민의 자유, 안전, 재산을 보호해야 하며, 국민은 압제에 저항할 권리가 있다는 것 등을 주요 내용으로 삼고 있어. 이 선언서의 내용은 프랑스 혁명의 기본 정신이었으며, 이후 프랑스 혁명 과정에서 만들어질 모든 헌법의 기초가 되었어. 또 이 선언서에 담긴 '자유', '평등', '박애'의 정신은 오늘날까지도 민주주의 국가의 기본 정신으로 이어져 오고 있단다.

국민 의회와 새 헌법

이렇게 제3신분 대표들은 시민과 농민들의 도움으로 왕과 특권 귀족 계급을 공격하고 봉건 제도를 폐지할 수 있었어. 하지만 1789년 여름 동안 숨 가쁘게 진행된 사건들은 거대한 혁명의 시작에 불과했어. 구제도를 허물고 새로운 제도를 만들기까지는 복잡하고 험난한 일들이 숱하게 기다리고 있었지. 이후 약 10년간 프랑스는 구제도가 무너지고 새 질서가 자리를 잡는 혼란스런 혁명기를 보낸단다.

루이 16세는 국민 의회가 인권 선언과 함께 내놓은 개혁안을 승인하려 하지 않았어. 왕의 이런 태도에 평등한 사회를 원하던 프랑스 민중들은 분노했어. 왕에게 국민 의회의 개혁안을 당장 승인하라고 요구하던 시민들은 왕을 베르사유 궁에 두지 말고 아예 파리로 데려와야 한다고 주장하기 시작했지. 베르사유는 파리에서 조금 떨어진 곳에 있는 왕의 요새였기 때문에, 왕에 대항해 싸우는 파리 시민들에게는 적진이나 마찬가지였어. 왕이 베르사유에 근거를 두고 군대를 동원해 반란을 일으키는 파리 시민을 친다면, 지금껏 국민 의회와 시민들이 힘겹게 싸운 결과가 물거품이 될 수도 있는 일이니까.

1789년 10월 5일, 분노한 파리 시민들은 왕의 궁전까지 몰려갔어. 이 시위 행렬에는 특히 여성들이 앞장을 섰어. 파리 시내에 식량이 모두 떨어져 굶주리는 가족을 보다 못한 여성들이 나선 거야. 성난 시민들의 기세에 몰린 루이 16세는 할 수 없이 다음 날 국민 의회의 개혁을 승인했고, 꼼짝없이 가족과 함께 파리로 잡혀 왔어.

이렇게 왕에게 개혁을 승인하게 한 뒤, 국민 의회는 프랑스를 다스릴 새로운 정부를 설계하기 시작했어. 가장 중요한 일은 새 헌법을 쓰는 것이었지. 1791년, 드디어 새 헌법이 제정되었어. 국민 의회가 설계한 새 정부는 왕을 그대로 두고 국민이 뽑은 대표들로 의회를 구성해 왕권을 제한하자는 입헌 군주정이었어. 비록 왕을 그대로 두기는 했지만, 왕이 누구의 간섭도 받지 않고 통치하던 이전의 절대 왕정과는 달리, 이제는 평등한 권리를 가진 국민들이 의회를 통해 법을 만들 수 있게 된 거야.

이렇게 보면 국민 의회가 설계한 새 정부는 프랑스 시민과 농민의 희망을 담은 것처럼 여겨지지. 하지만 1791년의 헌법이 설계한 프랑스 새 정부는 이들의 희망과는 거리가 있었어. 의원이 되거나 의원 선거를 하려면 세금을 내야 했거든. 돈이 없는 국민에게는 투표권을

여성들의 시위 행렬 파리에 식량이 떨어지자 가족의 굶주림을 보다 못한 여성들이 1789년 10월 5일에 왕이 있는 베르사유로 몰려가고 있다.

주지 않은 거야. 당시 헌법을 만든 국민 의회 대표들이 주로 돈 많은 부르주아였기 때문에 이런 일이 벌어진 거였지. 1789년 여름부터 시작된 프랑스 혁명 과정에서 가난한 농민과 시민은 귀족이 특권을 포기하고 왕이 새로운 정부를 승인할 때까지 목숨을 걸고 싸워 왔어. 하지만 이들을 대표한 것은 국민 의회의 제3신분 대표인 돈 많은 부르주아였지. 부르주아와 가난한 농민, 시민들은 프랑스의 낡은 제도를 허물어야 한다는 데까지는 생각이 같았지만, 그 다음에 어떤 제도를 만들어야 할지에 대해선 서로 생각이 달랐어. 국민 의회에서 주도권을 쥐고 있던 부르주아들은 새 정부를 자신들이 원하는 대로만 설계했던 거야.

한편 국민 의회는 새 정부를 설계하는 일 말고도 또 한 가지 큰일

파리로 돌아오는 루이 16세 오스트리아로 도주를 시도했던 루이 16세 가족이 혁명 정부에 발각되어 다시 파리로 돌아오고 있다.

을 했어. 그들은 정부가 가진 많은 빚을 갚기 위해 교회와 수도원이 가지고 있던 땅을 빼앗아 팔기 시작했어. 그리고 모든 성직자에게 프랑스 정부에 충성한다는 맹세를 하게 했어. 교회와 성직자가 가지고 있던 특권을 빼앗고 확실히 정부의 지배 아래 두기 위해서였지.

이렇게 국민 의회 대표들이 권력을 잡고 세상을 바꾸어 나가자, 왕과 귀족들은 공포를 느꼈어. 계속 파리에 머무르다간 자신과 가족의 목숨마저 위험할 수 있다고 생각한 거지. 많은 귀족이 프랑스를 빠져나가 이웃 나라로 도망을 쳤어. 그들은 때를 기다렸다가 혁명 세력을 누르고 다시 자신들의 세력을 되찾을 수 있는 계획을 세우려고 한 거야.

루이 16세도 가족을 데리고 오스트리아로 피난을 가기로 했어. 왕비 마리 앙투아네트의 오빠가 오스트리아의 황제였으니 일단 오스트리아에 가면 안전하리라 생각한 거야. 1791년 6월 20일 밤, 루이 16세와 그의 가족은 하인으로 변장하고 파리를 빠져나갔어. 하지만 한 행인의 눈에 띄는 바람에 신고를 받고 출동한 군인들이 루이 16세와 가족을 다시 파리로 데려왔지. 이후 왕과 그의 가족들은 혁명 세력의 감시를 받으며 갇혀 지냈단다.

입법 의회와 혁명전쟁

국민 의회는 혁명 상황에서 삼부회에 참석했던 대표들이 임시로 만든 의회였어. 그러니 이 의회의 주된 임무는 새로운 정식 의회를 위한 헌법을 만드는 것이었어. 이후 국민 의회에서 설계한 대로 선거가 치러졌고, 1791년 10월에 새 정식 의회가 모임을 가졌지. 이 의회의 이름은

'입법 의회'였어. 이제 정식 의회를 갖춘 프랑스는 국민 의회가 정한 대로 입헌 군주정 체제가 되었고, 입법 의회는 왕과 함께 새로운 사회를 만들어 가려 했지. 하지만 입법 의회의 앞날은 험난했고, 프랑스 사회는 엄청난 혼란을 겪을 수밖에 없었어. 왕은 여전히 의회의 개혁을 받아들이지 않았고, 자기에게 남겨진 마지막 권력을 모두 이용하여 혁명에 맞서려 했거든. 게다가 이웃 나라 왕과 귀족들이 잔뜩 긴장하여 프랑스의 혁명 상황을 지켜보고 있었고, 국내에서도 혁명에 반대하는 무리가 생기기 시작했지.

혁명전쟁의 시작

이웃 나라의 왕과 귀족들은 프랑스에서 일어난 혁명에 엄청난 공포를 느꼈어. 자기 나라에서도 같은 일이 일어날까 봐 두려웠던 거지. 그들은 어떻게든 프랑스의 왕과 귀족들을 도와 하루빨리 옛 질서를 되찾게 해야 한다고 생각했어. 프랑스 혁명 정부도 외국의 이런 분위기를 잘 알고 있었지. 상황이 불리하게 돌아가자 프랑스 혁명 정부는 국내외의 적과 정면으로 맞서는 수밖에 없다고 판단하고, 1792년 4월, 오스트리아에 전쟁을 선포했어. 오스트리아를 물리쳐야 오스트리아가 프랑스 왕족을 도와 혁명 정부를 공격하는 것을 막고, 계속 혁명을 진행시켜 새로운 사회 질서를 만들어 나갈 수 있을 테니까. 혁명을 계속해 나가려는 세력과 혁명에 반대하는 세력의 싸움이 국내를 넘어 나라 간 전쟁으로까지 번진 거지. 권력을 잃은 프랑스의 왕과 귀족, 성직자, 그리고 이들을 도우려는 외국의 왕과 귀족은 모두 한편이 되어 혁명에 반대하고 있었어. 프랑스 혁명 정부는 이들에 맞서 전쟁을 벌인 거야.

프랑스 혁명군은 오스트리아와 벌인 첫 전투에서 크게 패했어. 모두 귀족이었던 옛 프랑스 군대의 장교 대부분이 외국으로 도망간 상황에서 전쟁을 치렀으니 그럴 수밖에 없었지. 외국 군대는 파리를 점령할 듯한 기세로 쳐들어왔어. 이런 소식이 전해지자 프랑스 민중들이 위기에 처한 조국을 구하기 위해 외국군과 싸우겠다고 너도나도 군대에 자원하기 시작했어. 스스로 전쟁터에 나가겠다고 자원한 의용군이 전국 각지에서 파리로 모여들었어.

파리에서는 적을 무찌르고 혁명을 지키겠다는 민중들의 열기가 더욱 뜨거워졌어. 흥분한 민중은 외국의 적을 무찌르기 전에 국내에 있는 적부터 없애야 한다며 왕궁으로 쳐들어갔지. 왕실 호위대를 물리치고 왕궁 안으로 들어간 민중은 왕과 왕족들을 잡아다 가뒀어. 이들은 외국과 내통해 프랑스 혁명 정부를 위험에 빠뜨리는 왕을 아예 없애 버리고, 재산에 관계없이 모든 사람이 평등하게 투표할 수 있는 민주주의 정부를 만들어야 한다고 주장했어. 이에 입법 의회는 왕권을 정지하고, 새로운 헌법을 만들기 위한 '국민 공회'를 소집하기로 결정했어. 하지만 전선에서는 계속 패전 소식만 들려왔고, 극도로 예민해진 민중들은 더욱 과격해졌어. 귀족들이 갇혀 있다고 알려진 감옥을 습격해서 1000명이 넘는 사람들을 제대로 재판도 하지 않고 혁명에 반대했다는 이유로 처형하기도 했어.

이렇게 프랑스 혁명 정부가 궁지에 몰리고, 민중들은 과격해지고 있을 때, 기쁜 소식 하나가 날아들었어. 프랑스 의용군이 1792년 9월 20일에 드디어 첫 승리를 거뒀다는 소식이었어. 파리 동쪽 발미라는 곳에서 프로이센 정규군에게 승리를 거둔 거였어. 이 승리는 식량 부

족과 적들의 위협으로 절망적인 상황에 처해 있던 혁명 세력에게 큰
힘을 주었어. 다음 날 프랑스 혁명 정부는 왕이 아예 없는 새 정부를
만들기 위해 새 의회인 국민 공회의 첫 회의를 열었어.

공화국 선포

새 의회인 국민 공회에서는 프랑스를 공화국이라고 선포했어. 이제
프랑스는 왕 없이 국민의 대표들이 모인 의회가 다스리는 나라가 되
었다는 뜻이지. 또 국민 공회는 재산이 많고 적음에 상관없이 모든 성
인 남자는 투표권을 갖는다고 선언했어. 첫 번째 혁명 정부가 왕을 그
대로 두고 입헌 군주 정치를 하겠다고 한 것이나, 재산이 있는 사람에

의용군의 승리 1792년 9월 20일의 발미 전투에서 프랑스 의용군이 프로이센 정규군에게 승리를 거두는
장면이다.

게만 투표권을 주겠다고 한 것과는 큰 차이가 있었지. 그때까지 혁명을 이끌었던 정부보다 한층 더 민주적인 개혁을 하려는 두 번째 혁명 정부가 들어선 거야.

당시 프랑스 민중들 사이에는 첫 번째 혁명 정부에 대한 불만이 꽤 많았어. 작은 가게의 주인이나 직공들은 재산이 있는 사람에게만 투표권을 주는 것은 옳지 않으며, 혁명 세력을 해치려는 왕을 그대로 두어서는 안 된다고 생각했지. 또 지방 농민과 파리의 보통 시민들은 부자 상인 대표들이 중심이 되었던 첫 번째 혁명 정부는 자신들에게 해 준 것이 없다고 여겼어. 새로 들어선 두 번째 혁명 정부는 이런 프랑스 민중의 생각을 외면하면 안 된다고 판단한 거야.

결국 새로운 혁명 정부는 루이 16세를 처형하기로 결정했어. 국민의 자유와 안전을 해치려는 음모를 꾸몄다는 죄목이었지. 그에 따라 1793년 1월에 프랑스의 왕 루이 16세는 단두대에서 처형되었어. 프랑스 민중들은 이제 정말로 평등한 국민이 스스로 다스리는 공화국을 건설할 수 있으리라 여기며 기뻐했어.

반면에 루이 16세의 처형 소식은 유럽 여러 나라 왕들에게 크나큰 충격을 주었어. 그들은 지금 프랑스에서 일어난 일이 자기 나라에서 일어났다면 자신이 목숨을 잃었을 거라는 생각에 치를 떨었지. 유럽 다른 나라에서도 신분 제도에 반대하며 프랑스 혁명에 박수를 보내는 이들이 많아지고 있었거든. 프랑스의 상황을 그냥 두고 볼 수 없었던 그들은 힘을 합쳐 프랑스 혁명 정부와 전쟁을 하기 시작했어. 이미 오스트리아, 프로이센과 전쟁을 치르던 프랑스 혁명 정부는 이제 영국, 네덜란드, 에스파냐 군대와도 싸워야만 했어.

루이 16세의 처형 1793년 1월 15일, 파리 혁명의 광장에 설치된 단두대에서 많은 시민이 지켜보는 가운데 루이 16세가 처형되었다.

로베스피에르의 공포 정치

수많은 외국 군대와 싸워야 했던 혁명 정부에게는 이들과 싸울 병사들이 필요했어. 정부는 18세에서 45세 사이의 프랑스 남자는 모두 공화국을 위해 싸우라며 징집 명령을 내렸지. 하지만 프랑스 국민 모두가 같은 마음이었던 것은 아니야. 아들을 군대에 보내기 싫었던 프랑스 서쪽 방데 지방 사람들은 징집 명령에 반대하며 반란을 일으켰어. 혁명 정부에 반대하던 성직자들도 이들의 반란을 부추겼어. 도망갔던 왕족과 귀족도 반란이 일어난 것을 반기며 속속 돌아와 이들을 자신의 지지자로 만들려 했지. 이로써 혁명 정부는 외국 군대뿐 아니라 프랑스 내부의 적들과도 싸워야 하는 상황이 되었어.

혁명 정부가 처한 어려움은 여기서 그치지 않았어. 귀족들이 금을 모두 챙겨 외국으로 도망가는 바람에 재정이 무척 어려웠던 혁명 정부는 종이돈을 찍어 냈어. 하지만 농민들은 이 종이돈을 받고 곡식을 팔려 하지 않았어. 그 바람에 도시의 식량 부족 문제는 더욱 심각해졌고, 물가는 계속 오르기만 했지. 사람들의 생활은 점점 더 어려워졌고, 사회는 혼란스럽기 그지없었어. 이제는 혁명을 지지하는 사람들조차 혁명 정부에 대해 제각기 다른 요구를 했단다.

이렇게 어려운 상황에서 나라 안팎의 적들과 동시에 맞서야 했던 혁명 정부는 위기감을 느꼈어. 지금껏 혁명 정부가 이루어 낸 성과가 물거품이 될 수도 있다는 생각이었지. 이제 혁명 정부를 위협하는 그 어떤 세력도 가만두어선 안 된다고 생각하는 사람들이 혁명 정부를 주도하기 시작했어. 로베스피에르(1758~1794)와 그를 따르던 '자코뱅파'라는 공화주의자들이었지.

혁명 정부는 다시 새 헌법을 만들었어. 1793년 6월에 나온 이 헌법은 첫 번째 혁명 정부가 제정한 1791년 헌법보다 훨씬 민주적인 것이었어. 재산에 관계없이 모든 시민에게 선거권을 주었을 뿐 아니라, 실업자와 병약자에게 국가가 지원을 해 주는 내용도 들어 있었지.

하지만 이 헌법을 그대로 실행하기에는 당시 프랑스 현실이 너무나 어지러웠어. 외국군의 공격은 더욱 치열해졌고, 국내 여러 도시에서 반란이 잇따랐으니까. 그래서 로베스피에르는 당분간 새 헌법의 실행을 미루고 비상 체제를 운영하기로 했어. 그는 우선 물가

로베스피에르

가 심하게 오르는 것을 막기 위해 최고 가격을 정해 물건을 비싼 값에 팔지 못하게 했어. 그런가 하면 혁명에 방해가 되는 반대자들을 찾아내기 위한 감시 체제를 만들었지. '공안 위원회'라는 기구를 만들어 국민들에게 이웃을 감시하고 혁명에 반대하는 사람들을 고발하게 한 거야. 당시 혁명 재판소에서는 정상적인 재판 과정도 밟지 않고 고발된 사람들을 처형장으로 보냈어. 공포 정치가 시작된 거였지.

공포 정치 시기에 수많은 사람이 혁명 반대파라는 의심을 받고 고발되었어. 나중에는 혁명 정부에 조금이라도 반대 의견을 가진 사람들은 모두 잡혀갔고, 이들 중 많은 사람이 단두대에서 처형을 당했어. 1793년 7월부터 1년 동안 처형된 사람 수만 약 1만 7000명이나 될 정도였지.

국내 반란이 가라앉고 프랑스군이 외국군을 물리치기 시작했는데도 로베스피에르의 공포 정치는 계속되었단다. 그러자 사람들은 로베스피에르에게 등을 돌리기 시작했어. 혁명 정부 안에도 로베스피에르에 반대하는 세력이 생겨났지. 이들은 로베스피에르를 체포하여 1794년 7월에 단두대로 보냈어. 그토록 많은 사람을 단두대에서 처형했던 로베스피에르 자신도 결국은 단두대에서 목숨을 잃었단다.

총재 정부가 들어서다

도시 서민들의 이상적인 공화국을 꿈꾸던 로베스피에르는 처형당했고, 자코뱅파는 세력을 잃었어. 이즈음 공포 정치에 지친 사람들은 혁명이 너무 끔찍하다고 여겼지. 그 뒤 맨 처음 국민 의회에서 대표를 맡았던 부자 상인들이 혁명 정부로 다시 돌아왔어. 그들은 혁명 재판소를 없애고 공포 정치를 끝냈어. 그리고 1793년에 자코뱅파가 만들었던 헌법을 폐기하고 또 한 번 새 헌법을 만들었단다. 1793년에 가난한 파리 시민의 이상을 담아 만들었던 민주적인 헌법은 혁명의 난리 통에 시행도 한 번 못한 채 폐기되었고, 1795년에 새 헌법이 또 만들어졌어. 1795년에 만든 헌법은 왕정으로 돌아간 것도 아니지만 그렇다고 민주적인 것도 아니었어. 어찌 보면 1791년의 헌법과 비슷했어. 이 헌법에서는 다시 세금을 낼 수 있는 시민에게만 투표권을 주기로 정했거든. 부르주아 대표들은 파리의 가난한 시민에게까지 너무 많은 권리를 주는 바람에 사회가 혼란해졌다고 생각한 거야.

이때부터 프랑스에는 신분에 따른 차별은 없어졌지만 재산에 따른 차별이 생겨나기 시작했어. 혁명 기간 동안 프랑스의 가난한 민중은 신분 차별이 없는 평등한 사회뿐 아니라 부자와 가난한 사람이 따로 없는 평등한 사회도 꿈꾸었어. 하지만 혁명이 끝났을 때도 그들이 꿈꾸는 세상은 오지 않았지. 이렇게 보면 프랑스 혁명에서 가장 큰 이득을 본 계층은 부유한 부르주아라고 할 수 있어.

총재라고 불리는 5명의 지도자가 새로 들어선 정부를 이끌었단다. 가난한 서민을 위한 정부가 아니었던 총재 정부는 로베스피에르가 물가 안정을 위해 실시했던 최고 가격 제도를 없앴어. 그러자 당장 물가가 치솟고 식량 부족 현상이 심각해졌지. 이어 도시 민중의 폭동이 일어났고, 그 틈에 혁명을 되돌리고 왕정을 다시 세우려는 세력도 반란을 일으켰어. 총재 정부가 다스리던 1795년부터 1799년까지 4년 내내 식량 폭동과 반혁명 세력의 반란이 끊임없이 이어졌고, 총재 정부는 군대를 동원해 이를 간신히 막는 데 급급했어. 그뿐만 아니라 외국과 전쟁도 계속해야 했기에 총재 정부는 더욱 군대의 힘에 매달릴 수밖에 없었지. 총재 정부는 모든 것을 법이 아니라 군대의 힘을 빌려 처리했고, 공무원에게 월급을 줄 돈도 없을 만큼 무능한 정부였어. 상황이 이렇게 되자 쿠데타가 빈번하게 일어났고, 군사령관의 영향력이 점점 커져 갔어.

　이즈음 사람들은 프랑스에 안정을 가져다줄 강력한 지도자를 원하고 있었어. 1789년에 혁명이 시작된 뒤 10년이나 지속된 혼란에 고통스러워하던 사람들은 하루빨리 혼란이 가라앉고 안정된 정부가 세워지기를 바랐던 거야.

나폴레옹의 시대

무능한 총재 정부가 혼란을 수습하지 못하고 군대의 힘으로 겨우 지탱하고 있던 1796년, 프랑스 군대에는 매우 유능한 장교 한 명이 있었어. 바로 26세의 나폴레옹 보나파르트(1769~1821)였단다. 나폴레옹은 뛰어난 지도력과 전략으로 프랑스에서 일어난 반란을 진압하는가 하면, 오스트리아 군대와 벌인 전쟁에서도 크게 승리했어. 그러자 사람들 사이에서 나폴레옹의 이름이 조금씩 알려지기 시작했지.

쿠데타로 권력을 쥔 나폴레옹

가난한 귀족 집안에서 태어난 나폴레옹은 프랑스 민중이 원하는 자유로운 공화국을 꿈꾸는 야심만만한 장교였어. 그는 계속되는 반혁명파의 반란과 사회 혼란을 확실히 막아야 한다고 생각했지.

프랑스 사람들이 총재 정부의 무능함에 지쳐 가던 1799년, 나폴레옹은 영국의 식민지인 이집트를 정복하기 위해 원정을 떠나 있었어. 그때 영국과 몇몇 나라가 프랑스를 공격하기 위해 동맹을 맺었다는 소식이 전해졌지. 이 소식을 들은 나폴레옹은 급히 파리로 돌아왔어. 그리고 쿠데타를 일으켜 총재 정부를 무너뜨렸지. 1799년 11월의 일이었어.

권력을 손에 넣은 나폴레옹은 지도력을 발휘해 혼란을 수습해 나갔어. 일단 외국과 평화 협정을 맺어 전쟁을 중단하고, 왕정을 복구하려는 반란 세력들을 확실히 진압했지. 그리고 1804년에는 혁명에서 얻은 성과를 담은 법전을 펴냈어. 흔히 '나폴레옹 법전'이라고 불리는 이 법전의 많은 부분은 오늘날 민주 사회 법체계의 기틀이 되었어. 이 법전에서는 그 어떤 특권도 인정하지 않았고, 신분 제도를 완전히 뿌리 뽑았어. 이제 개인이 능력에 따라 재산도 모으고 사회적으

황제가 된 〈나폴레옹의 대관식〉 1804년 파리 노트르담 사원에서 거행된 대관식. 황제의 관을 쓴 나폴레옹이 부인 조세핀에게 황후의 관을 수여하고 있다. 자크 루이 다비드의 작품.

로 성공도 할 수 있는 사회가 되었음을 확실히 한 거지.

나폴레옹의 효율적인 독재에 힘입어 프랑스에는 평화와 안정이 찾아왔어. 그러자 나폴레옹은 혁명의 성과와 프랑스의 안정을 지킨다는 구실로 스스로 프랑스 황제 자리에 올랐단다. 당시 프랑스 부르주아와 농민은 나폴레옹의 독재를 환영했어. 혁명을 통해 선거권을 얻은 부르주아, 그리고 적으나마 자기 땅을 가질 수 있었던 농민은 더 이상의 혼란을 원치 않았던 거야. 하지만 나폴레옹을 자유와 평등이라는 프랑스 혁명의 이상에 따라 민주주의를 실현하고 왕과 귀족의 압제에서 민중을 해방시켜 줄 영웅으로 생각했던 유럽의 지식인들은 크게 실망했어. 당시 독일의 작곡가 베토벤은 그의 교향곡 3번 〈영웅〉의 표지에 "이 곡을 보나파르트에게 바칩니다."라고 썼다가 나폴레옹이 황제로 취임했다는 소식을 듣고는 그 표지를 찢어 버렸다고 해.

정복 전쟁과 나폴레옹의 몰락

프랑스 국내 정세가 안정되자 나폴레옹은 반란을 일으킨 해외 식민지에 군대를 파견하고, 유럽의 다른 나라를 정복하기 시작했어. 다른 나라에 프랑스 혁명 정신을 전파하고, 왕과 귀족의 압제에 시달리는 유럽 민중을 해방한다는 명분이었어. 이에 영국은 앞선 기술을 갖춘 해군 함대로 맞섰어. 나폴레옹은 트라팔가

알프스를 넘는 나폴레옹

르 해전에서 영국의 해군 제독 넬슨에게 크게 패한 뒤 영국 정복을 포기할 수밖에 없었지. 하지만 다른 전투에서는 거침없이 승리를 거듭해 1812년경에는 러시아를 제외한 유럽 대륙의 대부분을 지배했단다.

　비록 군대를 앞세워 정복 전쟁을 벌였지만, 나폴레옹이 민중의 해방자 역할을 한 것은 사실이야. 나폴레옹의 프로이센 정복으로 프로이센의 농노들이 해방되기도 했으니까. 하지만 나폴레옹의 지배는 곧 다른 나라 민중들의 반발을 불러왔어. 다른 나라 민중들은 자신이 프랑스에 세금을 낼 이유도, 자기 아들을 프랑스 군대에 보내야 할 이유도 없다고 여겼어. 1808년에 에스파냐 민중들이 먼저 반란을 일으켰고, 다른 나라에서도 차례로 반란이 일어났지.

　1812년, 나폴레옹은 자신의 유럽 지배를 못마땅하게 여기던 러시아를 공격했어. 하지만 그는 이 전쟁에서 무려 60만의 군사를 잃고 말았지. 이어 여러 나라의 동맹군이 나폴레옹을 압박해 왔고, 나폴레옹의 군대는 1813년에 라이프치히 전투에서 동맹군에게 결정적인 패배를 당했어. 그 이듬해에는, 동맹군 군대가 파리에 쳐들어와 나폴레옹을 엘바 섬으로 쫓아냈어. 그리고 루이 16세의 동생이 돌아와 왕의 자리에 앉았지.

　다시 이듬해인 1815년, 나폴레옹은 엘바 섬을 탈출해 파리로

엘바 섬으로 가는 나폴레옹 엘바 섬으로 쫓겨나는 나폴레옹을 풍자한 1814년 영국의 동판화.

돌아왔어. 프랑스 군대는 아직도 나폴레옹에게 충성했고, 여전히 많은 시민이 왕정보다는 개인의 평등한 권리를 인정했던 나폴레옹의 지배를 환영했지. 하지만 다시 이어진 동맹국들과의 전투에서 나폴레옹은 크게 패했고, 워털루 전투의 패배와 함께 나폴레옹의 지배는 100일 만에 끝이 났단다.

프랑스 대혁명의 의미

지금까지 살펴보았듯이 프랑스 대혁명은 시민과 농민이 그때까지 자신들을 옭죄던 신분 제도를 없앤 역사적인 사건이야. 물론 혁명이 끝났을 때 가난한 시민과 농민이 원했던 사회가 온 것은 아니었어. 하지만 적어도 혁명 기간 동안 만들어진 법은 인간은 태어나면서부터 평등한 권리를 가졌고, 국가는 왕의 재산이 아니라 개인의 자유와 안전을 지켜주기 위해 존재한다는 점을 분명히 했어. 이런 정신은 곧 유럽으로, 또 전 세계로 퍼져 나갔지. 프랑스 대혁명은 인류가 자유 민주주의로 나아가기 위한 첫걸음을 내디딘 대사건이었던 거야. 그리고 200여 년이 흐른 오늘날의 세계에서는 당시 가난한 시민과 농민이 목숨을 걸고 싸워 얻은 권리가 당연한

나폴레옹 법전 나폴레옹은 "나는 나의 법전을 받아들이는 모든 곳에 자유의 씨를 뿌리려 한다."라며 정복지에서 신분제와 농노제를 폐지했다.

것으로 여겨지고 있지.

한편, 혁명의 뒤를 이은 나폴레옹의 독재와 정복 전쟁에 대해서도 생각해 볼 필요가 있어. 나폴레옹은 10년이나 계속된 혁명으로 혼란스러워진 프랑스에서 권력을 잡아 독재를 했어. 하지만 나폴레옹의 독재는 혁명이 일어나기 이전의 전제 정치와는 달라. 나폴레옹은 비록 민주적 절차에 따르지 않는 독재를 했지만, 모든 것을 혁명 이전으로 돌려놓은 것은 아니었어. 오히려 프랑스 혁명의 가장 중요한 이상이 실제 사회에서 뿌리내릴 수 있도록 그 내용을 나폴레옹 법전에 명시했어. 나폴레옹은 개인의 자유롭고 평등한 권리를 인정했고, 능력이 있으면 누구나 성공할 수 있는 사회를 만들고자 했거든. 그리고 혁명의 기운이 자기네 나라로 퍼지는 것을 막으려는 외국 왕들의 군대와 전쟁을 했지. 그래서 지금까지도 나폴레옹을 왕과 귀족의 압제에 신음하던 시민들의 해방자이자, 민주 국가의 기초를 놓은 영웅으로 대접하는 거야.

하지만 나폴레옹은 야심에 찬 정복가라고도 할 수 있어. 특히 정복당한 나라의 입장에서 보면 나폴레옹의 군대는 분명히 침략자였지. 그래서 나폴레옹에게 정복당한 독일인과 이탈리아인들 사이에서는 같은 민족끼리 뭉쳐 하나의 나라를 건설해야겠다는 생각이 싹트게 되었어. 물론 프랑스처럼 왕과 귀족의 지배에서 벗어나 자유롭고 평등한 사회를 만들어야겠다는 생각도 함께 퍼졌지. 그러니 나폴레옹의 전쟁은 혁명이 일어나지 않았던 유럽의 다른 나라에 자유와 평등, 민족주의의 씨앗을 뿌려 놓은 사건이라고도 할 수 있어.

프랑스 대혁명과 백과사전 학파

계몽사상과 백과사전 편찬

계몽사상은 18세기 전반 유럽 지식인들이 발전시키고 퍼뜨렸던 사상으로 프랑스 대혁명에 큰 영향을 끼쳤어. 계몽사상가들은 자연 과학과 합리주의 철학에 바탕을 둔 새로운 가치관을 가지고 당시 불합리한 사회 제도를 고쳐야 한다고 강력히 주장했어. 그들은 옳고 그른 것을 판단할 줄 아는 인간의 능력을 높이 평가하고, 그런 능력을 가진 인간은 세상을 바꿀 수 있는 위대한 존재라고 확신했어.

당시 지배층은 계몽사상가들을 못마땅하게 여겨서 늘 이들을 탄압하고 이들의 글을 검열했어. 하지만 계몽사상가들은 이런 탄압을 두려워하지 않고 계속 글을 써서 대중에게 자신들의 생각을 퍼뜨렸지. 결국 이들의 사상은 전 사회로 퍼져 나갔고, 프랑스 대혁명의 원동력이 될 수 있었지.

게다가 18세기 들어 신문, 잡지, 서적 등이 본격적으로 출판되기 시작하면서 계몽사상은 전 유럽으로 전파되었어. 계몽사상가의 글을 읽기 위해 많은 사람이 신문을 구독하고 책을 사기 시작했어. 사람들은 계몽사상가들이 제시한 새로운 사상에 눈을 떴고, 지배층과 당시 제도를 날카롭게 비판하는 내용에 공감했지.

당시 런던과 파리 같은 유럽 도시에 새로 생기기 시작한 커피하우스나 카페는 계몽사상가들의 영향을 받은 지식인들이 드나들며 함께 어울리는 장소였어. 당시 프랑스의 유명한 계몽사상가였던 볼테르, 루소, 디드로도 커피하우스에 자주 드나들었다고 해. 그중 볼테르(1694~1778)는 항상 유머가 넘치는 거침없

젊은 시절의 볼테르

는 입담으로 정부와 교회제도를 풍자했어. 정곡을 찌르는 그의 글은 대중을 사로잡았지. 볼테르는 정부를 비판하는 글을 썼다는 이유로 바스티유 감옥 신세를 지기도 했지만 지칠 줄 모르고 글을 써 나갔단다.

계몽사상가들은 직접 정부를 공격하는 것에서 더 나아가 대중을 일깨워야 한다고 생각했어. 그래서 그들은 당시까지 인간이 축적한 모든 지식을 담은 백과사전을 펴내기로 했어. 프랑스 계몽사상가들은 당시의 방대

1772년 판 백과사전의 권두화 진리가 이성과 철학에 의해 베일을 벗는 장면이 상징적으로 표현되었다.

한 지식을 역사, 철학, 문학으로 분류하여 백과사전을 만들었지. 그들은 1740년대부터 준비를 해서 1751년에 백과사전의 첫 번째 권을 냈어. 그 뒤 1770년대까지 모두 30권이 넘는 백과사전이 출판되었지.

볼테르, 루소, 몽테스키외를 비롯해 150명이 넘는 저자들이 이 백과사전에 새로운 지식을 적어 넣었어. 당시 사람들은 마법을 믿고 있었지만, 백과사전에서는 마법은 불가능하며 사람들을 마녀로 몰아 화형시켜서는 안 된다고 주장했어. 귀신을 쫓아내야 병이 낫는다고 믿었던 사람들에게 병을 낫게 할 수 있는 과학적이고 위생적인 방법도 설명했지. 신분 제도를 당연하게 받아들이는 사람들에게 모든 인간은 평등하며 똑같은 법률의 적용을 받아야 한다고도 가르쳤어. 그래서 당시 '백과사전을 일반인들의 사고방식을 바꾸는 기계'라고도 했지.

백과사전은 세상을 바꾸려는 계몽사상에 날개를 달아 준 것과 같았어. 특히 백과사전을 통해 뉴턴의 물리학과 세계관이 소개되었어. 실제로 사람들은 백과사전을 읽으면서 미신과 종교의 세계에서 벗어나 과학적이고 합리적으로 생각하기 시작했어. 또 사고방식을 바꾸면 더 살기 좋은 세상을 만들 수 있다는 신념을 가지기 시작했지. 이때부터 사람들은 인간의 힘으로 역사를 바꾸고, 사회를 발전시킬 수 있다는 꿈을 꾸게 되었던 거야.

　프랑스 당국은 백과사전이 정부와 종교를 비판하고 사회 개혁의 이상을 심어 주는 위험한 사상을 전파한다고 생각해 1759년에 제7권이 나온 이후 왕명으로 백과사전 출판을 전면 금지시켰어. 하지만 독지가의 지원으로 백과사전 작업은 비밀리에 계속되었지.

　이렇게 백과사전에 집약된 계몽사상은 합리적인 인간의 지식이 인류의 역사를 바꿀 수 있다는 신념을 퍼뜨렸어. 그것은 결국 낡은 가치관을 허물고 새로운 가치관을 세우는 것으로, 곧 다가올 프랑스 혁명의 정신으로 이어졌어.

디드로와 러시아의 여제 예카테리나

파리의 계몽사상가들이 백과사전을 내기로 했지만 사실 인류가 축적해 온 방대한 지식을 분류하고 검증하여 백과사전을 내는 일은 쉽지 않았어. 이 어려운 작업을 해낸 사람이 디드로(1713~1784)야. 프랑스 지방 도시의 부유한 수공업자 집안에서 태어난 그는 성직가가 되려던 꿈을 일찌감치 접고, 문필가의 길을 택했어. 디드로는 파리에서 신문과 잡지에 글을 쓰고, 번역을 했어. 1749년에는 자신의 진보적인 글 때문에 구속되기도 했고, 금전적으로 생활이 어려운 때도 있었지만 꾸준히 글을 써 나갔지.

디드로는 프랑스 정부로부터는 대접을 못 받았지만 러시아의 예카테리나 여제에게는 인정을 받고 지원도 받았어. 예카테리나는 당시 서유럽의 신지식을 받아들여 후진국 러시아를 개혁하고자 했던 계몽 군주였어. 계몽사상가들의 글을 읽고, 그들과 편지로 교류했던 예카테리나는 디드로를 높이 평가하고 경제적으로 어려운 그를 지원하기도 했지. 평생 가난한 지식인으로 살아온 디드로는 딸을 시집보내려 할 때 딸의 지참금을 마련할 길이 없었어. 그래서 자기가 가지고 있던 장서를 팔려고 내놓았지. 이 소식을 들은 예카테리나 여제는 사람을 보내 그의 장서를 모두 샀어. 그런데 그녀는 구입한 책을 러시아로 실어 가지 않고 고스란히 디드로의 집에 남겨 두었어. 디드로가 계속 책을 볼 수 있도록 배려해 준 것이었지. 그 뒤 예카테리나는 디드로를 장서 관리인으로 임명하여 월급까지 주었다고 해. 예카테리나는 디드로가 죽은 뒤에야 그 책들을 러시아로 가져갔대.

▼ 프랑스 계몽사상가이자 백과사전 편집자였던 디드로
▶ 디드로의 후원자였던 예카테리나 여제

산업 혁명,
풍요를 향하여

인류의 삶을 뒤바꾼 산업 혁명

18세기 후반 프랑스에서 신분제 폐지를 외치는 시민 혁명이 전국을 휩쓸고 전 유럽에 충격을 주고 있을 때, 영국에서는 또 하나의 혁명이 진행되고 있었어. 바로 산업 혁명이야.

산업 혁명은 인류의 긴 역사 가운데서 인간의 삶을 가장 크게 바꾼 사건이라고 할 수 있어. 만약 중세 유럽에 살던 어떤 사람이 타임머신을 타고 1700년대 초의 영국을 여행한다고 상상해 보자. 이 사람은 1700년대 초의 영국이 자기가 살던 중세 시대와 별로 달라진 것이 없다고 생각할 거야. 1700년대 초까지만 해도 대부분의 사람들은 농촌에서 농사를 지었고, 옷이나 가구 같은 필요한 물건들은 집에서 간단한 도구를 사용해 직접 만들어 쓰고 있었으니까. 사람들은 자기가 사는 마을을 떠나 멀리 갈 일도 없었고, 갈 일이 있다 해도 걸어가거나 잘해야 말을 타고 가는 정도였지.

그런데 이번에는 이 타임머신이 1800년경에 멈추어 선다고 해 보자. 그러면 이 중세에서 온 여행자는 자기 앞에 펼쳐진 완전히 새로운 세계를 보고 깜짝 놀라 어리둥절할 거야. 기계가 들어찬 공장에서는 수백 명이나 되는 사람이 함께 일하고, 전에는 상상할 수도 없을 정도로 빨리, 한꺼번에 많은 물건이 쏟아져 나오고 있을 테니까. 연기를 내뿜는 기차가 기적을 울리며 달리고, 사람들은 이 기차를 타고 농촌에서 공장이 있는 도시로 몰려가고 있었을 테고.

그러니까 인류가 농사를 지어 먹고 살기 시작한 이후 1700년 초까지 인간이 사는 방식은 크게 달라지지 않았다고 할 수 있어. 그런데 1750년경 영국에서 시작된 산업 혁명이 그때까지 인간이 살아온 방식을 확 바꾸어 놓았던 거지. 이 산업 혁명은 19세기를 거치면서 유럽 대륙과 미국으로 퍼져 나갔고, 이후 전 세계가 오늘날과 같은 산업 사회로 변화하는 원동력이 되었어.

산업 사회의 구조는 현재 우리가 필요한 물건을 생산하고, 얻는 방식을 살펴보면 잘 이해할 수 있어. 지금 사람들은 필요한 물건이 있으면 시장에 가서 사잖아. 그리고 그 물건들은 누군가가 시장에 내다 팔기 위해 공장에서 한꺼번에 많이 생산한 것이고. 그러니까 사람들은 각자 자기에게 필요한 것을 스스로 만들어 쓰는 것이 아니라 한 가지 물건을 만드는 데 참여하고 거기서 생긴 돈으로 시장에서 다른 물건을 사서 쓰는 방식으로 살고 있는 거지. 쉽게 말하면 옷을 만드는 사람은 옷만, 신발을 만드는 사람은 신발만, 농작물을 생산하는 사람은 농작물만 생산해서 파는 방식으로 살고 있는 거야. 현대 사회는 이렇게 사람들 각자가 한 종류의 물건을 대량으로 만드는 일을 하고, 그 밖의 필요한 물건은 시장에서 사는 구조로 되어 있지.

그런데 이와 같은 구조는 같은 종류의 물건을 한꺼번에 많이 만들어 낼 수 있는 공장이 없으면 불가능해. 그러니까 기계를 이용해서 물건을 생산해 내는 공장은 현대 산업 사회의 핵심이라고 할 수 있어. 바로 이런 공장이 생겨나고, 공장의 커다란 기계를 돌릴 수 있는 동력이 발명된 것이 산업 혁명이야. 새로운 동력으로 대량 생산이 가능해졌고, 사람들은 풍족한 물질생활을 누리게 되었어. 이런 점에서 산업 혁명은 사람들이 살아오던 방식을 완전히 바꾸어 오늘날과 같은 삶이 가능하도록 한 대사건이었단다.

산업 혁명을 주도했던 영국은 이후 세계의 공장 역할을 하며 세계 제일의 강국이 되었고, 영국에 뒤이어 유럽 국가들도 경쟁적으로 산업화를 추진했어. 자본주의 경제도 무서운 속도로 발전하기 시작했고, 오늘날과 같이 대량 생산과 대량 소비가 가능한 시대가 되었지.

〈콜브룩데일의 밤 풍경〉 17세기부터 제철 공업이 발달했던 영국 콜브룩데일의 풍경이다. 영국 화가가 1801년에 그린 것이다.

하지만 산업 혁명이 꼭 좋은 결과만 낳은 것은 아니야. 땅을 잃고 도시로 내몰린 많은 노동자가 몇 푼 안 되는 임금으로 헐벗고 굶주리며 외롭게 살아야 했고, 늘어나는 공장과 도시로 자연이 파괴되기 시작했거든.

산업 혁명 이전의 직물업

우리는 산업 혁명 하면 공장과 도시부터 떠올리곤 하지만, 사실 산업 혁명이 처음 시작된 곳은 18세기 영국의 농촌이었어. 당시 사회는 대부분의 사람들이 농사를 짓는 농업 사회였어. 농산물뿐 아니라 사람들의 옷을 만들 수 있는 옷감도 농촌에서 생산했지. 농촌에 직물업이 상당히 널리 퍼져 있었던 거야.

당시 유럽의 농가들은 집집마다 실을 잣는 물레나 옷감 짜는 베틀을 하나씩 갖추고 있었어. 봄, 여름 동안 농사일을 하던 농민들은 겨울에는 오두막에 들어앉아 옷감을 짰지. 농민들이 이렇게 옷감을 짜는 것은 일종의 부업이었어. 자신의 옷을 짓기 위해서가 아니라 상인에게 팔기 위해서 옷감을 짠 것이거든. 농민들은 옷감을 짤 재료를 상인에게서 미리 받았어. 도시 상인들이 양모나 면화처럼 실을 자을 수 있는 재료를 농가에 가져다주면 농민들은 그 재료를 받아 실을 뽑는 거야. 그러면 상인들은 농민들이 뽑은 실을 다른 농가에 가져다주어 옷감을 짜게 하고, 옷감이 완성되면 이를 거두어 내다 팔았어. 농민들은 상인들의 주문량에 맞춰 일하고 품삯을 받았지. 간추리면 돈을 가진 상인이 재료를 공급하고 농촌의 값싼 노동력을 이용해서 물품을 생산하는 방식이었던 거야.

　이런 형태의 직물업은 18세기 중반에 상당히 번성했어. 면직물에 대한 수요가 급격히 늘었기 때문에 팔 물건이 모자랄 정도였지. 당시 무역업자들은 상인들에게 물건을 만들어 오기만 하면 양에 상관없이 다 사겠다고 약속을 하곤 했어. 그러니 상인들은 어떻게든 물건을 많이 구해 팔고 싶어 했지. 하지만 수요가 늘었다고 해서 갑자기 공급량도 늘릴 수는 없었어. 당시의 생산 방식은 물건을 일일이 사람이 손으로 만들어야 하는 수공업 방식이었으니까.

　산업 혁명 초기에 기계가 발명된 것은 이렇듯 직물의 수요가 증가했기 때문이야. 수요에 맞추어 생산량을 늘려야 했던 수공업자들은 자신들이 사용하는 물레나 베틀을 개량하고, 작은 기계들을 발명하

직물 생산 18세기 영국에서 가내 수공업으로 직물을 생산하는 모습이다.

기 시작했어. 상인들도 물건을 빨리 만들 수 있는 발명품을 고안해 낸 사람에게는 상품을 주겠다며 발명가들의 창의성을 자극했지. 손수 실을 잣고 옷감을 짜던 수공업자들 사이에서 이루어진 작은 기계의 발명과 사소한 개량, 이것이 바로 산업 혁명의 시작이었어.

폭발적으로 늘어난 유럽 인구

그렇다면 18세기 중반에 직물 수요가 갑작스럽게 늘어난 이유는 무엇일까? 가장 큰 원인은 당시 유럽 인구가 크게 늘어난 것이야. 인구가 늘어나니 사람들이 입을 옷에 대한 수요도 늘어날 수밖에 없었지. 이 무렵 유럽 인구는 꾸준히 증가해서, 18세기 초에 1억~1억 2000만 명쯤이던 인구가 18세기 말에는 1억 9000만 명쯤으로 불어났어. 영국 역시 1750년경 약 600만 명이던 인구가 1800년에는 약 1000만 명으로 늘었지.

   이 무렵 인구가 이렇게 폭발적으로 증가했던 것은 늘어나는 인구를 먹일 수 있을 만큼 많은 양의 식량 생산이 가능해졌기 때문이야. 산업 혁명 직전, 네덜란드와 영국 지역에서는 새로운 농작물과 새로운 농사법이 도입되어 농업 생산량이 크게 늘어났어. 예를 들면, 쇠로 된 쟁기를 사용해서 밭을 깊이 가는 방법과 드릴을 사용해서 씨를 뿌리는 방법, 비료를 주어 척박한 땅을 기름지게 하는 방법 등이 도입되어 농업 생산량이 크게 늘어났지. 또 이전까지는 영양분이 없어지면 지력을 회복할 때까지 놀렸던 땅에 토끼풀이나 순무 같은 새로운 작물을 재배했는데, 이런 작물들은 동물의 사료가 되면서도 오히려 지력을 회복시켜 주기 때문에 일거양득이었어.

농업의 발전 농업 발달에 기여했던 대표적인 작물인 순무와 감자(왼쪽). 18세기 전반 영국의 국무장관을 지낸 타운센트 자작(오른쪽). 농업 발전에 힘쓴 그는 순무 경작을 장려하여 '순무 타운센트'라는 별명을 얻었다.

농작물과 동물용 사료가 많이 생산되면서 인간이 먹을 수 있는 식량이 크게 늘어난 것은 당연한 일이었어. 이전까지는 기근이 주기적으로 찾아와 많은 사람이 죽어 갔지만 이제는 식량이 늘어나 사망률은 낮아지고 인구는 늘었던 거지.

당시의 인구 증가에는 신대륙에서 들여온 감자도 큰 몫을 했어. 감자는 작은 땅에서도 무척 많이 거둘 수 있는 작물이거든. 약 4제곱미터의 땅에서 농촌의 한 가구가 1년 동안 먹을 만큼의 감자를 생산할 수 있었지. 감자는 이후 유럽인의 주식으로 자리 잡으면서 많은 인구를 먹여 살렸단다.

이렇게 인구가 증가하자 자연히 식량 이외에도 이들이 살아가는 데 필요한 옷가지와 많은 일상 용품의 소비가 늘어났어. 물건을 생산하기만 하면 그것을 사 갈 사람은 많았지. 최근 학자들은 이런 소비의 증대를 산업 혁명이 일어난 가장 중요한 요인으로 보고 있어. 물건을 살 사람은 많은데 늘 물건이 부족한 상태이니 상인과 수공업자들은 물건을 빨리, 많이 만들기 위해 언제나 쫓겼고, 그래서 이들은 어떻게든 물건을 빨리 생산해 낼 수 있는 도구나 방법을 찾아냈다는 거지. 결국 물건을 더 빨리, 더 많이 만들고자 하는 이들의 절실한 필요가 기계의 발명으로 이어졌고, 이로써 인류는 수공업의 한계를 뛰어넘을 수 있었다는 뜻이야.

산업 혁명은 왜 영국에서 시작되었을까?

유럽 전반에 인구가 늘고 이들의 소비가 생산을 자극하여 산업 혁명이 일어났다는 설명은 충분히 설득력이 있어. 하지만 그래도 의문은 남지. 산업 혁명이 왜 하필 다른 나라가 아닌 영국에서, 그리고 다른 분야가 아닌 직물업에서 시작되었을까 하는 의문이야.

인구 증가로 수요가 늘어난 품목은 옷 이외에도 여러 가지가 있었지. 단추, 도자기, 가구, 주방 용품, 양초 등등. 하지만 이런 물건의 수요가 늘었다고 해도 그것이 곧 기계의 발명이나 공장 생산으로 이어지지는 않았어. 예를 들면 1850년에 영국 미들랜드와 요크셔 지방에서 못, 솥, 칼, 가위 등 일상 용품의 생산량이 1750년에 비해 크게 늘었지만, 생산은 여전히 수공업 방식이었거든. 따라서 산업 혁명의 원인을 유럽 내의 인구 증가로만 설명하기는 어렵다고 볼 수 있어. 그렇다면 물건 생산 방식이 수공업에서 공장제 기계 생산으로 바뀐 변화는 왜 하필 영국 직물업 분야에서 시작된 것일까?

그 원인을 한마디로 설명하기는 어려워. 당시 영국 사회의 여러 요인이 함께 어우러져 나타난 현상이라고 보아야 할 거야. 하지만 그 가운데 가장 핵심적인 원인을 꼽는다면 해외 무역의 확대를 들 수 있어.

당시 영국은 유럽에서 가장 교역량이 많은 나라였어. 이미 16세기부터 해외로 진출하기 시작한 영국은 16세기 말에 에스파냐의 무적함대를 격파함으로써 세계 무역의 선두에 섰지. 그 뒤 17세기에 일어난 명예혁명으로 정치적 안정까지 갖춘 영국은 유럽에서도 상인들이 장사하기에 가장 좋은 조건을 가진 나라였어. 당시 영국에서는 돈을 벌면 신분 상승도 가능했고, 현실적 성공은 곧 구원을 약속하는 하늘의 계시라는 종교관도 퍼져 있었어. 그러니 돈을 벌기 위해 혼신을 다해 노력하는 사람이 많았지. 영국은 유럽의 다른 어느 나라보다 상인과 사업가 정신이 지배하는 사회였던 거야. 18세기에 유럽 경제가 번영하면서 영국의 사업가들은 꾸준히 돈을 벌 수 있었어. 주로 무역업을 통해 돈을 버는 사람이 많았고, 그중에서도 면화와 노예 무역의 규모가 급격히 커지면서 이들에게 엄청난 부를 안겨 주었어.

바로 이 면화와 노예 무역의 확대는 18세기 영국 면직물 분야에서 산업 혁명을 일으킨 기폭제였어. 영국의 사업가들은 주로 서인도 제도와 아메리카의 대규모 농장에서 면화를 재배했어. 그들은 아프리카에서 데려온 노예들에게 일을 시켰지. 이렇게 생산된 면화를 영국 랭커셔 지방으로 들여와 이곳에서 면직물을 생산했어. 영국은 유럽에서 면화 수입과 면직물 수출을 독점하는 나라가 되었고, 면직물 생산량은 1750년부터 1769년 사이에 열 배 이상 늘어났어. 이 무렵 유럽인들은 양모보다 값이 싼 면직물로 만든 옷을 많이 입기 시작했고, 식민지에서도 면직물에 대한 수요가 엄청나게 늘고 있었지.

돈을 벌려는 사람들이 너도나도 면직물 사업에 손을 대는 것은 당연했어. 면직물을 해외에 내다 파는 일은 국내에서 상품을 파는 것과는 비교할 수 없을 정도로 막대한 이익을 가져다주었거든. 예를 들어, 직물 공장에서 조수로 일하던 로버트 오언이란 사람은 1789년에 100파운드를 빌려 사업에 투자했는데, 1809년에는 8만 4000파운드를 현금으로 내고 랭커셔의 공장을 사들일 정도가 되었대. 그런데도 당시 면직물 사업가들 사이에서 이 정도는 대단치 않은 성공이었다는 거야.

🚂 로버트 오언의 인도주의적 사회주의

로버트 오언(1771~1858)은 성공한 사업가보다 공상적 사회주의자로 더 잘 알려져 있어. 그는 자기 공장에서 일하는 노동자들을 위한 노동자 마을을 만들었고, 여기서 더 나아가 당시 노동자들이 겪는 비참한 상황을 해결할 수 있는 방안으로 고용주와 노동자가 따로 없이 함께 일하는 공동체를 제시했기 때문이야.

오언이 사업을 하던 18세기 말부터 19세기 초 노동자들의 상황은 비참하기 짝이 없었어. 사업가들은 어린아이까지 고용해 낮은 임금을 주며 혹사시켰기 때문에 많은 노동자가 돼지 여물통에서 먹을 것을 뒤져 먹고, 겨울에도 헐벗고 지내야 했지. 게다가 일을 시키면서 주먹질, 발길질을 하는 것은 보통이었고, 더 심한 학대를 하는 못된

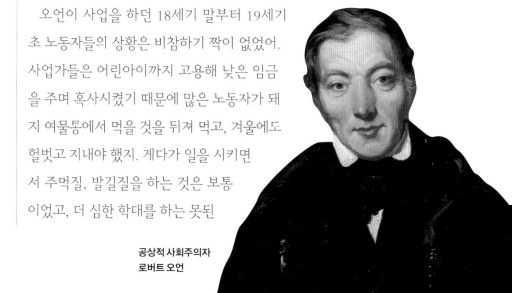

공상적 사회주의자
로버트 오언

고용주들도 있었어. 그래서 화가 난 노동자들이 공장에 쳐들어가 기계를 부수기도 했어. 거칠어진 노동자들을 부리기 위해서 고용주들도 더욱 강압적이 되어 갔고, 군대를 동원하기도 했어.

이런 상황에서 오언은 고용주와 노동자가 대립하지 않고 협동할 수 있는 새로운 경영 방식을 찾았단다. 그는 1809년에 스코틀랜드의 글래스고 인근 산골 뉴래너크에서 면직 공장을 운영하면서, 그곳에 노동자들이 살 수 있는 집을 짓고 노동자 마을을 만들었어. 오언의 뉴래너크 공장에서 일하는 노동자들은 방이 둘 딸린 깨끗한 집에서 생활하며 함께 마을을 가꾸어 나갔단다. 또한 오언은 아이들을 고용하지 않았어. 그래서 아이들은 공장에서 일하는 대신 학교에서 공부할 수 있었지. 그러자 오언의 공장 노동자들은 강압적인 규율 없이도 스스로 열심히 일했고, 그 결과 엄청난 이윤을 얻었지.

여기서 더 나아가 오언은 영국 전체 노동자들의 협동 마을을 건설하려 했어. 노동자 800~1200명이 함께 공장에서 일하고 농사도 짓는 자급자족 공동체를 건설하는 계획을 의회에서 설명하기도 하고, 모금 운동도 했어. 하지만 오언의 계획은 의회의 강력한 반대에 부딪혔단다. 그래도 포기할 수 없었던 오언은 자기 재산을 털어 미국 인디애나 주에 땅을 사서 노동자를 이주시키고, 이상적인 공동체를 건설하려 했어. 하지만 그의 계획은 실패로 끝나 버렸지.

그러나 오언은 실패한 사회 개혁가가 아니라 인도주의적·공상적 사회주의자로 역사에 길이 남았단다. 노동자에 대한 오언의 배려와 새로운 공동체에 대한 이상은 영국 노동당의 정책에 큰 영향을 주었고, 다음 세대에게 노동 문제 해결을 위한 새로운 시각을 열어 주었기 때문이야.

면화 씨를 감싸고 있는 흰 솜털을 모아 실을 뽑아낼 솜을 만든다.

정리해 보면, 18세기 영국에서는 해외 무역 확대를 통해 면직물 산업이 크게 번성하고 있었어. 원료의 대량 공급, 대규모 시장, 투자가 모두 이루어지면서 면직물 산업이 빠르게 성장할 수 있었지. 하지만 옷감을 짜는 방식은 여전히 수공업에 의존하는 상황이었어. 옷감을 빨리 짤 수 있는 기술과 방법만 있다면 더 많은 돈을 벌 게 분명했어. 다른 어떤 분야보다도 기술에 대한 요구가 절실한 상황이었지. 이런 사회적 요구는 결국 기계의 발명으로 이어졌고, 이를 토대로 산업 혁명이 가능했던 거란다.

기계가 발명되다

면직물의 수요가 크게 늘어나자 면직물을 좀 더 빨리 짤 수 있는 기계들이 쏟아져 나왔어. 이렇게 면직물 분야에서 이루어진 새로운 기계의 발명이 바로 산업 혁명의 포문을 연 사건이었지. 하지만 처음 발명된 기계들은 수준 높은 과학적 지식에 바탕을 두고 만든 것이 아니었어. 일손이 바빠진 농촌 수공업자들이 경험을 바탕으로 자신들이 쓰던 도구를 조금씩 개량한 정도였지.

존 케이가 발명한 '플라잉 셔틀'이 처음 등장한 기계였어. 베틀에 고정시켜 놓은 날실을 누비는 씨실의 속도를 아주 빠르게 한 장치였지. 그런데 1760년대에 이 장치가 널리 쓰이기 시작하자 또 다른 문제가 생겼어. 직물을 짜는 속도가 빨라지니까 직물을 짜는 원료인 실이 부족해진 거야. 면화에서 실을 뽑아내는 속도가 직물을 짜는 속도를 따라잡지 못했던 거지. 상인들은 실을 빨리 뽑아낼 수 있는 발명품에 상품을 내걸었어. 그러던 차에 '제니 방적기'가 나왔단다. 하그리브스가 발명한 이 기계는 물레 하나에서 한 가닥의 실만 뽑아내던

기계의 발명 영국의 직조공 하그리브스가 발명한 제니 방적기(왼쪽). 수력 방적기를 발명한 아크라이트(오른쪽). 사람 손으로 돌리던 방적기를 물의 힘으로 돌릴 수 있게 했다.

것을 한꺼번에 여덟 가닥의 실을 뽑아낼 수 있게 해 주었어. 같은 시간에 한 사람이 뽑아낼 수 있는 실의 양이 여덟 배로 늘어난 거지.

이제 직물을 짜는 속도뿐 아니라 원료인 실을 대는 문제도 해결되었어. 게다가 이런 기계들은 사용하기 어렵거나 설치하는 데 큰돈이 드는 것도 아니어서 면직물 생산은 크게 늘었지. 하지만 이 기계들은 농가에서 쓰는 물레와 베틀용이었기 때문에 면직물 생산은 가내 공업의 틀을 벗어날 수 없었어.

면직물 공업을 가내 생산 체제에서 끌어내 공장 체제로 바꾼 계기는 수력 방적기의 발명이었어. 사람의 힘으로 돌리던 물레를 물의 힘을 이용해 돌리자, 방적기의 속도가 엄청나게 빨라졌거든. 이 기계를 발명한 아크라이트(1732~1792)는 1771년에 더비셔 강가에 건물을 지어 면직물을 짜는 수력 방적기를 여러 대 설치했어. 이것이 바로 최초의 공장이었어. 이제 직물을 짜는 사람들은 자신의 집에서 일하는 대신 공장에 출근해서 일정 시간 동안 함께 모여 일했단다. 이렇게 등장한 공장은 수력 방적기의 발명보다 사회에 더 큰 충격을 주었어. 직물 생산 체제를 완전히 바꾼 사건이었으니까. 그래서 아크라이트를 '공장 체제의 아버지'라고 불러. 그가 수력 방적기를 발명한 것보다 공장을 설립한 것을 더 높이 평가한다는 뜻이지.

아크라이트의 발명 특허 기간이 끝나자 수력 방적기를 돌릴 만한 물살이 흐르는 강가에는 면직물 공장이 우후죽순처럼 생겨났어. 덕분에 1780년부터 1800년 사이에 영국의 면직물 생산량은 다시 여덟 배나 늘어났지.

하지만 여기에도 한계가 있었어. 물을 이용해 방적기를 돌리는 일은 자연의 제약을 크게 받았거든. 공장은 하천 변에만 세울 수 있었고, 가뭄이 들거나 물이 얼면 기계를 돌릴 수 없었어. 또 홍수가 나면 기계가 망가져 버리곤 했지. 이처럼 생산이 자연의 제약을 받는 상태에서 벗어나려면 꾸준히 기계를 돌릴 수 있는 '힘'이 필요했어.

산업화의 동력, 증기 기관

1770년대 영국에서 공장을 운영하던 많은 사업가는 기계를 움직일 동력이 부족해 어려움을 겪고 있었어. 공장에 전력이 공급되지 않는다고 상상해 봐. 당장 공장의 불이 꺼지고 생산이 중단되어 난리가 날 거야. 그만큼 기계를 돌릴 수 있는 힘인 동력은 산업 생산에서 핵심적인 요소이지. 그런데 새로운 기계가 발명되던 산업 혁명 초기에는 아직도 동력을 자연에서 얻는 수밖에 없었어. 동력을 주로 수력에 의지하다 보니 물의 양이 적어지는 계절이면 기계는 멈추었고, 많은 돈을 투자해 기계를 설치한 사업가들은 안절부절할 수밖에 없었지.

버밍햄에서 금속 기계와 부품 생산 공장을 운영하던 사업가 매튜 볼턴(1728~1809)의 사정도 마찬가지였어. 그는 영국의 많은 공장이 동력 부족에 시달린다는 사실을 잘 알고 있었어. 그래서 증기 기관을 사용해 물을 다시 퍼 올리거나 직접 기계를 돌린다면 생산량을 크게 늘릴 수 있을 거라고 생각했지. 1773년, 볼턴은 기계공이자 발명가였던 제임스 와트(1736~1819)에게 편지를 한 통 보냈어. 당시 와트는 동업자와 함께 운영하던 공장이 부도나고 아내도 세상을 떠나 실의에 빠진 채 지내고 있었지. 볼턴이 이런 와트에게 편지를 보낸 이유는 그의 발명품 때문이었어. 와트는 이미 1769년에 기존 증기 기관을 크게 개량한 효율적인 증기 기관을 발명해 발명 특허를 가지고 있었거든. 하지만 이 증기 기관은 공장에서 기계를 돌리는 데 직접 이용할 수 없는 상태였어. 주로 광산 지역에서 물을 퍼 올리는 데만 사용되었지. 볼턴은 와트에게 이 증기 기관을 개량해서 발동기를 만들어 달라고 부탁했어. 지금까지는 자연에서 얻었던 힘을 인간이 한번 만들어 보자는 뜻이었지. 볼턴은 와트의 손재주와 과학 지식을 믿고 있었어. 하지만 자연의 힘과 인간의 근육을 대신해 기계를 돌릴 '힘'을 발명하는 프로젝트는 그리 쉽지 않았어.

와트가 증기 기관을 발명하는 데 사용한 방법은 이전에 면직물 기계를 발명한 방식과는 전혀 달랐어. 경험을 통해 자신이 쓰던 기계나 기구를 개량하는 식이 아니라, 연구실에서 수학과 과학의 원리를 이용해 완전히 새로운 기계를 발명해 낸 것이었지. 이는 뉴턴이 발견한

◀ 1767년에 제작된 초기의 증기 기관
▼ 증기 기관을 발명한 제임스 와트

자연의 힘에 관한 원리들을 인간의 필요를 위해 동원하고 조합하는 과정이었어. 와트는 글래스고 대학 실험실에 틀어박힌 채 증기 기관 발명에만 매달렸어. 그는 일이 잘 풀리지 않을 때마다 좌절에 빠졌지만, 낙천적인 성격을 가진 볼턴의 격려에 힘입어 결국 기계를 돌릴 수 있는 동력을 창조해 냈지.

증기 기관의 발명은 다른 기계의 발명과는 차원이 달랐어. 이전까지 신만이 알고 있다고 여겨졌던 자연의 비밀을 밝혀낸 인간이 마침내 자신에게 필요한 힘을 만들어 낸 것이니까. 뉴턴이 과학이라는 열쇠로 신의 방을 열어젖혀 자연의 힘에 관한 비밀을 알아냈다면, 와트는 그것을 이용해 인간에게 필요한 힘을 만들어 낸 것이라고 할 수 있어.

증기 기관이 만들어 내는 힘은 인간이나 동물의 힘과는 달리 지치는 법이 없었고, 계절이나 기후의 변화에도 상관없이 사용할 수 있었어. 이제 기계는 멈추지 않고 돌았고, 제품 생산량은 엄청나게 증가했지. 증기 기관의 발명은 자연스레 급속한 산업화와 도시화로 이어졌단다.

공장의 시대가 열리다

와트의 증기 기관 발명으로 본격적인 공장 시대가 열렸어. 동력을 자연에서 얻을 필요가 없어지자 인간은 원하는 곳 어디에나 공장을 세울 수 있었지. 도시와 농촌, 항구를 가리지 않고 큰 공장들이 들어서기 시작했어. 도시의 하늘은 큰 굴뚝에서 나오는 시커먼 연기로 뒤덮였고, 농촌 지역에도 공장이 잔뜩 들어서서 전원 생활은 금세 옛 추억이 되어 갔어. 증기 기관이 발명된 1814년 이후 영국의 면직물 생산 방식

〈**제철 공장**〉 독일 화가 멘첼이 그린 19세기의 제철 공장.

이 종래의 수공업 형태에서 공장 생산 방식으로 완전히 바뀌는 데는 20~30년밖에 걸리지 않았어.

면직물 분야에서 일어난 변화는 산업 혁명의 거대한 흐름에 불을 댕겼어. 제일 먼저 불씨가 번진 부문은 제철 공업과 석탄 광업이었어. 기계를 만들려면 그 원료가 되는 철이 필요했고, 증기 기관을 움직이려면 석탄을 때야 했기 때문이지. 광산에서 캔 철광석에는 불순물이 많이 섞여 있었기 때문에 이를 제거해 순도 높은 철을 얻기 위해서는 새로운 기술이 필요했어. 적은 비용으로 좋은 철을 얻기 위한 기술 경쟁이 시작되었고, 이 경쟁에는 영국의 산업 혁명에 영향을 받은 다른 나라들도 뛰어들었어. 그 결과로 19세기 전반 동안 각종 발명과 기술 혁신이 이루어져 제철 공업은 크게 발전했어. 특히 1850년대에 영국인 베서머와 독일인 지멘스가 개발한 용광로가 도입되어 강철 생산 비용은 절반으로 줄었고, 생산량은 열 배까지 늘어났지. 석탄 생산도 크게 늘었어. 1800년에 약 1100만 톤이던 영국의 석탄 소비량이 1830년에는 두 배로 늘고, 1845년에는 다시 그 두 배가 될 정도였어. 1870년에는 무려 1억 톤이 넘었지.

철과 석탄은 공업화의 핵심 원료였어. 각 나라에서 생산되는 철과 석탄의 양을 보면 그 나라의 산업화 정도를 가늠할 수 있을 정도였지. 그래서 산업 혁명 이후 공업화가 진행된 이 시기를 '철과 석탄의 시대'라고 부르기도 해.

하지만 철과 석탄의 생산이 크게 증가한 것이 기계화와 공장 설립 때문만은 아니었어. 이 시기에 증기 기관을 이용한 운송 수단인 기차와 기선이 발명되어 철과 석탄의 생산을 더욱 부추겼어. 철도를 놓고 기관차와 기선을 만드는 데 엄청난 철이 필요했고, 이것들을 움직일

최초의 증기 기관차 1830년대에 개통된 리버풀과 맨체스터 왕복 철도를 운행하던 증기 기관차.

석탄이 필요했던 거지.

　당시 스티븐슨(1781~1848)이라는 사람이 증기 기관차를 처음 발명했어. 1830년, 이 증기 기관차는 시속 40킬로미터 정도로 리버풀과 맨체스터 사이에 놓인 철도 위를 달리는 데 성공했지. 그 뒤로는 어떤 지역이 공업화되려면 제일 먼저 철도가 놓였어. 기차는 빠른 속도로 공장에 필요한 물자와 사람을 실어 날랐고, 공장에서 만들어 낸 제품을 각지의 시장으로 옮겨 주었어. 먼 거리에 떨어져 있는 물자와 제품, 노동력의 자유로운 이동이 시작된 거지. 증기 기관은 기계뿐 아니라 운송 수단에도 힘을 제공했고, 이로써 사람들은 생산에서 거리의 제약을 뛰어넘을 수 있었던 거야.

　철도가 놓이고 기차가 다니는 곳에는 공장뿐 아니라 상점들이 들어서고 도시가 형성되었어. 철도와 기차는 공업화의 선두에 서서 인간의 삶을 바꾸어 놓았지.

도시의 사람들

산업 혁명은 급속하게 사람들의 삶을 바꾸었어. 소비 생활과 생활 방식이 크게 바뀌었지. 그중 가장 눈에 띄는 변화가 급속한 도시화야. 이전까지는 대부분의 사람들이 농촌에서 농사를 짓고 살았지만, 이제 많은 사람이 도시에 모여 살았지. 한 지역에 큰 공장이 들어서면 주변 농촌 지역에서 공장에서 일할 노동자들이 몰려들어 새로운 공업 도시가 만들어지곤 했어. 그 결과로 1850년 무렵에는 영국 사람들의 60퍼센트가 도시에 살았어. 도시화는 사람들의 삶을 산업 혁명 이전과 완전히 다르게 바꾸어 놓았고, 도시에는 중산층을 위한 멋진 타운 하우스와 상점이 들어섰어. 유행이 생겨나기도 했지.

하지만 산업 혁명 초기에는 도시가 갑자기 발달하면서 많은 문제가 생겼어. 무엇보다 도시 노동자들의 가난하고 힘든 생활이 큰 문제였어. 일거리를 찾아 도시로 왔지만 이들을 기다린 건 배고픔과 질병에 시달리는 비참한 운명이었지. 농촌을 떠나온 노동자들이 도시로 몰려들었지만 도시에는 이들이 살 만한 제대로 된 집이 없었어. 시커먼 연기가 뿜어져 나오고 공장 폐수가 흘러내리는 강가에 빈민가가 들어섰고, 다리 밑에서 겨우 생계를 꾸려 가는 빈민들도 있었어. 난생처음 해 보는 공장 생활에 적응하는 일도 어려웠지. 노동 시간은 길었고, 환경은 비위생적이었거든. 임금은 적었고, 병이 들거나 다치면 아무 대책 없이 공장에서 쫓겨났어. 그러니 도시에는 떠돌이와 거지들이 득실거렸고, 이들은 알코올 중독이나 범죄에도 쉽게 빠져들었어.

상류층의 무도회 19세기 도시의 대저택에서 열렸던 상류층의 화려한 무도회.

도시 노동자들은 대부분 농사를 짓거나 수공업자로 살아가던 사람들이었어. 그런데 공장에서 대량으로 물건이 생산되자 손으로 물건을 생산하던 수공업이 자연히 무너졌고, 그들은 굶어 죽지 않기 위해 공장 노동자로 일할 수밖에 없었지. 하지만 공장의 기계 앞에서 예전 기술은 아무 소용이 없었고, 기계는 누구나 방법을 익히면 쉽게 돌릴 수 있었어. 그러니 공장 노동자들이 받는 임금은 매우 적었고, 그나마 공장주들은 이왕이면 임금을 더 적게 주어도 되는 어린아이나 여성을 고용하려 들었어. 큰돈을 투자해 공장을 세운 공장주들은 많은 돈을 벌었지만, 노동자들은 힘들게 일해도 굶주려야 했고, 언제 일자리를 잃을지 모르는 불안한 삶을 살아야 했던 거야. 도시 노동자와 하층민에게 도시의 삶은 무척이나 고되고 외로운 것이었지.

　　한편 어려운 상황에 몰린 도시 하층민이 반란을 일으키기도 했어. 이들은 특히 빵이나 곡물 값이 올랐을 때 격렬하게 항의했어. 산업

도시의 빈민가 영국의 빈민가인 웨더비 지역의 풍경.

혁명 이전의 농촌 공동체 사회에서는 사람들이 풍족하진 않았지만 서로 도우며 살 수 있었지. 하지만 이제는 상황이 완전히 달라졌어. 도시 하층민은 자신들은 굶주리는데 공장주나 큰 상인이 폭리를 취하는 것을 부당하게 생각했어. 이후 자본가와 노동 계급 사이에서 소득이나 재산의 차이가 점점 더 벌어지는 양극화 문제는 산업 사회가 풀어야 할 큰 숙제로 남았단다.

산업 사회의 형성

시간이 갈수록 공업화와 도시화는 더욱 속도를 냈어. 산업 혁명 이전에 자연의 힘만을 이용할 수 있었던 상황은 인간의 생산 활동에서 오랫동안 족쇄 역할을 해왔어. 산업 혁명은 이 자연의 족쇄를 풀어헤친 것이나 마찬가지야. 증기 기관으로 돌리는 기계에서 쏟아져 나오는 물건의 양은 이전에 인간이 손으로 일일이 만들던 물건의 양과는 비교할 수 없을 정도로 많았어. 그에 따라 사람들의 소비도 빠른 속도로 늘어났지. 인류가 전근대 사회에 비해 훨씬 잘 먹고 잘 입는 풍요로운 물질생활을 하게 된 것은 바로 산업 혁명의 결과야.

산업 혁명 과정에서 부르주아의 세력은 날로 커졌어. 초기의 부르주아는 주로 공장 경영주와 금융업자였어. 이들은 점차 도시의 일을 결정할 수 있는 권력을 쥐고 고위 공직을 차지했고, 정치적으로도 실권을 장악했어. 자신들이 돈을 벌기에 유리한 조건을 정책으로 채택하여 사회도 바꾸어 나갔지. 이처럼 부르주아가 사회와 국가를 주도했기 때문에 근대 산업 사회를 '부르주아 사회'라고 부르곤 해.

산업 혁명은 인간의 정치적·사회적·물질적 생활을 바꾸었을 뿐 아니라 사고방식과 감각에도 큰 영향을 미쳤어. 돈을 벌어 사회적 지위가 높아진 부르주아들은 언제라도 자신의 돈과 에너지를 돈을 버는데 투자할 용의가 있는 공격적인 사람이 되었어. 돈이 삶의 중심이 되는 사고방식을 갖게 되었지.

공업화가 진행되면서 대부분의 사람들은 전원적인 고향 마을을 떠나 도시에서 각박한 삶을 살았어. 노동자들은 거대한 힘을 뿜어내는 증기 기관이 돌리는 기계 앞에서 기계에 맞춰 일해야 했어. 이들의 몸은 자연의 시간을 잃어버린 채, 인간이 만든 시계에 맞춰 바쁜 삶을 살아갔지. 조용한 농촌에서 생활할 때와는 속도며 시간, 공간에 대한 사람들의 감각이 달라졌어. 기차가 빠르게 움직이는 세상, 많은 사람이 이리저리 이동하는 풍경, 공장 규율에 따라야 하는 생활 등 모든 것이 바뀌었으니까. 이제 사람들은 먼 거리를 이동하며 시간에 맞춰 바쁘게 살았어. 현대 산업 사회가 시작된 거야.

이렇게 산업 혁명은 물질적인 면에서나 정신적인 면에서 인류의 삶을 완전히 바꾸어 놓았어. 인류의 역사를 크게 둘로 구분한다면 현재 우리가 살고 있는 산업 사회와 그 이전의 사회로 나눌 수 있을 정도야. 이처럼 산업 혁명은 인류 역사상 가장 극적인 변화를 불러온 대사건이란다.

자유주의와 민족주의의 거센 물결

부르주아의 시대가 열리다

나폴레옹이 엘바 섬으로 쫓겨난 1814년, 오스트리아 제국의 수도 빈에서 큰 잔치가 열렸단다. '빈 회의'라는 이 잔치를 준비한 사람은 오스트리아의 외무장관 메테르니히(1773~1859)였어. 이 잔치에 초대된 이들은 유럽 각국의 왕족과 귀족들이었지. 나폴레옹의 군대가 자유주의의 깃발을 들고 유럽 각지를 정복할 때 목숨의 위협을 느끼며 가슴을 졸였던 이들 말이야. 이제 나폴레옹의 몰락과 함께 프랑스 혁명의 정신을 이어받아 새로운 사회 체제를 건설하려는 이상도 후퇴할 수밖에 없었어. 잔치에 모인 유럽의 왕족과 귀족들은 그제야 안도하며 축배를 들었지. 그들은 다시 자신들이 지배하던 옛날로 돌아갈 수 있다는 기쁨에 몇 달 동안이나 잔치를 벌이며 지치지도 않고 춤을 추었단다.

19세기는 이렇게 프랑스 혁명에 대한 반동으로 시작되었어. 빈 회의는 프랑스 혁명과 나폴레옹 전쟁을 겪은 왕족과 귀족들이 승리를 자축하며 벌인 잔치이자 옛 질서를 회복하기 위해 연 회담이었어. 옛 지배 체제를 되살려 다시는 혁명이 일어나지 않도록 하는 것이 최우선 과제였던 유럽의 왕족과 귀족들이 국가를 초월해 단결한 거야. 혁명의 진원지였던 프랑스에도 외국으로 도망갔던 왕족과 귀족들이 돌아왔어.

하지만 결국 유럽의 왕족과 귀족들은 다시 그들만의 세상으로 돌아갈 수 없었단다. 이미 유럽 사회는 크게 변화하고 있었거든. 영국의 뒤를 이어 다른 나라에서도 속속 산업화가 진행되면서 공장주, 무역상, 은행가 같은 부르주아의 힘이 하루가 다르게 커져 갔기 때문이야. 결국 유럽의 19세기는 사회적으로 영향력이 커진 부르주아가 옛날의 영광을 되찾으려는 왕족과 귀족을 밀어내고 점차 정치·사회·문화의 주인공이 되어 가는 과정이었어.

한편 19세기 동안 서유럽과 중부 유럽, 동유럽의 각 나라들은 서로 다른 방식으로 발전하며 저마다의 특성을 형성해 나갔어. 각 나라는 산업화의 시기와 정도가 달랐고, 그에 따라 사회 안에서 돈과 권력을 가진 계급도 달랐지. 어떤 이들이 돈과 권력을 장악하느냐에 따라 각 나라의 정치 역시 다른 방식으로 발전했어.

이제 유럽인들은 자기 나라의 이익이 곧 자신의 이익이라고 생각했어. 같은 나라에 사는 사람들끼리 한 '국민' 한 '민족'으로서 똘똘 뭉쳐야 한다는

메테르니히 1814년 빈 회의를
주도한 오스트리아의 외무장관.

생각이 널리 퍼졌고, 각 나라의 지배자들 역시 자기 나라의 이익부터 챙기기 시작했어. 그러니 19세기 초 혁명 세력을 막고자 전 유럽의 왕족과 귀족이 단합했던 빈 체제는 서서히 무너져 내릴 수밖에 없었지. 각 나라의 지배자들은 다른 나라가 절대로 자기 나라의 이익을 위해 힘을 합쳐 주지 않는다는 사실을 곧 깨달았거든. 그들은 점차 다른 나라를 경쟁 상대로 여기며, 자국의 이익을 위해서라면 다른 나라와 했던 약속 따위는 쉽게 저버릴 수 있었어. 19세기 말이 되자 유럽은 각 나라가 자기 나라의 이익만을 좇으며 치열하게 경쟁하는 세계로 바뀌어 있었지.

혁명 이전으로 돌리고자 한 빈 체제

1814년에 러시아, 영국, 오스트리아, 프로이센 등 프랑스를 제외한 거의 전 유럽의 연합군이 파리를 점령하고 나폴레옹을 폐위시켰지. 이후 각 나라 대표들은 유럽의 새 질서를 논의하기 위해 오스트리아의 빈에서 회담을 열었어. 이 회담에는 1812년 나폴레옹의 러시아 침입을 막아 내 나폴레옹을 몰락으로 이끈 러시아 황제 알렉산더 1세를 비롯해 프로이센의 황제 프리드리히 빌헬름 3세, 오스트리아 황제 프란시스 1세, 그 밖에도 에스파냐, 포르투갈, 스웨덴, 네덜란드 국왕과 독일과 이탈리아 지역의 작은 나라 국왕이 모두 참석했어.

1814년 9월부터 1815년 6월까지 계속된 이 모임은 승리자의 축하 파티였단다. 연일 잔치와 무도회가 열렸고, 나폴레옹을 몰아낸 승리자들은 축배를 들었어. 그들에게 이번 승리는 몇 달을 두고 축하해

빈 회의 프랑스 혁명 이전으로 돌아가기 위해 모였던 유럽 각국의 대표들.

야 할 만큼 값진 것이었거든. 나폴레옹의 군대는 단순한 정복자가 아니라 신분 차별을 철폐했던 프랑스 혁명의 정신으로 무장한 혁명 전사였으니까. 나폴레옹을 몰아낸 왕족과 귀족들은 더 이상 신분 질서가 위협받지 않도록 예전의 신성한 질서를 되살려야 한다고 입을 모아 말했어. 이 회담을 연 메테르니히는 모든 것은 혁명 이전으로 돌아갈 것이며, 앞으로는 유럽에서 어떤 혁명도 용납하지 않겠다고 선언했지. 빈 회의의 정신은 한마디로 '프랑스 혁명 이전으로 돌아가자.'는 것이었어.

하지만 유럽을 혁명 이전으로 되돌리고 옛 지배자들이 자기 자리로 돌아가기 위해서는 해결해야 할 일이 있었어. 나폴레옹이 다른 나라의 영토를 점령한 뒤 자신이 통치하기 편리하도록 통합한 작은 나라나 바꿔 버린 국경을 다시 정리해야 했지.

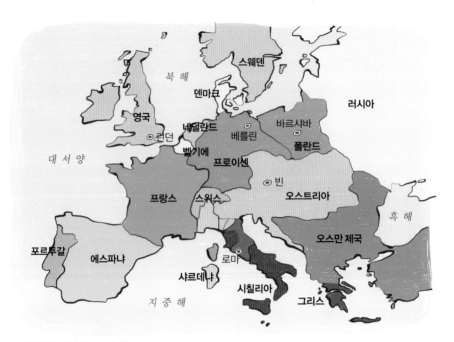

빈 회의에 따라 새로 정해진 국경

　작은 나라의 지배자들이 승리의 기쁨에 취해 잔치와 무도회에 정신이 팔려 있는 동안, 한편에서는 러시아, 프로이센, 영국, 오스트리아, 프랑스 등 유럽의 5대 강대국 대표들이 모여 유럽의 국경을 다시 정하는 중대한 일을 하고 있었어. 그들은 유럽의 국경을 나폴레옹의 영토 점령 이전 상태로 돌려놓고 이전 왕들이 다시 제자리로 돌아간다는 데 뜻을 같이했어. 하지만 이 일은 그리 간단치 않았어. 각 나라의 지배자와 정치가들은 겉으로는 옛날로 돌아가야 한다고 말하면서도 어떻게든 자기 나라에 이익이 되는 쪽으로 국경을 정하기 위해 궁리를 하고 있었기 때문이야.

　큰 나라들은 이 기회에 작은 나라의 영토를 차지하려 했어. 러시아 황제는 나폴레옹 전쟁에서 러시아가 공을 많이 세웠으니 옆에 있는 작은 나라 폴란드를 지배하겠다고 했고, 프로이센 황제는 러시아가 폴란드를 차지하는 것을 눈감아 주는 대신 작센 왕국을 차지하겠다고 했어. 하지만 다른 나라들이 이런 요구를 아무 대가 없이 들어줄 리 없었지. 그러니 협상은 무척 복잡하게 진행되었어.

이 협상에서 유럽 강대국들이 국경을 정한 원칙은 두 가지였어. 전쟁 승리의 공을 적절히 보상한다는 것과 어느 한 나라의 세력이 유독 커지지 않도록 견제한다는 것이었어. 다시 전쟁이 일어나지 않도록 하기 위해서였지. 이렇게 해서 나온 결과는 작은 나라의 이익을 희생해서 강대국끼리 적당히 이익을 나누어 가진 것이었어. 빈 회의에서 국경을 정하는 데 참여한 영국, 프랑스, 러시아, 프로이센, 오스트리아 다섯 나라는 이후 19세기 유럽 역사의 주역으로 등장했단다.

결국 빈 회의를 이끈 강대국의 지배자들은 시민 혁명에 맞서 왕족과 귀족의 특권을 보장하려는 반동적인 체제를 지켜 내는 한편, 자기 나라의 이익을 위해 여러 작은 나라와 소수 민족의 이익을 희생시켰던 거야.

하지만 빈 회의가 만들어 낸 유럽 체제는 19세기가 지나면서 여러 세력의 도전을 받았단다. 우선 각 나라마다 귀족들의 신분 지배 질서를 바꾸려는 시민들의 압력이 다시 거세졌지. 그뿐만 아니라 강대국은 강대국대로 또 강대국에 희생당한 작은 나라는 작은 나라대로 각자의 이익을 지키기 위해 민족주의 정신으로 무장하기 시작했어. 그래서 19세기 역사는 빈 회의가 만들어 낸 보수 반동 체제가 시민들의 자유와 권리를 추구하는 세력에게 도전을 받는 과정이기도 하고, 또 한편으로는 '혁명을 막자!'라는 구호 아래 국가를 초월해 단합했던 보수 반동 체제가 각 나라와 민족의 이익을 추구하는 민족주의에 의해 깨져 나가는 과정이기도 해.

프랑스 자유주의 혁명

유럽의 왕족과 귀족들이 만들어 낸 보수 반동 체제는 혁명의 거센 물살로 허물어진 둑을 임시로 보수 공사한 것과 같았어. 그들은 이 둑이 자신들을 지켜 주길 바랐지만 낡은 둑은 오래갈 수 없었어. 혁명의 물살이 다시 거세지며 이 둑을 덮쳤기 때문이야. 반격은 1789년에 시민 혁명이 불타올랐던 프랑스에서 먼저 시작되었어. 바로 1830년 7월 혁명과 1848년 2월 혁명이었지. 이후 신분 지배에 반대하며 시민들의 자유와 권리를 주장하는 혁명의 기운은 다시 유럽 전체로 퍼져 나갔단다.

7월 혁명

나폴레옹이 몰락하자 프랑스에서는 혁명의 소용돌이를 피해 외국으로 도망쳤던 루이 16세의 동생 루이 18세(1755~1824)가 돌아와 왕이 되었어. 오랜 전쟁에 지쳐 있던 파리 시민들도 루이 18세의 복귀를 환영했지.

　루이 18세는 1791년부터 오랜 기간 동안 외국을 떠돌면서 혁명 세력에게 쫓겨난 왕의 후계자만이 겪는 고통을 경험했어. 땅딸막하고 굼떠 보이는 외모 때문에 그다지 왕의 위엄이 두드러지는 인물은 아니었지만, 그에게는 오랜 좌절의 시간 동안 터득한 교훈이 있었지. 그는 자신이 아무리 왕권신수설을 주장하며 예전의 절대 왕정 체제

왕정 복고 루이 18세가 돌아온 이후 왕족의 모습. 왼쪽에서 두 번째가 루이 18세이다.

로 돌아가려 한다 해도 이미 그럴 수 없는 시대라는 사실을 잘 알고 있었어. 1814년, 루이 18세는 양원제 의회를 갖춘 입헌 군주정을 채택하는 헌법을 발표했어. 당시로서는 의회를 둔다는 사실만으로도 매우 진보적인 헌법이었지. 하지만 의회의 상원은 귀족의 자리였고, 하원도 돈이 많은 사람만 차지할 수 있었어. 의원의 자격은 세금을 1000프랑 이상 내는 사람에게만 주어졌고, 투표권은 세금을 300프랑 이상 내는 사람들만 가질 수 있었어. 당시 약 3000만 명이던 프랑스인 가운데 투표권을 가진 이들의 수는 고작 8만 8000여 명이었지.

이런 루이 18세의 통치 체제는 처음부터 강력한 반대에 부딪힐 수밖에 없었어. 우선 귀족들이 불만이 많았어. 세상을 완전히 혁명 이전으로 되돌리길 원했던 귀족들은 왕과 의회가 중심인 루이 18세 체제가 탐탁지 않았던 거야. 혁명주의자들 역시 이 체제가 불만스러웠어. 그들은 왕도 귀족도 없이 모든 시민이 평등한 공화국을 꿈꾸며 혁명을 이끌어 온 사람들이었어. 그들에게 루이 18세 체제는 혁명의 고난을 겪은 이후 다시 맞닥뜨린 현실의 벽이었지.

짧은 기간이지만 구체제에서 혁명, 공화정, 나폴레옹의 제정까지 여러 정치 체제를 경험했던 프랑스에는 이렇게 여러 세력이 공존하며 제각기 다른 정부 형태를 지지하고 있었어. 하지만 루이 18세의 헌법은 그 어떤 세력이 지지하는 체제도 아닌 적당한 타협의 산물이었어. 그러니 보수 귀족, 혁명적 부르주아, 나폴레옹 지지자들 모두가 불만을 품을 수밖에 없었지. 루이 18세는 이들의 서로 다른 주장을 적당히 조정해 보려 했지만, 결국 오래가지 못했어. 혁명주의자들은 한층 과격해졌고, 정권을 잡은 보수주의자들은 더욱 억압적인 정치를 펼쳤거든.

이런 분위기에서 1824년에 샤를 10세(1757~1836)가 왕위에 올랐단다. 극단적인 왕당파였던 샤를 10세는 보수 귀족들과 손잡고 혁명의 성과를 모두 없애려고 했어. 그가 추진한 정책 중에는 귀족들이 혁명 기간 동안 잃은 재산을 보상해 주려는 정책도 들어 있었지. 이렇게 대놓고 귀족들 편에 서는 정치에 많은 프랑스인이 반대한 것은 당연한 일이었어. 이는 1827년에 치러진 선거에서 정부 반대 세력의 후보들이 많이 당선되는 결과로 이어졌어. 하지만 샤를 10세는 이에 힘으로 맞서며 반동 정치를 이어 나갔어. 그는 의회를 해산하고 신문사를 통제하는가 하면, 선거권자도 2만 5000명으로 줄였지.

이에 파리 시민들은 분노했어. 1830년 7월 27일, 수천 명의 시민들이 거리로 쏟아져 나왔단다. 신문은 일제히 정부를 공격했고, 파리의 상점과 공장은 모두 문을 닫았어. 성난 시민들은 거리의 보도블록을 뽑아 바리케이드를 쌓았어. 하지만 이런 상황에 미처 대비하지 못한 왕은 시위대를 진압할 만한 군대를 동원하지 못했어. 결국 샤를 10세는 시가전이 시작된 지 3일 만에 왕위에서 물러났단다. 일부 공화주의자들이 임시 정부를 구성하는 모임을 꾸리자, 온건한 성향을 지닌 입헌 군주주의자들은 재빨리 왕의 조카인 루이 필리프(1773~1850)를 왕으로 세웠어. 1830년 7월 30일, 새 왕이 된 루이 필리프는 말 위에 올라 프랑스 혁명을 상징하는 삼색기를 두르고 파리 시민 앞에 나타났어. 이것이 바로 프랑스의 1830년 7월 혁명이야.

프랑스에서 혁명이 성공했다는 소문이 퍼지자 유럽 곳곳에서 왕과 귀족의 전제적 지배에 대한 저항 운동이 일어났어. 비록 대부분 실패

〈민중을 이끄는 자유의 여신〉 프랑스 낭만주의 화가 들라크루아가 7월 혁명을 기념하기 위해 1830년에 그린 작품.

로 끝나긴 했지만, 이러한 흐름은 귀족들의 보수 반동 체제에서 숨죽이고 있던 자유주의자들에게 희망을 주었단다.

2월 혁명의 발발

7월 혁명으로 왕이 된 루이 필리프는 왕족임에도 혁명에 참여했던 독특한 이력을 가진 사람이야. 혁명군으로 자원해 발미 전투에 나가 싸우기도 했단다. 그러다 공포 정치를 피해 영국으로 피신했고, 왕정이 부활된 뒤 프랑스로 돌아와서는 샤를 10세나 극단적 보수주의자들과 거리를 두며 조용히 은신하고 있던 참이었어.

루이 필리프 7월 혁명으로 1830년 7월 31일에 시민들의 왕으로 추대된 루이 필리프가 삼색기를 앞세우고 파리 시청을 향해 가고 있다.

그런 루이 필리프를 설득해 왕위에 앉힌 것은 입헌 군주주의자들이었어. 그들은 샤를 10세가 펼친 것과 같은 극단적 보수 정치도 싫었지만, 모든 시민에게 투표권을 주자는 공화주의자도 두려웠어. 많은 재산과 사회적 지위를 지닌 지주, 자본가, 전문 직업인이 대부분이었던 이들은 자신들이 바로 새 정부의 대표라고 생각했어. 그들은 헌법을 무시하는 왕을 쫓아낸 데 만족하며 1814년 헌법을 적당히 손질해 발표했어. 이 헌법으로 프랑스에서 선거권을 가진 사람의 수는 약 20만 명으로 늘어났어. 1814년에 비하면 두 배나 늘어난 거였지. 하지만 프랑스 전체 인구가 3000만 명인 것을 생각하면, 정치는 여전히 돈 많은 사람들의 몫이었어.

이 무렵 프랑스에서는 산업 혁명이 한창 진행되고 있었어. 1825년에서 1845년 사이에 철과 석탄 생산량이 두 배로 늘었고, 증기 기관도 폭넓게 쓰이고 있었지. 면직물과 모직물 생산도 늘었고, 1840년대에는 철도가 건설되어 물류의 이동도 활발해졌어.

물론 루이 필리프 정부는 자본가들의 사업 확장에 우호적이었어. 정부가 일부 기업에 보조금을 주는 경우도 있었지만, 그보다는 주로 간섭이나 통제를 하지 않는 자유방임주의 정책을 취했지. 귀족의 이익을 위해 부르주아의 기업 활동에 여러 가지 제약을 가하던 때와는 전혀 달라진 거야. 루이 필리프는 아예 왕의 제복 대신 부자 상인과 같은 옷차림에 푸른 양산을 쓴 채 파리 거리를 돌아다녔어. 또 사업가처럼 돈을 절약해 적절한 곳에 투자해서 이익을 남기곤 했어.

이런 사회 분위기 속에서 사업가와 은행가들의 입지가 매우 커졌단다. 투자와 사업 확장의 중요성이 부각되면서 그들은 소규모 상인이나 사무원, 전문 직업인보다 훨씬 더 큰 영향력을 가진 세력이 되었지. 이렇게 루이 필리프 정부에서는 소수의 부자들이 의회와 정부 요직을 차지하고 자본주의 발전과 기업가에게 유리한 정책을 펼쳤어. 그래서 7월 혁명 이후 들어선 이 왕정을 '부르주아 왕정'이라고도 부른단다.

한편 산업이 발전하면서 프랑스에는 새로운 계층이 생겨났어. 이전에는 큰돈을 버는 사람들이 주로 무역을 하는 사람들이었는데, 이제는 공장을 지어 운영하며 돈을 버는 자본가들이 새로 등장한 거야. 7월 왕정 기간 동안 프랑스에서는 새로 사업을 벌인 공장 소유주의 수가 계속 늘어났어. 하지만 이런 공장주에게는 아직 선거권이 없었지. 그들은 프랑스 정부가 영국 정부보다 자신들의 사업을 잘 뒷받침해 주지 못한다며 투덜댔어. 정부에 대한 그들의 불만은 곧 선거권을 달라는 요구로 이어졌지.

그런가 하면 큰 공장이 많아지면서 노동자의 수도 엄청나게 늘어났어. 도시의 뒷골목은 농촌에서 일을 찾아 도시로 나온 노동자로 붐비곤 했지. 노동자들은 커다란 공장 건물에서 함께 일했고, 도시의 허름한 지역에서 빈민가를 이루고 살았어. 당시 노동자의 작업 조건이나 생활 환경은 너무나 비참했어.

이전에는 대부분 수공업 장인이거나 영세 상인이던 노동자들은 공장이 생겨나 작업장 문을 닫게 된 현실에 화가 났고, 자기 사업을 하던 옛날을 그리워했지. 그들은 정부가 나서서 대자본의 끝도 없는 사업 확장을 막고 자신들을 보호해 주어야 한다고 생각했어. 결국 노동자들은 자신들의 권리를 인정해 달라며 시위를 벌였단다. 하지만 부르주아 편에 서 있던 정부는 오히려 노동자의 권리를 탄압하는 법을 만들었어. 시민들의 자유와 권리를 부르짖던 자유주의 혁명가들 역시 노동자의 권리에는 관심이 없었지.

하지만 사회의 변화를 알아차린 사상가 중에는 노동자가 처한 현실과 그들의 권리에 관심을 갖고 새로운 사상을 내놓는 사람들이 등장했어. 노동자의 공동체를 제시하거나 노동자 계급이 한데 뭉쳐 투쟁할 것을 주장하는 사회주의자들이었어. 노동자도 자신의 이해가 부르주아의 이해와 다르다는 것을 깨닫고는 점차 사회주의자들에게 끌리기 시작했지.

이렇듯 당시 프랑스 대중들은 소수의 부자들이 주도하는 7월 왕정에 저마다 불만을 가지고 있었어. 돈을 벌어 새로 부르주아 계층에 속하게 된 자본가는 선거권을 원했고, 단순 노동으로 겨우 끼니를 때워야 했던 공장 노동자는 삶의 희망을 갖고 싶어 했지.

그런데 바로 이런 상황에서 유럽에 큰 흉년이 들었어. 1845년부터 3년이나 흉년이 이어져 유럽 곳곳에서 수많은 사람이 굶어 죽었단다. 도시에서는 식품 값이 크게 올랐고, 먹을 것조차 모자랐던 대부분의 사람들은 다른 물건을 살 엄두를 내지 못했어. 물건이 팔리지 않으니 공장은 문을 닫았고, 노동자들은 공장에서 쫓겨났어. 민심은 갈수록 흉흉해지고, 많은 도시에서 폭동이 일어났지.

1847년 여름부터 여러 도시에서 정치 집회가 열렸어. 많은 사람이 모여 식사도 함께 하면서 시인이나 역사가 같은 유명한 사람의 연설을 듣고 정부의 정책을 비판하는 식이었지. 참석자는 주로 잘 차려입은 신흥 자본가였어. 그들은 정부 정책을 비판하고 개혁을 요구했지.

하지만 정부는 이런 집회에 별반 주의를 기울이지 않았고, 이들의 요구도 가볍게 무시했어.

그런데 1848년 2월, 정치 집회가 노동자들이 모여 사는 지역에서 열리자 분위기가 확 달라졌단다. 2월 23일에는 굶주리고 화난 사람들이 거리로 나와 시위를 벌였고, 경찰이 동원되었어. 다음 날은 더 많은 시민이 거리로 쏟아져 나왔고, 그들은 바리케이드를 사이에 둔 채 군대와 맞섰어. 군대가 발사한 총탄에 사람들이 쓰러졌지만 성난 시위대는 물러서지 않았지. 결국 3일간의 시가전 끝에 루이 필리프는 왕의 자리에서 물러나 영국으로 도망을 쳤고, 프랑스에는 새로 임시 정부가 수립되었어. 이것이 1848년의 2월 혁명이야.

2월 혁명 1848년 2월 혁명에서 3일간의 시가전 끝에 승리를 거둔 시민들이 파리 시청 앞 광장에서 혁명가 라마르틴의 연설을 듣고 있다.

2월 혁명의 진행

임시 정부에는 산업 혁명 이후 새로 생겨난 두 계층을 대변하는 이들이 참여했어. 신흥 자본가를 대변하는 부르주아 대표와 공장 노동자를 대변하는 사회주의자들이었지. 사회주의자의 주장으로 곧 최저 임금제가 도입되고, 실업자들을 구제하기 위해 국립 공장도 운영하기로 했어. 하지만 국립 공장은 제대로 돌아가지 못했어. 실업자는 낙엽을 쓸거나 하수구를 치는 일감 정도를 받는 것이 고작이었지.

임시 정부 체제에서 치른 4월 총선의 결과는 부르주아의 압승이었어. 공장 노동자가 많아졌다고는 해도 여전히 프랑스 국민의 대다수는 농민이었고, 이들이 자기 지방 출신 유지에게 투표를 했던 거야. 국고는 바닥났고, 노동자의 요구를 받아들일 만큼 여유가 없었던 정

1848년 6월의 노동자 폭동 사회주의를 상징하는 붉은 기를 든 파리의 노동자들이 바리케이드를 쌓고 정부군에 맞서고 있다.

자유주의와 민족주의의 거센 물결　193

부는 아예 국립 공장의 문을 닫아 버렸어. 그러자 노동자들은 폭동을 일으키며 저항했어. 노동자들의 요구가 자신들의 이익을 지키는 일과는 정반대라는 것을 안 부르주아는 얼른 등을 돌렸지. 노동자의 아내와 어린 자식들까지 거리로 나와 처절한 싸움을 했지만, 결국 폭동은 1500여 명이 살해되고 1만 2000여 명이 체포되는 것으로 끝나고 말았어.

몇 년 동안이나 경제 위기와 혁명으로 어려움을 겪고 있던 프랑스 사람들은 빨리 사회를 안정시키는 일이 무엇보다 중요하다고 생각했어. 그러자 나폴레옹을 지지했던 사람들의 목소리가 점차 커졌단다. 프랑스 대혁명 이후 혁명의 성과를 인정하면서도 혼란을 수습했던 나폴레옹을 떠올리는 이들이 그만큼 많아진 거야. 이런 분위기에 힘입어 12월에 치러진 대통령 선거에서 나폴레옹의 조카 루이 나폴레옹(1808~1873)이 당선되었어. 결국 1848년 2월 혁명은 새로운 공화국의 대통령으로 루이 나폴레옹을 뽑는 것으로 막을 내렸어. 그리고 루이 나폴레옹은 자기 삼촌이 그랬듯이 곧 공화국 헌법을 버리고 스스로 황제의 자리에 올랐지.

이렇게 프랑스의 1848년 2월 혁명은 소수의 귀족과 대상인이 되살려 낸 귀족 정치에 반기를 든 혁명이었어. 여기에는 산업 혁명 과정에서 새로 생겨난 신흥 자본가와 갈수록 살기 힘들어지던 수공업자, 소상인, 공장 노동자들이 함께 참여했어. 하지만 부르주아와 공장 노동자는

루이 나폴레옹

곧 갈라섰단다. 부르주아는 노동자의 요구가 자신들의 이익과는 완전히 반대된다는 것을 알고 노동자들에게 등을 돌렸어. 또한 이 혁명 과정에서 노동자들의 과격한 시위에 두려움을 느끼고, 귀족 계급보다 노동자 계급이 자신들에게 더 큰 적이 될 수 있음을 깨달았지. 이전에 혁명을 통해 자신의 권리를 찾았던 프랑스 부르주아는 1848년의 혁명 이후 더 이상 혁명이 자신들에게 유리하지 않다고 생각했어. 이제 그들은 안정 속에서 확실한 주도권을 행사하려 했고, 이러한 흐름은 혁명 후 프랑스의 운명에 많은 영향을 주었단다.

영국의 발전

영국은 유럽 대륙의 여러 나라와는 다른 길을 통해 19세기로 들어섰단다. 유럽 대륙에 자리한 나라 대부분이 시민 혁명이라는 정치적 격변을 통해 19세기로 들어섰다면, 영국은 산업 혁명이라는 경제적 번영의 길을 통해 19세기를 맞았지.

프랑스가 시민 혁명을 겪는 동안 영국 사회는 산업 혁명이라는 커다란 변화를 겪으며 발전하고 있었어. 유럽에서도 가장 먼저 해외로 진출했던 영국은 이미 18세기 중엽에 세계에서 가장 많은 식민지를 가진 나라가 되었고, 이를 바탕으로 가장 먼저 산업 혁명을 일으킨 뒤 다른 나라와는 비교도 되지 않을 만큼 산업을 발달시켰던 거야. 곳곳에 광산이 개발되고, 공장이 세워졌어. 1850년 당시 영국 랭커셔 지방에서는 인도와 아메리카 사람 모두가 입을 수 있는 정도의 면직물을 생산해 냈어. 영국에서 생산된 물건은 세계 곳곳으로 팔려 나갔고, 광산과 공장에 투자한 사람들은 큰돈을 벌었어.

그뿐만 아니라 영국은 다른 나라에 기술도 팔고, 자본도 투자했어. 프랑스나 미국에 철도를 놓을 때도 영국 사람이 돈을 댔고, 영국 기술자가 가서 건설을 감독했어. 물론 철로용 레일도 영국 공장에서 만든 것을 썼지. 1850년에 런던은 세계에서 가장 큰 항구였어. 세계 각지에서 벌어들인 돈이 런던으로 모였고, 영국에는 다른 나라 사람들과는 비교가 안 될 정도로 풍요로운 생활을 하는 부자들이 생겨났어. 1851년에 런던에서 열린 세계 최초의 무역 박람회는 당시 영국이 세계 최고의 부자 나라임을 과시하는 행사였어.

그래서 19세기 초에 빈 회의가 열렸을 때도 영국인의 관심사는 대륙의 다른 귀족들과는 달랐어. 대륙의 귀족들이 자신의 지배권을 잃지 않기 위해 서로 단결하자는 데 뜻을 모아야 했다면, 영국의 지배자들은 단결 같은 것에는 관심이 없었어. 다시 어느 한 나라의 세력이 너무

세계 최초의 무역 박람회 1851년 영국 런던에서 개최된 무역 박람회. 판유리를 사용해 지은 박람회장에는 1만 4000점이 넘는 전 세계의 최신 기술이 전시되었다.

커져서 나폴레옹처럼 자기 나라에 쳐들어오지만 않는다면 말이지.

빈 회의가 열릴 무렵, 영국에서는 전통적인 귀족층과 산업 혁명 과정에서 돈을 번 상공업 계층이 함께 나라를 지배하고 있었어. 대상인, 금융가, 공장주들이 의회에 진출해 왕이나 대토지 귀족, 소토지 귀족들과 함께 정치를 했지. 물론 영국의 토지 귀족과 상공업에 종사하는 계층의 이해관계가 같았던 것은 아니야. 하지만 두 계급은 서로 협력해서 문제를 해결해 나갈 준비가 되어 있었어. 당시 영국은 세계 각지에서 엄청난 돈을 벌어들였고, 그 이득이 영국 사회 전체에 퍼졌기 때문에 가능한 일이었지. 단지 부르주아 계층뿐 아니라 영국 사람이면 누구나 산업이 발전한 덕을 봤던 거야.

영국 의회는 산업 혁명으로 생긴 사회 변화를 수용하는 한편, 산업을 더욱 확장하고 발전시킬 수 있는 환경을 만들어 갔어. 1832년의 선거법 개정이 그 대표적인 경우야.

한편 산업 혁명 이후 영국에는 공업 도시들이 새로 생겨났단다. 전에는 허허벌판이던 곳에 공장이 빼곡히 들어서자 공장 운영자와 노동자들이 모여들었어. 1831년에 맨체스터의 인구는 24만 명이 되었고, 리버풀의 인구도 20만 명을 넘어섰지. 반면 사람들이 도시의 공장으로 모여들면서 농촌의 인구는 크게 줄었어. 하지만 선거구는 옛날에 정해진 그대로여서 새로 번성한 도시에서는 자신들을 대변할 대표를 의회로 보낼 수 없는 반면, 사람들이 도시로 빠져나가 텅 빈 농촌에는 대표가 배정되어 있었어. 다시 말하면 당시 공장주나 노동자들은 자신들의 대표를 의회에 보낼 수 없었다는 뜻이야.

그러자 영국 사회에는 선거법을 개정해야 한다는 목소리가 커졌고, 1832년에는 선거법 개정안이 의회에서 통과되었어. 이제 신흥 도시에도 의석이 배정되었고, 공장을 운영하는 산업 자본가도 의회의 의원이 될 수 있었지. 하지만 의원이 되려면 일정 수준 이상의 재산을 가지고 있어야 한다는 규정 때문에 가난한 노동자 대표는 의회에 참여할 수 없었어.

영국 의회는 경제 정책도 영국의 산업이 발전할 수 있는 방향으로 바꿔 나갔어. 예를 들어 1846년에는 외국에서 값싼 곡물이 수입되는 것을 금지했던 곡물법을 폐지했어. 공장주들은 지주들의 이익을 위해 1815년에 만든 이 법이 폐지되길 바라고 있었어. 노동자에게 적은 임금을 주고 싶은 공장주들은 외국에서 값싼 곡식이 들어와 국내 곡물 가격이 떨어지길 원했던 거지. 지주와 농부들은 외국에서 곡물을 수입해서 국내 곡물 가격이 내려가는 것에 반대했지만, 공장주 출신 의원들은 외국 수입 곡물에 대한 관세를 없애자는 운동을 벌였어. 의회는 이를 받아들여 곡물에 매기는 관세를 폐지하는 법을 통과시켰던 거야. 그 뒤 의회는 공업 원료나 공업 제품에 대한 관세도 차례로 없앴어. 당시 세계에서 가장 뛰어난 기술을 가졌던 영국에게는 이런 자유 무역 체제가 아주 유리했거든. 외국과 거래를 하는 데 아무런 제약이 없어야 자신들이 벌어들일 수 있는 돈도 더욱 많아질 테니까.

영국의 도시 노동자들도 의회에서 산업 자본가 계층에게 유리한 법들이 만들어지는 데 기꺼이 협력했어. 자신들과 산업 자본가들은 농촌 지주에 맞서 도시의 이익을 위해 싸우는 같은 편이라고 생각했던 거지. 그러나 공장주들이 의원이 되고 사업을 확장시키는 데 유리한 법을 만들었지만, 노동자들은 아무것도 얻은 것이 없었어. 여전히 비위생적인 환경에서 낮은 임금을 받으며 기계처럼 일했고, 의회에 자신들의 처지를 대변할 대표를 보낼 자격조차 없었지.

결국 노동자들은 자신들이 직접 나서기로 했어. 1838년부터 10년 동안 영국의 노동자들은 참정권을 요구하는 시위와 서명 운동을 벌여 나갔어. 이를 '차티스트 운동'이라고 해. 그 결과로 영국에서는 모든 성인 남자가 선거권을 가질 수 있었고, 노동 조건도 점차 개선되었어. 노동자들의 권리 투쟁이 사회 전체의 민주화로 이어진 거야.

이렇게 영국은 산업 혁명 이후 생겨난 도시민의 요구와 사회 갈등을 의회를 통해 풀어 갔어. 의회에서 처지가 다른 여러 계층의 요구를 받아들여 개혁을 추진해 나간 거야. 그래서 영국은 의회 민주주의의 모범을 보인 나라로 자리매김할 수 있었어. 물론 이는 앞에서 설명한 것처럼 영국이 당시 세계 제일의 산업국이라는 유리한 조건에 있었기 때문에 가능했지.

차티스트 운동 1848년 4월 10일, 런던의 케닝턴 광장에서 열린 차티스트들의 집회 광경. 약 15만 명의 노동자가 참여해 평화적 시위를 벌였다.

영국은 19세기 동안 경제적 번영과 정치적 민주화를 동시에 경험하는 행운을 누렸어. 그래서 1837년부터 1901년까지 19세기 내내 영국을 통치했던 빅토리아 여왕(1819~1901)은 자애로운 통치자로서 국민들의 사랑을 받았지. 영국인들은 당시의 번영과 안정을 여왕의 영광으로 돌리며 이 행복했던 시대를 '빅토리아 시대'라고 불러.

빅토리아 여왕 1837년부터 64년 동안 영국의 황금기를 통치하였다.

독일 민족주의의 발전과 통일

19세기의 중부 유럽은 영국이나 프랑스 같은 서유럽과는 완전히 다른 모습을 하고 있었어. 만일 우리가 19세기의 유럽 대륙을 서쪽에서 동쪽으로 가로질러 여행한다면 동유럽 쪽으로 갈수록 점차 도시가 적어지고 숲과 농촌이 끝없이 이어지는 풍경을 만나게 될 거야. 지난 200~300년 동안 많은 것이 변한 서유럽과는 달리 중부 유럽과 동유럽은 중세 시대와 크게 달라진 것이 없는 분위기였어.

풍경뿐만 아니라, 그 지역에 사는 사람들이나 그들이 살아가는 방식도 이전과 마찬가지였어. 중부 유럽에서는 그때까지도 왕이 누구의 간섭도 받지 않고 나라를 다스리는 것을 신이 정한 질서로 받아들였어. 이 지역에는 프랑스처럼 혁명을 일으키거나 영국처럼 개혁을 주도하는 계층이 없었어. 무역을 하거나 공장을 운영해서 돈을 번 사업가가 거의 없었기 때문에 왕과 귀족이 지배하는 기존 질서에 반항하는 사람도 없었던 거야. 이 사회에서 부와 권력을 쥔 것은 농촌의 지주들이었고, 이들은 왕의 관료로서 옛 질서를 유지하고 있었어. 농민 역시 여전히 자기 땅이 없이 지주에게 묶여 있는 상태였지.

게다가 당시 중부 유럽의 정치 상황은 매우 복잡했어. 빈 회의 이후 중부 유럽에 있던 38개의 크고 작은 왕국과 제후국은 독일 연방으로 합쳐졌지만, 사실 독일 연방은 이름뿐이었어. 각 나라 외교관들이 연방 회의에 모여 공동 방어에 대해 논의하는 정도일 뿐, 연방에 속한 38개국은 모두 독립된 나라였거든. 이들 중 가장 세력이 큰 나라는 오스트리아와 프로이센이었어.

19세기 오스트리아 제국과 소수 민족

독일 연방 남부에 위치한 오스트리아는 당시 프랑스나 영국과는 완전히 다른 옛날식 제국이었어. 중세부터 변함없이 합스부르크 왕조가 다스려 온 오스트리아 제국 안에는 언어와 전통이 서로 다른 11개의 민족이 공존하고 있었어. 그중 왕국의 지배자는 독일인이었고, 궁정이나 상거래에 쓰이는 공식 언어도 독일어였지. 제국에서 가장 잘사는 사람들이자 교육과 문화 수준이 가장 높은 이들이 바로 독일인이었기 때문이야.

당시 제국 전체의 경제 수준은 매우 낮았어. 1840년대에도 오스트리아 산업의 중심은 중세 때와 마찬가지로 농업이었거든. 1840년대라면 영국과 프랑스에서는 여러 도시에 사람들이 북적이던 때였어. 많은 이들이 대대로 농사를 짓던 고향 마을을 떠나 공장 노동자로서 바쁘고 고단한 삶을 시작했고, 무역이나 공장에 투자해 돈을 번 사람들이 상점에서 유행을 좇아 새로 나온 물건들을 사던 때였지. 하지만 오스트리아에는 이렇게 공장이나 상점이 들어선 도시가 없었어. 몇몇 지역에 작은 공장이 있긴 했지만 대부분의 사람들은 바깥세상과는 거의 왕래가 없는 시골 마을에서 농사를 짓고 살았어.

오스트리아를 지배하던 사람들은 옛날부터 이어져 내려온 토지 귀족들이었어. 이들은 지방에 땅을 가지고 있었지만, 지방에서 살지 않고 주로 황제의 궁이 있는 빈에서 살았어. 황제는 이 귀족들의 가문에서 제국을 통치하는 데 필요한 관리를 뽑아 썼지. 황제 군대의 장교, 외교관, 관료들이 모두 이들 가문의 출신이었어. 그러니까 오스트리아는 독일인 황제와 몇몇 소수의 토지 귀족 관리가 여러 소수 민족을 다스리는 나라였던 거야.

사실 이런 제국은 몸집만 클 뿐, 19세기 유럽에서 가장 약한 나라였다고 할 수 있어. 19세기에 들어서면서 제국 내 소수 민족들은 제각기 독일인의 지배에서 벗어나려는 경향을 보였지. 언어와 문화가 같은 민족끼리 끈끈한 유대감을 느끼는 민족주의가 사람들 사이에 점점 더 퍼졌고, 이를 이용해 자신들만의 민족 국가를 세우려는 정치적 움직임도 나타났어. 결국 이러한 민족 문제는 제국을 해체하는 힘으로 작용했지. 19세기 동안 오스트리아 제국은 점차 약화되어 독일 연방 내에서도 주도적인 힘을 잃었단다.

프로이센과 독일 민족주의

한편 빈 체제 이후 독일 북동부의 프로이센은 오스트리아를 제치고 독일 연방의 주축으로 떠올랐어. 빈 회의를 통해 영토를 정리한 프로

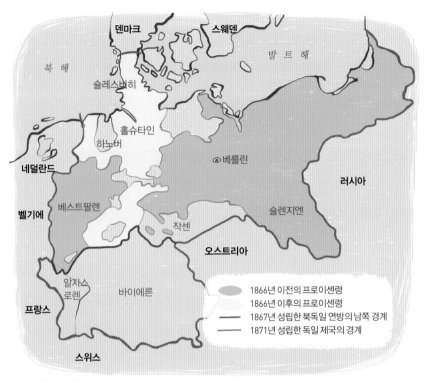

독일의 통일 과정

이센은 오스트리아와 달리 주민 대다수가 독일인인 나라가 되었거든. 같은 민족끼리 단합하며 점점 더 강한 나라가 되었던 거야.

빈 체제 이후에도 독일은 통일되지 않은 상태로 이어졌기 때문에 독일인들은 경제 활동을 하는 데 많은 비용을 감수해야 했어. 독일 연방 내에 있는 38개의 작은 왕국과 제후국이 각각 자신의 국경을 통과하는 물품에 관세를 물렸기 때문에 물가는 비싸고, 상업이 발달하기도 어려웠지. 예를 들어 북쪽의 항구 함부르크에서 오스트리아까지 물건을 싣고 가려면 적어도 10개의 국경을 통과하고 10번의 관세를 물어야 했어.

프로이센 정부는 이 문제를 해결하는 데 주도적인 역할을 했단다. 1818년에 프로이센 정부가 자국 내 관세를 없애자 이웃 제후국들도 하나둘 관세 폐지에 동참했지. 결국 1834년에는 독일 연방 내에서 국경을 통과할 때마다 부과되던 모든 관세가 없어졌어. 프로이센 정부가 중심이 되어 추진한 이 관세 동맹이 독일 통일의 발판을 마련했다고 할 수 있어. 연방 내에서 자유로운 상거래가 이루어지도록 함으로써 독일을 하나의 경제권으로 묶어 주었으니까.

그런가 하면, 이 시기에 독일 지식인 사이에서는 독일 민족에 대한 관심과 통일에 대한 열망이 커져 가고 있었어. 18세기 말부터 독일의 극작가나 시인들은 당시까지 고대 그리스·로마 문명에 비해 야만적이라고 여겨 왔던 중세 문화를 되살려 내고 재평가하기 시작했어. 중세 문화의 주인공이었던 게르만족 특유의 전통과 문화를 새롭게 인정하기 시작한 거야. 이런 흐름은 독일 지식인들이 "우리 독일인은 누구인가?" 하는 민족 정체성에 대한 질문을 시작한 데서 비롯되었어. 같은 민족이지만 여러 나라로 갈라져 서유럽에 비해 뒤처졌던 독일의 지식인들이 스스로 열등감을 극복하고, 자기 민족의 역사와 전통에 대한 긍지를 회복하려 했던 거야. 이런 지식인들의 문화 운동은 이후 대중들 사이에 독일 민족주의가 퍼지는 데 큰 영향을 끼쳤어.

한편 독일 지식인들은 민족의 통일 못지않게 민주주의적 개혁에도 관심이 많았어. 그들은 자유주의적 개혁을 통해 개인의 인권이 존중되는 사회로 나아가는 영국이나 프랑스를 무척 부러워했어. 대학에서는 교수와 대학생들이 독일의 민주주의적 개혁과 통일을 위한 토론을 하고, 개혁을 실천하기 위한 조직을 만들기도 했어.

하지만 당시 독일에서 이런 지식인들 말고는 민중의 자유와 민족의 통일에 관심을 갖는 사람이 많지 않았어. 소수 지식인들이 그들만의 힘으로 이룰 수 있는 것은 별로 없었지. 독일에는 1840년대까지도 상공업으로 돈을 벌고 자신들의 사회적 지위를 당당히 요구할 만한 시민 계급이 없었기 때문이야. 그래서 프랑스에서 1830년 7월 혁명에 이어 1848년 2월 혁명이 일어났을 때 적잖은 영향을 받았지만 독일에서 민주주의적인 개혁이 실제로 이루어지진 못했단다.

독일의 3월 혁명

1848년 2월, 프랑스에서 혁명이 일어나 왕이 도망갔다는 소식이 퍼지자 전 유럽은 흥분했어. 바로 전해인 1847년에 흉작이 들어 많은 사람이 고통을 겪었던 독일 지역도 큰 영향을 받았지. 1848년 3월,

통일에 대한 지식인들의 열망 1817년 축제를 가장한 독일 대학생들의 정치적 시위(왼쪽). 대학생들이 루터가 은신했던 바르트부르크 성으로 행진하며 민주화와 독일 통일을 요구했다. 독일 민족주의의 주창자인 피히테(오른쪽).

독일의 지식인들은 개혁을 요구하며 시위를 벌였고, 곳곳에서 농민과 수공업자들도 폭동을 일으켰어. 여러 왕국의 왕들은 보수적인 관리를 해임하고 자유주의적인 성향의 관리를 새로 임명하여 위기를 넘겨 보려 했지.

프로이센의 국왕 프리드리히 빌헬름 4세(1795~1861)도 혁명 소식을 듣고 보수적인 장관들을 해임했어. 하지만 그 이상을 원했던 베를린 군중이 왕궁 앞으로 모여들었어. 그러자 왕궁 수비대가 군중을 향해 총탄을 발사했고, 이에 흥분한 군중은 무기고로 쳐들어가 수비대와 격전을 벌였어. 곧 왕궁이 포위되었고, 왕은 하는 수 없이 군중 앞에 고개를 숙였단다. 시민 혁명의 정신을 존중한다는 뜻에서 삼색기로 몸을 감싼 채 군중 앞에 나타난 왕은 새로운 헌법을 만들겠다고 약속했어. 하지만 왕의 약속에 따라 만들어진 새 헌법에 왕권을 실질적으로 제한하는 내용은 없었어. 헌법에서 왕의 권위는 여전히 굳건했고, 대중에게 민주주의적 권리와 자유는 주어지지 않았지. 언론 자유를 인정한다고 해 놓고 여전히 검열을 했고, 왕이 모든 권력을 쥐고 있었어. 의원을 뽑을 때도 보통 선거를 한다고 해 놓고 실제로는 세금을 많이 내는 사람에게 더 많은 권리를 주었으니까.

한편 전통적인 제국의 질서를 유지해 오던 오스트리아에도 혁명의 기운이 일었어. 당시 오스트리아 수상이던 메테르니히는 빈 회의와 19세기 보수 반동 체제를 주도한 장본인이기도 했지. 프랑스에서 일어난 2월 혁명 소식은 그동안 황제의 전제적 지배에 눌려 왔던 사람들의 불만에 불을 붙였어. 제국의 수도 빈의 국회 의사당 앞에는 군중이 가득했고, 노동자들은 거리로 뛰어나왔어. 흥분한 군중들은 시내에 바리케이드를 치기 시작했지. 그러자 놀란 황제는 황급히 메테르니히를 해임하고 새로운 헌법을 만들겠다고 약속했어. 당시 오스트리아의 지배를 받던 헝가리와 보헤미아에서는 제국의 지배에서 벗어나려는 독립운동이 일어나기도 했어.

하지만 한동안 몰아치던 혁명의 물결이 가라앉은 뒤, 독일은 큰 정치적 변화 없이 혁명 이전의 상태로 돌아간 듯했어. 프로이센의 왕도, 오스트리아의 황제도 지배자의 자리를 지켰고, 다른 작은 나라의 국왕도 마찬가지였지. 독일은 여전히 분열된 채 연방 형태를 유지하며 이전의 질서를 이어 나갔어.

독일의 3월 혁명 1848년 3월 19일에 베를린의 혁명 시위대가 정부군을 물리친 뒤 왕에게 민주주의적 개혁을 요구하며 환호하고 있다.

독일의 낭만주의

독일의 자유주의자들은 크게 달라지지 않은 현실에 절망했어. 일부는 자신의 이상이 실현될 수 없는 조국을 떠나 망명하기도 했고, 적당히 현실과 타협하는 이들도 있었어. 독일 지식인은 점차 우울한 감정에 빠져들었고, 프랑스 혁명을 이끌었던 18세기 지식인과는 다른 방식으로 세계를 바라보기 시작했어. 19세기 후반 독일의 학문과 예술에 나타난 낭만주의 경향은 바로 이런 배경에서 탄생했던 거야.

18세기 지식인들은 세계는 이해할 수 있으며, 자신들이 잘못된 현실을 바로잡아 나갈 수 있다고 믿었어. 이런 믿음은 세상에는 절대적으로 옳은 것이 있으며, 지식인은 선각자로서 대중을 이끌 수 있다는 자신감에서 나온 것이었지. 하지만 19세기의 지식인들은 현실의 큰 벽 앞에서 무력감을 느꼈어. 그들은 이렇게 생각했어. "현실은 늘 변화하는 과정에 놓여 있으며, 세상에는 반드시 옳다고 할 수 있는 것이 없다. 우리가 인식하는 작은 일부나 표면만으로는 거대한 세계 전체와 어떤 연관이 있는지 제대로 이해할 수 없다. 이런 거대한 세계와 역사 앞에서 인간은 너무나 작은 존재이기 때문에 뭔가를 해낼 수도 없다." 이는 독일의 현실이 먼저 민주주의 혁명을 이룬 나라들에 비해 희망이 없어 보였던 탓도 있지만, 한편으로는 혁명의 어려움을 거친 나라들도 독일 지식인들이 기대했던 만큼 좋아진 것은 아니기 때문이야. 결국 독일 지식인들은 현실적으로 사회를 바꾸는 역할을 할 수 없었어. 하지만 그

19세기 오스트리아의 작곡가 슈베르트
방랑자의 외로움과 슬픔을 간직한 그의 음악은 독일 낭만주의를 대표한다.

들의 사상은 음악, 미술, 문학 등에 많은 영향을 끼치며 19세기 문화
를 이끌었단다.

프로이센 정부가 주도한 개혁과 통일

독일 사회가 변화한 방식은 지식인과 부르주아 계급이 앞장서 민주주
의 개혁을 해 나간 서유럽 나라들과는 전혀 달랐어. 그 변화를 주도한
것은 독일 연방 내에서 북부의 강국이었던 프로이센 정부였어. 정부
가 주도하여 산업화를 추진하고 독일 통일을 추진해 나간 거였지.

독일에서 본격적으로 산업이 발전하기 시작한 건 1850년대 들어서
였어. 이때부터는 독일에서도 석탄과 철 생산량이 급증하고 공장과
도시가 생겨나기 시작했지. 사업가와 노동자 계층도 생겨났고. 또 농
촌에는 양조장과 설탕 공장이 들어섰고, 서유럽으로 곡물을 수출하면
서 농촌 지주들이 돈벌이를 하는 사업가로 변신하기도 했어.

하지만 새로 생겨난 독일의 사업가들은 프랑스나 영국의 부르주아
처럼 기존 사회 체제에 저항하고 자신의 권리를 주장하지 않았어. 그
들은 스스로 독일 정치에서 주도적인 역할을 하려는 생각을 하지 못
했거든. 당시 독일 사회의 분위기는 회의와 좌절이 지배적이어서 지
식인들조차도 더 좋은 사회를 만들어 나갈 수 있다는 희망을 갖지 못
했기 때문에, 사업가들 역시 사회 발전을 위한 비전을 제시하지 못했
어. 게다가 프로이센은 정부가 나서서 중공업 중심의 산업화를 추진
하고 자유 무역을 실시했기 때문에, 사실 정부에게서 많은 특혜를 받
고 있던 사업가들은 정부를 고맙게 생각하며 모든 결정을 정부에 맡
길 수밖에 없었지. 그래서 프로이센에서는 1860년대에도 사업가 계

층이 주도하는 자유주의적 개혁이 이루어질 수 없었어.

하지만 나라 안팎이 변해 가는 상황에서 유럽 여러 나라와 경쟁해야 했던 프로이센 정부는 결국 선진국에 비해 비효율적이고 비민주적인 국가 체제를 손질해야 할 필요를 느꼈단다. 프로이센의 국왕 빌헬름 1세(1797~1888)는 보수적인 관료들을 해임하고 자유주의자들을 새로 임명하는 등 나름대로 개혁을 시도했어. 하지만 그는 근본적으로 왕권신수설을 굳게 믿는 사람이었고, 그가 추진한 개혁의 핵심도 강한 군대를 갖기 위한 것이었지. 그는 모든 국민이 3년간 군대에 복무해야 하는 징병제 개혁안을 추진했는데, 프로이센 의회가 곧 반대하고 나섰어. 군대 개혁은 왕을 위한 것이라는 이유였지.

이때 등장한 사람이 바로 독일 통일의 전략가인 비스마르크(1815~1898)야. 프로이센 왕은 의회의 반대를 누르고 군대 개혁을 단행할 강력한 수상으로 비스마르크를 지명했고, 비스마르크는 이 일을 성공적으로 해냈어. 비스마르크는 프로이센에 무엇보다 필요한 것은 강력한 군대의 건설이라고 생각했어. 그는 이 같은 믿음으로 이 일을 밀어붙였지.

하지만 비스마르크에게 중요한 것은 왕권신수설을 주장하는 왕의 권위를 높이는 것도, 민주주의적인 사회를 만들자는 자유주의자들의 이상을 실현하는 것도 아니었어. 그에게는 강력한 프로이센을 건설하는 일만이 중요했지. 주변 국가들을 물리치고 독일을 통일하려면 강력한 군대의 힘이 꼭 필요하다고 생각했던 거야. 비스마르크에게 강력한 프로이센 군대를

비스마르크 독일 통일을 주도한
프로이센의 수상.

건설하는 일은 독일 민족을 통일하는 것과 같은 과업이었어. 그에게 독일 민족의 통일이란 프로이센이 주변 국가들을 차지하는 것이었지.

의회를 누르고 군대 개혁에 성공한 비스마르크는 자신의 계획대로 주변 국가들과 전쟁을 치르며 프로이센의 영토를 넓히기 시작했어. 그의 전략은 러시아와 프랑스의 양해를 얻어 오스트리아가 아닌 프로이센이 독일 연방 나라들을 통일한다는 것이었어.

그 뒤 몇 년간 유럽의 역사는 마치 비스마르크가 쓴 각본에 따라 움직이는 것 같았어. 프로이센은 덴마크, 오스트리아, 프랑스와 차례로 전쟁을 벌여 승리했고, 그 결과로 1871년에 프로이센이 오스트리아를 제외한 독일 연방 내의 모든 나라를 점령했어. 비로소 독일이라는 통일 국가가 탄생한 거야. 19세기 후반, 통일된 민족 국가로 거듭난 독일은 이제 산업화와 세계 시장 확보에서 앞선 영국, 프랑스와 경쟁에 나섰단다.

독일 통일 선포식 1871년 1월 18일에 프로이센의 빌헬름 1세는 프랑스와 벌인 전쟁에서 승리한 뒤 베르사유 궁에서 통일 독일의 황제로 즉위했다.

6

현대 사회의 전개

1939-1945년
제2차 세계 대전

1945년
국제 연합 성립

1957년
소련, 최초의 인공위성 스푸트니크 발사

1969년
미국, 최초의 유인 우주선
아폴로 11호 달 착륙

1989년
베를린 장벽 붕괴

1993년
유럽 연합(EU) 성립

2001년
9·11 테러

제국주의와 제1차 세계 대전

무너져 내린 장밋빛 꿈

영국에서 기계가 발명되고 공장이 들어서기 시작한 지 100여 년이 지난 1880년 무렵, 유럽은 한 세기 전과 완전히 다른 세상으로 바뀌어 있었어. 유럽 대부분의 지역에서 기근이 사라지고 사람들의 영양 상태가 좋아져 평균 수명도 길어졌어. 농민의 살림도 넉넉해졌고, 도시 노동자 중에도 먹고살 걱정을 하지 않아도 되는 사람들이 생겨났지. 유럽 선진 지역의 많은 사람이 교육을 받아 글을 읽을 수 있었고, 사회 전체가 과학 지식을 공유하는 시대가 되었어. 사람들의 문화생활도 풍부해져서 각지에 오페라 극장이 세워지고, 프랑스, 미국, 영국, 독일에서는 중산층을 겨냥한 백화점도 생겼어. 자동차, 사진, 무선 통신이 등장한 것도 이때였지.

당시 유럽인은 이전 세대가 상상할 수도 없을 만큼 경제적·정치적·사회적으로 세계화된 사회에 살고 있었어. 유럽 방방곡곡에 철도가 놓였고, 호화 여객선이 대륙을 횡단하며 사람과 화물을 실어 날랐지.

유럽인들에게 이런 변화는 끝없는 진보와 희망을 의미했어. 많은 유럽인이 미래에 대한 기대를 품은 채 20세기가 열리는 모습을 바라보았지. 하지만 20세기에 들어서고 얼마 지나지 않을 때, 유럽인들은 자신들이 이룩한 진보의 뒤에 엄청난 파괴의 힘이 숨어 있음을 깨달았단다.

1914년 6월 28일, 오스트리아 제국의 황태자 부부가 보스니아의 사라예보에서 한 청년에게 암살당했어. 그로부터 6주 만에 유럽의 거의 모든 나라가 전쟁에 휘말렸어. 제1차 세계 대전이 일어난 거야. 전쟁 초기만 해도 각 나라의 지도자들은 이 전쟁이 곧 자신의 승리로 끝나리라고 생각했어. 하지만 전쟁은 4년이 넘게 계속되었고, 그동안 유럽인이 이룩해 온 많은 것이 파괴되었어. 참혹한 전쟁을 겪으면서 유럽인들은 자신들의 역사가 늘 진보해 나갈 것이라는 믿음을 잃었고, 유럽 문명의 방향도 바뀌었지.

이번 장에서는 당시 유럽인이 이루어 낸 세계화의 정체와 갑작스런 전쟁의 원인, 그리고 결과를 살펴볼 거야. 이 엄청난 역사적인 사건은 단 한마디로 쉽게 설명할 수 없는 주제여서 그동안 여러 역사가가 다양한 각도에서 접근해 많은 책을 써 왔단다. 여기서는 그 복잡한 사건을 이해할 수 있는 몇 가지 가닥을 잡아 훑어보려고 해.

산업화 이후, 중심과 주변으로 나뉜 세계

산업 혁명이 시작된 18세기 말부터 1세기 동안 유럽과 미국의 인구는 크게 늘었어. 유럽 인구는 약 2억 명에서 4억 3000만 명가량으로 늘었고, 3000만 명쯤에 불과했던 미국의 인구는 약 1억 6000만 명이 되었어. 이렇게 많아진 사람들이 전에는 엄두도 내지 못했던 장거리 여행을 하며 먼 지역의 사람들과도 접촉하는 시대가 되었지. 이 무렵 스위스에 방문한 외국인의 수는 1879년 한 해 동안에만 100만 명에 달했고, 1880년대에 들어서는 해마다 20억 명의 사람들이 철도 여행을 했어. 전 세계는 유럽을 중심으로 방사선처럼 연결되었어.

전 세계 거의 모든 지역이 유럽인의 지도에 기록되었고, 실제로도 유럽인의 발길이 닿지 않은 땅이 없었어. 대륙을 오가는 기차와 기선

중산층의 여유로운 삶 19세기 말 프랑스 파리 중산층의 일상적인 모습을 담은 그림이다. 카유보트가 그린 〈파리, 비오는 날〉.

이 정기 운항을 하며 유럽인들을 세계 곳곳으로 실어 날랐지. 1904년
에는 시베리아 대륙 횡단 철도가 건설되어 파리에서 태평양 연안의
블라디보스토크까지 보름이면 갈 수 있었고, 1912년에는 타이타닉호
와 같은 호화 여객선이 영국 리버풀을 출발해 미국의 뉴욕으로 향했
어. 유럽인들이 보기에 19세기 말의 세계는 놀라우리만치 세계화된
공간이었어.

하지만 세계는 결코 하나의 세계가 아니었어. 세계는 점점 잘사는
부유한 지역과 못사는 가난한 지역으로 나뉘어 갔어. 18세기까지만
해도 유럽과 현재 '제3세계'라고 불리는 낙후된 지역 사람들의 1인당
소득이 거의 같은 수준이었어. 하지만 산업 혁명 이후의 유럽, 그중
에도 특히 서유럽과 나머지 지역 사이에는 점점 소득 차이가 커져 갔

노동에 내몰린 아이들 20세기 초 미국에서 하루에 7시간씩 굴 껍질 벗기는 노동을 하는 아이들.

어. 1880년에는 유럽의 1인당 소득이 다른 지역의 두 배 수준이 되었고, 1913년에는 세 배에 이르렀지.

유럽 선진 지역과 나머지 지역 간의 차이는 단지 부유하고 가난한 생활 수준의 차이에 그치지 않았어. 기술과 자본을 가진 유럽 나라들은 정치적으로나 군사적으로도 강대국이 되었고, 나머지 지역의 나라들은 유럽의 지배를 받는 약소국이 되었지. 산업 혁명을 거친 유럽 선진국들은 그 기술력을 바탕으로 19세기 중반에 신식 무기를 개발했어. 기계화된 무기로 무장한 그들은 군함을 이끌고 다른 지역에 진출해 그곳에 터를 잡고 살아온 나라들을 위협하는 방식으로 외교를 해 나갔어. 가난한 후진 지역의 나라들은 유럽 강대국의 요구에 굴복할 수밖에 없었지. 산업화 이후 유럽과 나머지 세계는 그 운명이 완전히 달라져, 한쪽은 정복하고 다른 한쪽은 정복을 당하는 처지가 되었던 거야. 이렇게 해서 19세기 말에 이르면 유럽의 몇몇 나라가 아시아와 아프리카 대부분을 식민지로 삼고 전 세계 땅의 5분의 1, 인구의 10분의 1을 지배했어.

열강의 제국주의 정책

사실 유럽인은 이미 15세기 말부터 바닷길을 통해 세계 각지로 진출해 여러 지역을 식민지로 만들어 왔어. 하지만 19세기 말에 유럽인이 아시아와 아프리카 지역에 진출한 방식은 이전과는 꽤 달랐어. 포르투갈, 에스파냐, 네덜란드 등이 앞장섰던 근대 초의 식민지 정복 방식은 식민지 땅에서 나는 산물을 강제로 헐값에 사들이고 유럽에서 만든 물건을 가져다 파는 방식이었지. 반면 19세기 말의 정복 방식은 아직 개발이 이루어지지 않은 지역에 유럽 국가와 자본가들이 자신이 가진 돈을 투자하는 방식이었어.

당시 유럽 선진국에서는 산업화 과정에서 돈을 많이 번 자본가들이 생겨났고, 이들은 자신의 돈을 아직 개발되지 않은 아시아나 아프리카 지역에 투자하고 싶어 했어. 이미 개발이 이루어진 자기 나라에서는 높은 수익을 올릴 수 있는 투자 대상을 찾기가 어려웠거든. 산업화 초기에는 적은 돈을 투자해도 새로운 사업을 벌이면 큰 이익을 낼 수 있었지만, 이제는 갈수록 경쟁이 치열해져 많은 돈을 투자해도 전과 같은 이익을 내기 어려웠지. 개발이 안 된 유럽 밖의 지역에 투자를 하는 것은 위험이 따르는 일이긴 했지만, 미래에 더 큰 이익으로

▲ **영국 제국주의자 세실 로즈** 아프리카 대륙 종단 전화선 설치를 주장하는 세실 로즈를 풍자하는 그림. 그는 남아프리카 공화국의 다이아몬드 광산을 개발하고, 아프리카 남부 지역을 정복해 통치했다.

▶ **동물원 구경거리가 된 아프리카인** 19세기 말 20세기 초 유럽과 미국의 대도시 동물원에서는 아프리카 등에서 데려온 다른 인종을 '원시인'이라는 이름으로 전시했다.

돌아올 수 있다는 점에서 앞을 내다보는 투자였어. 유럽의 각 나라 정부도 식민지를 경영하여 남긴 수익으로 사회 보장 제도를 늘리거나 개혁을 추진하는 등 국가 운영에 드는 비용을 해결하고자 했기 때문에 자본가들과 이해관계가 같았지. 그래서 19세기 말 유럽 국가들은 아시아와 아프리카 지역의 식민지를 차지하는 일에 열을 올렸어.

유럽 국가들과 자본가들은 식민지에 광산을 개발하고, 거대한 농장을 운영하고, 또 공장을 건설해 직접 물건을 생산했어. 이런 사업을 벌이기 위해 현지에 철도, 다리, 항구를 건설하기도 했지. 유럽 국가들은 이렇게 자신들이 투자한 지역을 식민지로 만들어 정치적으로도 지배했어. 투자한 곳에서 나오는 이윤을 확실히 챙기기 위해서였지. 이렇게 자국의 이익을 위해서 다른 나라를 식민지로 만들어 지배하는 정책을 '제국주의'라고 해.

유럽 국가들이 식민지 정복자가 될 수 있었던 것은 산업화로 이루어 낸 물질적인 힘 덕분이었어. 그들은 19세기 동안 급속히 발달한 과학, 기술, 산업, 운송, 통신, 무기의 힘을 이용해 다른 지역에 살고 있는 사람들을 자신의 뜻대로 지배할 수 있었어. 이런 상황 때문에 유럽인들은 자신의 문화가 다른 문화보다 우월하다고 여기는 태도를 갖게 되었어. 이런 태도는 자신은 문명인이고, 산업화가 이루어지지 않은 지역의 주민은 야만인이라고 여기는 오만함으로 이어졌지. 유럽인들은 정복한 식민지를 유럽의 방식으로 바꿔 나가는 서구화가 세계 문명화의 길이라고 생각했어. 그래서 제국주의 침략자들은 다른 지역 문화의 가치를 인정하지 않았고, 현지의 전통 문화를 파괴하는 일을 서슴지 않았단다.

전쟁의 불씨, 민족주의

유럽 열강들이 세계를 지배한 19세기 말은 '유럽의 시대'라고 불리기도 해. 하지만 사실 유럽의 여러 나라 사이에는 많은 차이가 있었어. 역사, 정치 체제, 산업화 정도와 식민지를 차지한 정도가 서로 달랐지. 가장 먼저 산업 혁명을 겪은 영국과 그 뒤를 이은 프랑스, 1871년 통일을 이루고 산업화에 박차를 가한 독일이 유럽의 선진 지역에 해당했다면, 남부와 동부 유럽은 유럽 내에서 후진 지역에 속했어. 이탈리아, 에스파냐, 포르투갈 같은 남부 유럽 국가들은 15~16세기에 신항로를 발견하고, 아시아와 아메리카 대륙에 대한 약탈 무역에 참여해 초기 자본주의 발달 과정에서 중요한 역할을 했지만, 그 뒤로는 점차 쇠락의 길을 걸었어. 동유럽 지역은 동로마 제국의 후예로서 크리스트교의 전통을 유지해 왔지만, 16세기 이후에는 오스만 터키의 지배를 받는 낙후된 지역이었어.

또 유럽 여러 나라는 정치 체제도 각기 달라서 일찍이 시민 혁명을 겪은 영국과 프랑스는 민족 국가 체제였지만, 동유럽의 오스트리아 제국이나 러시아 제국은 여러 민족이 황제의 지배를 받는 체제였지.

이처럼 서로 다른 상황에 처해 있던 유럽 국가들은 저마다 이해관계가 다를 수밖에 없었고, 19세기 말에 이르면 경쟁이 더욱 심해져서, 각국이 유럽 안팎에서 다투게 돼. 유럽 열강들의 다툼은 민족주의를 앞세워 극심한 양상으로 나타났어. 이들은 다른 민족의 자유와 번영을 희생해서라도 자기 민족의 이익만을 좇겠다는 태도를 취했어. 민족주의가 유럽 열강의 이익 다툼에 정신적 무장을 제공한 셈이었어. 민족주의 감정은 각 나라 지도층은 물론 노동자에 이르기까지 사회 전체로 퍼져 나가며 여러 나라와 민족 간의 갈등을 깊게 했지. 이러한 갈등은 1900년 이후 최고조에 이르러 결국 제1차 세계 대전으로 이어지고 말았단다. 지나친 민족주의가 제1차 세계 대전의 불씨였던 거야.

19세기 초, 유럽에서 민족주의가 가장 먼저 발달한 곳은 선진 지역인 영국과 프랑스였어. 가장 먼저 시민 혁명과 산업 혁명을 겪은 영국은 19세기 내내 산업 생산과 정치, 문화에서 다른 나라들과 비교가 되지 않을 만큼 앞서 나갔어. 자신감에 찬 영국은 다른 국가나 민족을 자신들의 경쟁 상대로 여기지 않는 '영광의 고립' 정책을 취했지. 프랑스 국민의 자신감도 이와 크게 다르지 않았어.

반면에 자신들이 뒤처졌다고 생각한 독일인 사이에서 1860년대에 민족주의 감정이 크게 일어났어. 당시 같은 민족이지만 여러 작은 지역으로 분열된 채 영국이나 프랑스에 비해 경제적으로 한참 뒤떨어져 있던 독일인들이 자신들의 역사와 문화를 되새겨 보기 시작한 거야. 문인과 지식인이 앞장서 조상의 삶과 독일 민족이 걸어온 길을 자랑스럽게 생각하는 글을 썼고, 여기에 영향을 받아 그동안 독일인들이 갖고 있던 영국이나 프랑스에 대한 열등감에서 벗어날 수 있었어. 이렇게 독일인들 사이에 퍼진 민족주의에 힘을 얻어 독일은 1871년에 통일을 이루었고, 놀라운 속도로 산업화도 일궈 냈어. 19세기 말에는 독일의 산업 생산 능력이 영국이나 프랑스를 따라잡았지. 그러자 독일인들은 자신들의 발전을 자랑스럽게 생각하며 외국의 인정까지 받고 싶어 했어. 이런 태도는 매우 공격적인 민족주의로 이어졌단다.

제국이 여러 소수 민족을 지배하고 있던 동유럽 발칸 지역에서는 민족주의가 갈등의 불씨였어. 오스트리아 제국과 오스만 터키 제국의 지배를 받아 온 슬라브족 사이에서도 19세기 말이 되면서 민족주의가 움텄지. 이 지역 슬라브족 사이에 일기 시작한 민족주의는 슬라브족의 독립 국가를 세우자는 움직임으로 이어졌어. 흩어져 다른 민족의 지배를 받을 것이 아니라 같은 슬라브 민족끼리 뭉쳐 살자는 것이었지. 슬라브족은 오스트리아 제국에 저항하기 시작했고, 탄압 속에서도 비밀리에 독립운동을 해 나갔어. 오스트리아 제국과 오스만 터키 제국의 세력이 약해지는 틈을 타 슬라브족 독립운동은 힘을 얻었고, 슬라브족은 민족 국가 건설을 위해 아예 오래된 제국을 무너뜨리려 했어.

그런데 슬라브족과 오스트리아 제국의 싸움은 단지 이들만의 대결로 끝나지 않았어. 거의 모든 유럽 열강이 이 둘 중의 한 편을 들며 이 싸움 속으로 들어가 다투기 시작했거든. 당시 유럽 열강은 이 싸움의 결과에 따라 자신에게 돌아올 이익이 엄청나게 달라질 수 있다고 생각했어. 이들은 이 지역을 불안하게 지켜보았고, 자신들에게 이익을 가져다줄 한쪽 편을 들며 싸움에 끼어들었어.

러시아는 세르비아가 중심이 된 발칸의 슬라브 소수 민족 편을 들었고, 독일은 오스트리아의 편이 되었어. 러시아는 슬라브족들의 민족주의에 편승해 이 지역에서 유럽으로 통하는 길과 항구를 얻으려 했고, 독일은 무너져 가는 오스트리아 제국을 동맹으로 삼아 영국, 프랑스와 벌이는 경쟁에서 힘을 얻으려 했지. 이렇게 복잡하게 얽힌 이해관계 때문에 이 지역에서 작은 사건이라도 터지는 날에는 유럽의 큰 나라들이 온통 전쟁으로 휩쓸려 들어갈 수 있는 상황이었어.

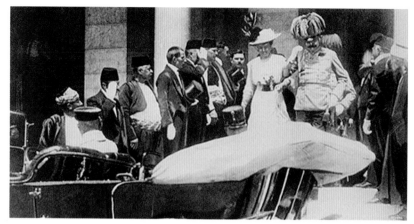

제1차 세계 대전의 도화선 사라예보를 방문한 오스트리아 황태자 부부의 모습이다. 암살되기 5분 전에 찍힌 사진이라고 알려져 있다.

그러다 1914년, 오스트리아 제국의 황태자 부부가 세르비아 민족주의 단체 소속 청년에게 테러를 당해 숨지는 사건이 벌어졌어. 결국 이 사건으로 유럽의 모든 나라가 제1차 세계 대전의 소용돌이에 휘말렸단다.

독일의 등장과 열강들의 동맹 체제

독일은 1871년에 통일을 이룬 뒤 국가가 앞장서 철도를 건설하고 산업을 키웠어. 1890년대가 되자 강철, 화학, 전기 등 중공업 부문에서 영국을 넘어선 산업 강국으로 떠올랐지. 독일은 이런 빠른 산업화와 강력한 군대를 발판으로 유럽의 새로운 강국으로 등장했어. 하지만 유럽에서 가장 생산적인 경제와 강력한 군대를 갖추고 있으면서도, 독일은 국제 사회에서 그에 걸맞은 강국 대접을 받지 못했어. 앞서 산업화를 추진한 나라들이 모두 해외에 식민지를 가지고 있었던 반면에 독일은 해외 식민지가 없었거든. 당시는 유럽 국가들의 제국주의 침략이 성행하던 시대였고, 영국, 프랑스 같은 강국뿐 아니라 포르투갈이나 네덜란드처럼 작은 나라도 식민지를 가지고 있었으니까. 당시 자타가 공인하는 유럽 최강국이었던 영국의 국제적 지위도 사실상 영국이 세계 각지에 만든 식민지에서 나왔다고 할 수 있어. 영국은 스스로를 '해가 지지 않는 나라'라고 부르며 해외에 식민지가 많음을 자랑했고, 다른 나라들도 이런 영국을 인정했거든.

독일의 정치가와 민족주의자들은 이런 상황을 매우 못마땅하게 여겼어. 그리고 자기들도 식민지를 차지할 수 있는 기회를 엿보기 시작했어. 그런데 문제는 독일이 식민지를 차지하려고 나섰을 때는 이미 세계의 거의 모든 지역이 앞서 산업화를 이룬 선진국의 식민지가 되어 있었다는 사실이야. 당시 세계는 사실상 유럽 몇몇 나라의 식민지로 분할된 상태였어. 이들 나라는 자신의

영국과 독일의 군비 경쟁 제1차 세계 대전 중 영국의 군인 모집 포스터(왼쪽)와 전선으로 가는 열차를 탄 독일 병사들의 모습(오른쪽).

식민지에 대한 권리를 인정받는 대신 다른 나라가 차지한 식민지에
대해서도 인정했거든. 이미 강대국들 간에 식민지 나누어 갖기가 끝
난 상태였다는 말이지. 이런 마당에 독일이 식민지를 차지하려고 나
선 것은 기존 질서를 뒤엎겠다는 뜻이나 마찬가지였어.

마침내 1891년, 독일은 '세계 정책'이라는 것을 발표했어. 기존의
세력 균형 질서를 무시하고 자신들이 식민지를 차지하려는 강력한
제국주의 정책이었어. 이는 무엇보다 당시 세계에 가장 많은 식민지
를 차지하고 있던 영국에 대한 도전이었지.

독일은 영국에 맞설 수 있는 강력한 해군을 양성하기 시작했고, 영
국도 그에 대응해 해군 함대를 늘렸어. 20세기 초 독일과 영국의 의
회에서는 앞다투어 군비를 늘려 전함과 무기를 만드는 계획을 승인
했고, 국민들의 군비 부담은 사상 유례가 없을 정도로 늘었어. 유럽
의 다른 나라들도 군비 경쟁에 뛰어들었지. 유럽 각국은 마치 당장이
라도 외국군이 쳐들어올 것처럼 서로 다투어 군비를 늘리고, 상비군
의 규모를 키웠어.

게다가 서로 경쟁하는 유럽 열강 사이에는 은밀한 비밀 외교가 펼
쳐지고 있었어. 식민지를 차지하기 위해 세계 여러 지역에서 다투며
언제 어디서 일어날지 모르는 전쟁에 대비하다 보니, 각자 자기편이
되어 줄 나라가 필요했던 거야. 독일은 이웃 나라 오스트리아를 확실
한 동맹국으로 삼았고, 독일의 등장에 놀란 프랑스와 영국, 러시아가
한편이 되었어. 그래서 20세기 초가 되면 유럽은 서로 적대하는 2개의
동맹 체제로 나뉘었어. 독일 통일을 이끌었던 비스마르크는 이런 상
황을 두고 "마치 두 패로 갈려 서로 노려보다가 누구 하나라도 수상한

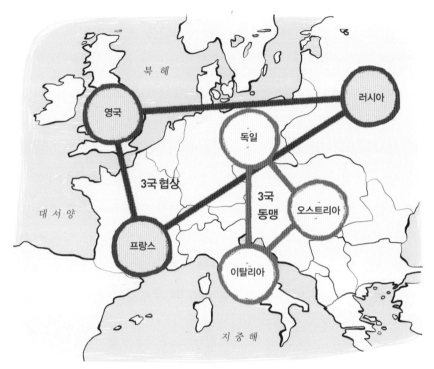

3국 동맹과 3국 협상 20세기 초 유럽은 서로 적대하는 2개의 세력으로 나뉘어져 있었다.

행동을 하면 먼저 총을 꺼내려는 사람들 같다.”고 비유했어.

2개로 나뉜 동맹 체제는 유럽 국가들을 더욱 공격적으로 행동하게 했고, 위기를 악화시켰어. 전쟁이 나도 동맹국이 지원해 줄 것이라는 생각에 위기 상황에서도 서로 물러서려 하지 않았고, 두 나라 사이에 전쟁이 나면 다른 동맹국도 모두 전쟁에 휘말릴 수밖에 없는 상황이 된 거야.

실제로 제1차 세계 대전이 일어나기 직전에는 여러 나라의 비밀 뒷거래 외교와 독일의 도발적인 행동으로 여러 차례 위기 상황이 발생했어. 예를 들어, 1905년 3월 31일에 독일의 빌헬름 2세(1859~1941)가 전함을 타고 아프리카 북단의 모로코 항구로 갔어. 그곳에서 빌헬름

2세는 모로코의 독립을 주장하는 열띤 연설을 했지. 그런데 모로코는 프랑스의 지배가 인정된 땅이었어. 영국의 이집트와 수단 지배를 인정해 주는 대신 프랑스는 모로코의 지배를 인정받았던 거지. 그런데 독일 황제가 직접 나서서 모로코의 독립을 주장한 것은 모로코를 프랑스의 손아귀에서 빼내 독일의 지배 아래에 두려는 속셈을 드러낸 거야. 그러니까 독일은 영국과 프랑스가 뒷거래 외교를 통해 만든 기존 질서에 도전하고 나선 거였지. 결국 독일의 시도는 실패로 끝나고 국제 사회에서는 기존 질서가 계속 받아들여졌지만, 독일은 이후에도 이런 도전을 계속했어. 그때마다 일촉즉발의 위기 상황이 발생하곤 했지. 이처럼 20세기 초의 유럽은 두 편으로 나뉘어 전쟁을 준비하며 대규모 전쟁을 향해 치닫고 있었어.

그런데 돌아보면, 전쟁의 깊은 뿌리는 산업화 이후 급속히 발달한 자본주의 자체에 이미 내재해 있었어. 자본주의는 경쟁을 바탕으로 한 성장을 당연한 것으로 여겼고, 자본주의가 발달할수록 경쟁은 더욱 치열해졌지. 이런 경쟁은 다른 민족을 희생시켜서라도 자기 민족의 이익을 확보해야 한다는 공격적 민족주의를 키웠고, 아예 군대를 확대해 자기의 이익을 방해하는 나라와 싸우려는 전쟁 준비로 이어졌어.

제1차 세계 대전과 러시아 혁명

1914년 6월 28일, 사라예보에서 오스트리아 황태자 부부가 세르비아 민족주의자에게 암살당하는 사건이 일어났을 때, 오스트리아 정부는 즉시 세르비아에 항의하고 다시는 이런 일이 일어나지 않도록 강력한 조치를 요구했어. 슬라브 민족주의 세력이 더 커지기 전에 완전히 눌러 버려야 한다고 판단했던 거지. 사실 오스트리아는 이 무렵 큰 위협을 느끼고 있었어. 러시아의 지원을 받은 슬라브 민족주의가 오스트리아 제국의 해체를 목표로 삼고 있는 데다 러시아가 영국, 프랑스와 동맹을 맺고 한편이 되었기 때문이지. 그런데 세르비아가 만족할 만한 조치를 취하지 않자 오스트리아는 군사 행동에 나설 때라고 판단하고, 이 사실을 유일한 동맹국인 독일에게 통보했어. 독일이 오스트리아의 군사 행동에 지원을 약속하자 오스트리아는 곧 세르비아에 전쟁을 선포했어. 그러자 전부터 세르비아를 지원해 오던 러시아가 세르비아 편을 들기 위해 군대를 동원했고, 이에 독일은 러시아와 그의 동맹국인 프랑스에 전쟁을 선포했어.

제1차 세계 대전은 이렇게 시작되었단다. 오스트리아 제국 내 슬라브족의 민족주의 운동은 이 전쟁의 불씨가 되었지. 그리고 자국의 이익을 챙기기 위해 이 지역에 눈독을 들이고 두 편으로 갈려 전쟁 준비를 해 오던 유럽 열강이 모두 전쟁에 휘말렸던 거야.

곧 전쟁이 벌어졌어. 독일과 오스트리아는 동쪽으로는 러시아를, 서쪽으로는 프랑스와 영국을 상대로 싸웠지. 누구도 전쟁이 길어지리라고 생각하지 않았어. 각 나라 지도자들은 저마다 자신이 곧 전쟁에서 이길 거라고 여겼어. 하지만 그 예상은 빗나갔지. 특히 독일은 프랑스와의 전쟁을 속전속결로 끝내고 러시아와의 전투에 주력하려 했어. 하지만 뜻대로 되지 않아 4년 이상이나 계속된 전쟁 내내 동부 전선과 서부 전선에서 동시에 전행을 치러야 하는 끔찍한 상황을 맞았지.

서부 전선에서 독일군과 프랑스군은 꼼짝도 못한 채 오랫동안 대치했어. 프랑스 북동부에서 스위스에 이르는 긴 전선에서 군인들은 지하 벙커와 참호를 파고 보이지도 않는 적을 향해 총구를 겨누어야 했지. 병사들은 몸을 제대로 눕힐 수도 없는 좁은 참호 속에서 진흙투성이가 된 채 지내야 했고, 몸에선 이가 들끓었어.

러시아군 제1차 세계 대전 중 참호 속에서 독일군을 기다리고 있는 러시아군.

동부 전선에서는 독일과 오스트리아가 러시아군을 물리치고 러시아 일부와 폴란드 지역을 점령했어. 하지만 러시아는 항복하지 않았고 전쟁은 계속되었지. 러시아는 전쟁에 뛰어든 나라 중에서 가장 많은 사상자를 내고 막대한 피해를 입었어. 사실 러시아 제국은 발달된 기술력과 무기에 의존해야 하는 현대전을 치를 만한 능력이 없는 나라였어. 영토는 넓었지만 정부는 비효율적이었고, 유럽 국가들에 비하면 아직 산업도 발달하지 않은 상태였거든. 여전히 구시대의 관습에 따라 신분제적 관료 제도가 지배하는 제국이었지. 당시 러시아는 모든 군인에게 무기를 지급할 형편도 못되었어. 1916년에 러시아가 마지막 총공세를 폈을 때도 맨 앞줄 병사에게만 무기를 제공하고, 그들이 무너지면 뒷줄의 병사들이 무기를 넘겨받아 싸우는 식이었어. 러시아군은 전쟁이 시작된 지 2년 반 만에 약 200만 명의 사망자를 내고, 역시 200만에 이르는 전쟁

포로를 적군에게 내주어야 했지. 병사들의 애국심은 사라졌고, 도망치는 병사들이 하루가 다르게 늘어 갔어.

　러시아 국내 상황도 심각했어. 전쟁을 치르면서 러시아 국가 체제는 마비 상태에 이르렀어. 무리한 전쟁 때문에 식량과 물자가 부족해 러시아인들은 굶주림에 시달려야 했지. 1916년 겨울에는 러시아 전역의 운송 체계가 무너져 주요 도시에 식품 공급이 끊기는 일까지 생겼어. 1917년 3월이 되자 당시 러시아의 수도 상트페테르부르크에서 먹을 것을 배급받기 위해 줄지어 서 있던 시민들 사이에서 자발적인 시위가 벌어졌어. 시위는 다른 도시로 걷잡을 수 없이 퍼져 나갔고, 결국 사태를 수습하지 못한 황제는 물러나고 말았지.

　그 뒤 정권을 맡은 임시 정부는 독일과 전쟁을 계속했지만 전세는 더욱 기울었고, 시민들의 생활도 점점 더 어려워졌어. 러시아 시민들은 더 이상 전쟁을 계속하기를 원치 않았지. 사회주의 혁명가인 블라

시위하는 러시아 병사들 1917년에 상트페테르부르크에서 병사들이 시위를 벌이고 있다.

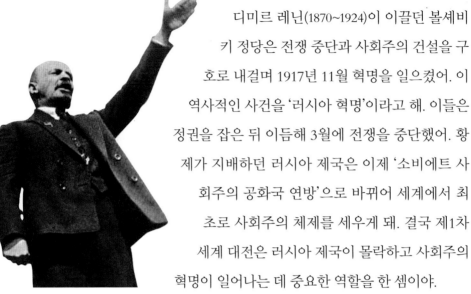

디미르 레닌(1870~1924)이 이끌던 볼셰비키 정당은 전쟁 중단과 사회주의 건설을 구호로 내걸며 1917년 11월 혁명을 일으켰어. 이 역사적인 사건을 '러시아 혁명'이라고 해. 이들은 정권을 잡은 뒤 이듬해 3월에 전쟁을 중단했어. 황제가 지배하던 러시아 제국은 이제 '소비에트 사회주의 공화국 연방'으로 바뀌어 세계에서 최초로 사회주의 체제를 세우게 돼. 결국 제1차 세계 대전은 러시아 제국이 몰락하고 사회주의 혁명이 일어나는 데 중요한 역할을 한 셈이야.

연설하는 레닌

미국의 참전과 전쟁의 끝

한편 독일은 해외에서 물자 공급을 받지 못한 채 고립되어 갔어. 영국 해군이 바다를 장악하고 있었기 때문이야. 영국 해군은 독일의 항구를 봉쇄하고 독일 상선과 중립국의 물자 수송선이 드나드는 것을 막았어. 그러니 독일군은 전쟁에 필요한 물자를 들여올 방법이 없었지.

상황이 어려워진 독일이 택한 방법은 잠수함을 이용한 공격이었어. 물속에 숨어 있다가 영국 쪽 연합군의 배가 나타나면 어뢰를 쏘아 파괴해 버리는 방법이었지. 이 공격으로 영국 배는 물론 중립국이었던 미국의 배도 격침당했어. 그러자 미국인들은 독일의 행동에 분개했어. 이런 반독일 정서에 힘입어 미국의 윌슨 대통령은 1917년 4월에 연합군 편이 되어 전쟁에 참여하기로 결정했어. 이때만 해도 독일은 미국의 힘을 그리 높이 평가하지 않았어. 그러나 미국은 이 전쟁을 연합군의 승리로 이끄는 데 결정적인 역할을 했지.

참전 결정 이후 미군이 대규모로 전쟁에 참여하기까지는 1년 이상의 시간이 걸렸어. 하지만 그 사이에도 미국은 연합국 쪽에 대량으로 전쟁 물자를 공급했어. 미국 경제 전체가 아예 전쟁 물자를 생산하기 위한 체제로 바뀌었지. 그리고 1918년 9월, 좋은 무기와 군수 물자를 앞세운 미군이 전쟁터에 나타나자 이를 당해 낼 수 없던 독일군은 후퇴하기 시작했어. 결국 1918년 11월, 전쟁은 연합군의 승리로 끝났지.

4년이 넘도록 이어진 제1차 세계 대전은 역사상 최대 규모의 사상자를 낸 전쟁이었어. 독일과 러시아군이 각각 200만 명씩 죽어 나갔고, 프랑스군은 100만 명, 영국군은 70만 명, 이탈리아군은 50만 명이라는 사망자를 냈어. 부상자는 총 2000만 명에 이르렀어. 이 무렵의 유럽에서는 평온한 마을을 찾아보기 어려웠지. 젊은 남자는 모두 전쟁에 끌려갔고, 여자와 노인만 남은 동네에는 무덤만 늘어났어. 참전한 병사들은 전쟁에서 살아 돌아왔다고 해도 몸과 마음이 온전치 않았어. 수많은 병사가 부상을 당해 평생 불구로 살아야 했고, 적과 대치하며 서로 죽고 죽이는 긴장 상태를 경험한 탓에 전쟁 후에도 심리적으로 많은 고통을 받았어. 이후 많은 사람이 삶의 의미와 가치를 찾지 못한 채 불행하게 살아야 했지.

전쟁으로 다른 나라를 누르고 더 많은 것을 차지하려던 유럽 각국은 도리어 많은 것을 잃고 말았어. 저마다 전쟁 비용을 대느라 빚더미 위에 올라앉았을 뿐만 아니라 산업은 파괴되어 전쟁 전과 같은 생산력을 회복할 수 없었지. 결국 전쟁이 끝난 뒤 유럽의 세계 지배 체제는 약화될 수밖에 없었어.

반면 전쟁 동안 영국과 프랑스에 전쟁 물자를 팔아 많은 돈을 번 미국은 세계 경제의 새로운 강자로 떠올랐어. 미국은 1914년까지만 해도 유럽 국가에 빚을 지고 있었지만, 전쟁이 끝난 뒤에는 오히려 유럽 국가들이 미국에 빚을 졌어.

전쟁은 끝났지만 전쟁에서 이긴 쪽이나 진 쪽이나 혼란을 겪기는 마찬가지였어. 전쟁으로 공장이 파괴되고 물가는 치솟아서 사람들의 생활은 궁핍하기 짝이 없었어. 그나마 근근이 먹고살 만한 사람들도 당장 내일을 기약할 수 없는 형편이었지. 이제 유럽인들에게 모든 것은 불확실해졌고, 미래의 희망도 보이지 않았어. 사람들은 그때까지 굳게 믿었던 '발전'이나 '진보'라는 신념을 더 이상 믿을 수 없었어. 예전에는 거대한 기관차가 내달리는 것을 보며 과학과 기술이 끊임없이 발전하여 인류에게 무한한 풍요와 행복을 가져다줄 것이라고

제1차 세계 대전의 끝 1918년 11월, 전쟁이 연합군의 승리로 끝났다는 소식에 기뻐하는 미군들.

믿었지만, 이젠 장밋빛 꿈에서 깨어나 전쟁의 잿더미 위에 앉아 있는 스스로를 발견하게 된 거야.

이런 분위기 속에서 지식인들은 인간성과 인간 능력에 대한 믿음을 잃었어. 자기 이익을 위해서라면 다른 사람이나 민족을 희생시키는 행동도 서슴지 않는 파괴적인 인간들을 보면서 깊이 실망했던 거야. 사실 '인간을 존중하고, 옳고 그른 것을 판단할 줄 아는 위대한 인간'에 대한 믿음은 유럽 근대 문명을 일궈 낸 원동력이었어. 하지만 인간이 자신의 판단 능력을 이익을 따지는 데만 쓰고 경쟁에 몰두하는 동안 인간의 존엄성은 무너졌고, 미래에 대한 희망도 사라졌지. 제1차 세계 대전 직후 유럽의 지식인들은 근대 과학의 바탕이 되었던 합리적 이성이나 분석적인 사유 방식을 버리고 힘과 의지를 강조했어. 그만큼 이성적으로 차근차근 따지는 것만으로는 당시의 현실을 감당하기가 어려웠고, 그런 방식으로는 사람들에게 더 이상 희망을 줄 수도 없었던 거야.

전쟁 희생자들 제1차 세계 대전에 참전했던 프랑스 군인의 묘지(왼쪽). 13만 명의 이름 모를 희생자들이 묻혀 있다. 전쟁이 끝난 뒤 독일 베를린 거리에서 구걸하고 있는 상이군인(오른쪽).

파시즘과
제2차 세계 대전

전후 불행 속에서 자라난 공격적 민족주의

제1차 세계 대전이 끝난 뒤 유럽 각 나라의 대표들은 프랑스 파리에서 대표 회의를 열었어. 다시는 제1차 세계 대전과 같은 참혹한 비극이 일어나지 않도록 평화 체제를 수립하기 위해서였지. 이 회의 결과에 따라 독일은 전쟁 중에 차지했던 중부 유럽의 영토를 각 지역 소수 민족에게 돌려주었고, 평화적인 국제 질서를 유지하기 위한 국가 간 연합체인 국제 연맹도 만들어졌어.

그런가 하면 각 나라에는 공격적인 군국주의 정부 대신 민주주의 정부가 들어섰어. 옛 정치 체제를 유지해 온 독일과 오스트리아, 러시아 제국의 정부가 무너졌고, 여러 나라에서 민주주의적인 헌법을 채택한 공화국 정부가 세워졌어. 민주주의 사회를 실현하려는 각 나라 시민들의 열망을 담은 것이었지.

그러나 막 전쟁이 끝난 상황에서 이런 이상적인 민주주의와 국제적 평화 체제가 제대로 정착하기란 쉽지 않았어. 무엇보다도 전쟁의 피해로 인해 각 나라의 경제가 매우 어려웠지. 나라마다 국토는 황폐화되었고, 공장이 파괴되어 생산이 줄었어. 사람들은 굶주렸고, 나라 사이의 교역도 침체되었지. 특히 전쟁 배상금까지 물어야 했던 독일의 상황은 더욱 심각했어. 독일 정부는 막대한 배상금을 갚기 위해 많은 돈을 찍어 냈고, 그로 인해 물가가 폭등했거든.

생계를 위협받던 유럽인들은 점차 자유와 평등을 이루어 줄 민주주의에 대한 희망을 저버렸어. 각 나라에서 다른 민족을 희생해서라도 자기 민족의 이익을 지켜야겠다는 공격적 민족주의가 다시 고개를 들기 시작했지. 파시즘이라고 불리는 이런 공격적 민족주의는 민주주의 체제가 다급한 민생고를 해결하지 못하고 있을 때, 참전 군인과 중하층 시민의 지지를 받으며 성장했어. 이탈리아의 무솔리니나 독일의 히틀러 같은 파시스트 지도자들은 민주주의 원칙을 무시하고라도 자기 민족을 행복하게 해 줄 수 있노라고 선전했고, 실업과 가난으로 실의에 빠져 있던 국민들의 마음은 이들에게 기울었어. 이런 분위기 속에서 강력한 폭력 행동 조직을 갖춘 히틀러(1889~1945)가 1933년에 정권을 잡았단다.

히틀러는 중부와 동부 유럽에 걸쳐 광대한 독일 제국을 건설하기 위해 주변 나라들과 전쟁을 벌이기 시작했어. 세계는 우수한 민족이 지배할 권리가 있으며 열등한 민족은 희생되어도 좋다는 적자생존 논리를 앞세운 전쟁이었지. 제2차 세계 대전은 이렇게 시작되었고, 이 전쟁을 통해 약 6000만 명이 죽어 나갔어. 그 와중에 600만 명에 이르는 유대인이 나치의 종족 말살 정책에 의해 집단적으로 살해되었지. 나치는 인간의 폭력성이 정치적으로 조직화되면 얼마나 파괴적일 수 있는지를 보여 준 사례였어. 또 그로부터 시작된 제2차 세계 대전은 경쟁을 바탕으로 한 서양 문명이 얼마나 취약한지, 20세기 문명사회에서도 민족의 이름을 앞세운 비이성적인 힘이 얼마나 커질 수 있는지 일깨워 준 충격적인 사건이었지.

전후 유럽의 국제 질서

제1차 세계 대전이 끝난 직후인 1919년 1월, 파리에서는 전후 국제 평화 질서를 수립하기 위한 큰 회의가 열렸어. 이 회의에서 미국 대통령인 우드로 윌슨(1856~1924)은 '민족 자결주의'라는 원칙을 주창했어. 각 민족은 다른 민족의 지배를 받지 않고 스스로 국가를 세워 다스릴 권리가 있다는 원칙이었지. 각 나라 대표들은 윌슨의 주장에 크게 호응했어. 유럽 강대국들이 자신들의 이익을 위해 유럽 소수 민족을 억압하고, 아시아와 아프리카 각지를 정복하면서 일어난 제1차 세계 대전에 대한 반성이었다고 할 수 있지. 윌슨 대통령은 이 원칙이 지켜질 수 있도록 국제 연맹이라는 국제기구를 두자는 제의도 했어.

하지만 전후 유럽의 사정은 민족 자결주의 원칙에 따라 모든 문제를 해결하기는 어려운 상황이었어. 일단 이 회의를 주도했던 미국과 프랑스, 영국의 이해관계부터가 달랐지. 미국이야 유럽에서 떨어져 있으니 이런 원칙으로 모든 문제가 깔끔하게 해결되어 유럽이 안정되기를 바랐지만, 당장 전쟁에서 큰 피해를 입고 독일에게 영토까지

파리 강화 회의 1919년 1월에 제1차 세계 대전의 사후 처리를 위해 모인 각국의 대표들. 왼쪽부터 영국의 로이드 조지 수상, 오를란도 이탈리아 수상, 클레망소 프랑스 수상, 미국의 윌슨 대통령.

빼앗겼던 프랑스는 전쟁에서 입은 손해를 독일로부터 모두 배상받기를 원했거든. 그래서 전쟁 후에 평화 체제를 구축하기 위해서는 전쟁 과정에서 빼앗고 뺏긴 영토 문제를 해결하고, 독일에 물릴 배상금의 규모부터 정해야 했어.

1919년 6월, 각 나라 대표들은 프랑스 베르사유에서 다시 모였고, 이때 패전국 독일의 대표는 전쟁에서 이긴 연합국 대표들이 내민 문서에 서명할 수밖에 없었어. '베르사유 강화 조약'이라는 문서였지. 이 조약은 전쟁 후의 문제를 수습하고 평화 체제의 골격을 담은 문서였지만, 실제로는 독일에게 전쟁의 모든 책임을 돌리고 전쟁의 피해를 보상하도록 한 내용이었어. 독일로서는 받아들이고 싶지 않은 내용이었지만, 이를 거부하고 다시 전쟁 상태로 돌아갈 수도 없는 상황

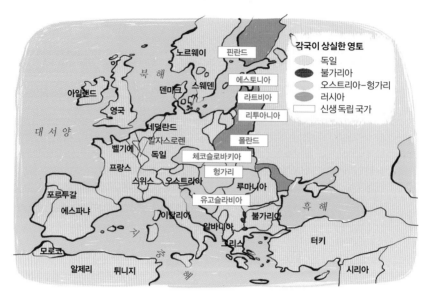

베르사유 조약으로 재편된 유럽 제1차 세계 대전 후 맺은 이 조약으로 독일, 오스트리아, 불가리아 등
패전국은 영토를 잃었다.

이니 받아들일 수밖에 없었지.

 이 조약에 따라 독일은 전쟁 중에 얻은 땅을 모두 내놓아야 했어.
프랑스에 알자스로렌 지방을 돌려주었고, 동부 유럽 지역에서 얻은
땅도 모두 내놓았지. 그중 내륙에 자리한 폴란드에게는 내륙에서 바
다에 이르는 긴 복도처럼 생긴 길을 내주었어. 그런데 이 복도처럼
생긴 땅을 내줌으로써 독일의 동부 지역 일부가 독일에서 분리되는
일이 벌어졌어. 독일로서는 패전국만 아니었다면 절대로 받아들이
고 싶지 않은 수모였지.

 게다가 연합국들은 저마다 독일에게 막대한 배상금을 요구했어.
특히 프랑스는 독일에게 자신들이 전쟁으로 입은 피해를 모두 배상
하라고 요구했어. 140만 명에 이르는 전사자와 300만 명이 넘는 부상

패전국의 굴욕 1919년 6월 28일에 프랑스 베르사유 궁에 있는 거울의 방에서 독일 대표가 베르사유 조약에
서명하고 있다.

자가 생겨났고 가옥 30만 채와 공장 2만 곳이 파괴된 프랑스는 전쟁
상대국이었던 독일에게서 그 보상을 받고자 했던 거야. 1921년, 오랜
논의 끝에 전승국들은 독일에게 350만 달러의 배상금을 요구했어.

이처럼 제1차 세계 대전 뒤 전쟁 당사자 간의 합의 과정은 겉으로
는 유럽의 평화 체제 수립을 위한 것이라는 구호를 내세웠지만, 실제
로는 전쟁에서 이긴 연합국들이 독일을 응징하는 것이었어. 이 과정
을 겪으며 독일에서는 다시 민족 감정이 고개를 들었어. 독일 국민들
이 보기에는 피해 보상 내용이 독일에게 전쟁의 모든 책임을 뒤집어
씌우는 불공평한 것이었어.

그에 반해 영국과 프랑스는 엄청난 해외 식민지를 그대로 보존할
수 있었지. 게다가 승자의 이점을 이용해 패자인 독일의 식민지까지

나누어 가졌어. 제1차 세계 대전 이전에 영국과 프랑스가 가지고 있던 국제 정치의 주도권은 전쟁 후에도 무너지지 않았던 거지.

이렇듯 베르사유 조약은 겉으로는 윌슨의 민족 자결주의 원칙과 평화주의를 앞세웠지만, 알고 보면 민족 갈등의 불씨를 고스란히 품고 있는 체제를 만들어 냈어. 이 불씨는 전쟁 이후 어려운 상황에서 다시 살아났고, 결국 그로부터 20년 뒤 인류는 또다시 한층 더 파괴적인 전쟁을 치를 수밖에 없었단다.

1920년대 전후 상황

제1차 세계 대전의 참화를 겪은 사람들은 다시는 이런 몸서리나는 전쟁이 일어나서는 안 된다고 생각했어. 그러니 각 나라마다 자기 민족의 이익을 위해 다른 민족을 희생시켜도 좋다고 생각하는 군국주의적 민족주의자들이 정치에서 뒤로 밀려날 수밖에 없었지. 그래서 전쟁이 끝나자 19세기에 이미 민주주의의 기반을 닦은 영국, 프랑스 같은 나라에서는 물론이고, 그때까지 제국 체제를 유지해 온 독일과 오스트리아에서도 민주 공화국이 수립되었어.

하지만 각국의 민주 정부는 전쟁의 폐허 속에서도 경제를 일구어 국민들을 먹여 살려야 하는 어려운 과제를 안고 있었어. 경제를 다시 일으키자면 막대한 돈이 필요한데, 이 돈을 마련하는 것이 문제였지. 그래서 전승국들은 패전국인 독일로부터 막대한 배상금을 받아 내려고 했어. 하지만 전쟁에 져서 폐허가 되어 버린 독일은 그럴 만한 능력이 없었지.

전후 독일에서는 1919년, 독일 역사상 최초의 민주 공화국이 수립되었어. 공화국을 선언한 의회가 열렸던 도시의 이름을 따 '바이마르 공화국'이라고 부르지. 이 공화국의 헌법에는 노동자의 권리 보장 등 당시로서는 가장 앞서가는 민주적인 내용이 포함되어 있었어. 하지만 극심한 경제난 때문에 독일 바이마르 공화국의 앞날은 험난했지.

1920년대 초, 독일의 바이마르 공화국 정부는 배상금을 갚으려고 노력했어. 그러나 전후 나빠진 경제 상태에서 무역량은 적었고, 돈을 마련할 길은 도무지 보이지 않았지. 그러니 독일, 또 독일과 함께 배상금을 물어야 했던 오스트리아와 헝가리 등 중부 유럽 국가들의 빚은 점점 더 늘어만 갔어. 빚을 갚기 위해 이들 나라 정부가 할 수 있는 일은 돈을 새로 찍어 내는 일뿐이었어. 이후 독일 지폐는 휴지 조각에 불과하다고 할 만큼 가치가 떨어졌고, 물가는 엄청나게 뛰었어. 사람

독일의 인플레이션 당시 간단한 일용품을 하나를 사려고 해도 사진(왼쪽)처럼 많은 돈이 필요했다. 1923년 독일의 극심한 인플레이션으로 가치가 없어진 100만 마르크짜리 지폐가 노트로 사용되고 있다(오른쪽).

들은 빵 한 조각을 사기 위해 손수레에 지폐를 가득 싣고 가야 했고, 우표 한 장 값이 5000마르크나 했지. 1922년 후반이 되자 독일 정부는 더 이상 재정을 운영할 수 없는 상태에 빠지고 말았어.

결국 독일 정부가 세 차례나 정해진 기일에 배상금을 갚지 못하자, 프랑스는 1923년 1월에 군대를 동원해 독일의 광산 지역인 루르 지역을 점령했어. 프랑스의 이런 행동은 독일인들의 민족 감정을 자극했지. 게다가 프랑스는 점령군 군대에 자신들의 아프리카 식민지인 세네갈 출신의 흑인 병사들을 동원했기 때문에, 독일인들 사이에서는 다른 인종에 대한 혐오감까지 퍼졌어. 이 사건은 독일 정부가 배상금을 꼭 갚기로 약속하고 몇 달 뒤 프랑스 군대가 물러가는 것으로 해결되었지만, 독일의 심각한 인플레이션은 독일 정부가 화폐 개혁을 단행해 옛 지폐 1조 마르크를 새 지폐 1마르크로 바꿀 때까지 계속되었지.

독일처럼 심각하진 않았지만 프랑스를 비롯한 다른 유럽 국가들도 큰 경제적 어려움을 겪었어. 유럽의 연합국들은 전쟁을 치르는 동안 미국의 군수 물자를 사들이느라 미국 은행에 많은 빚을 졌거든. 그들은 이 빚을 갚기 위해 독일과 오스트리아에 많은 전쟁 배상금을 요구했던 것이었어.

따라서 전후 유럽은 승전국들이 패전국에게 배상금을 받아 미국에 빚을 갚아야 하는 채무 관계로 얽혀 있었어. 게다가 각 나라마다 도로와 산업 시설이 파괴되었기 때문에 다시 미국에서 돈을 꾸어 와

도스 차관 계획 독일 경제를 살리기 위한 도스 차관 계획에 따라 미국이 보낸 첫 금괴가 독일 제국 은행에 도착했다.

산업을 복구하지 않으면 빚을 갚기 어려운 상황이었어.

이렇게 어려운 상황이 계속되자 독일이 배상금을 마련할 길이 없다는 것을 뻔히 알고 있는 영국과 프랑스, 미국 등은 독일을 힘으로 밀어붙이는 것만이 해결책이 아니라는 판단을 하게 돼. 그래서 연합국들은 독일의 연간 배상금 총액을 줄여 주는가 하면, 미국이 1924년부터 독일에 특별 차관을 주어 1차 배상금을 갚도록 하는 '도스 차관 계획'을 마련했지. 이 계획은 독일뿐 아니라 유럽의 경제 복구에도 꽤 도움이 되었어. 하지만 경제 문제를 자체적으로 해결할 능력이 부족했던 유럽은 갈수록 더욱 미국에 의존하며 미국 경제의 작은 변화에도 쉽게 영향을 받는 처지가 되고 말았어.

세계 경제 공황

미국은 1920년대 국제 경제를 떠받치던 힘이었어. 제1차 세계 대전이 끝난 후 미국은 전쟁으로 폐허가 된 유럽과는 달리 역사상 유례없는 경제 번영의 시기를 맞았어. 유럽에서 벌어진 제1차 세계 대전으로 미국의 경제는 한 단계 더 발전할 수 있는 기회를 얻었거든. 미국의 공장들은 군수 물자를 생산하기 위해 대량 생산 체제를 갖추었고, 신기술이 도입되고 공장이 표준화되면서 자본주의가 발전했어. 이렇게 갖추어진 대규모 공장에서 제1차 세계 대전 기간 동안 전쟁에 필요한 군수 물자를 생산했고, 전쟁이 끝나자 일반 소비자를 위한 물건을 대량으로 쏟아냈어. 1920년대에 미국의 중산층은 이미 집 안에 다양한 가전제품을 갖추고 자본주의 사회의 풍요를 즐겼어. 라디오, 냉장고, 청소기는 물론이고 자동차를 구입하는 사람들도 늘어났지. 세계의 상품 생산 중심지이자 금융 중심지가 된 미국은 전쟁 뒤 경제난을 겪고 있던 유럽에 돈을 빌려 주는 채권국이기도 했어. 1929년 1월, 제31대 미국 대통령으로 취임한 허버트 후버(1874~1964)는 취임사에서 미국은 역사상 유례없는 풍요의 시기에 접어들었으며 더 이상 빈곤은 없다고 선언했어.

하지만 그로부터 9개월이 지난 1929년 10월 24일, 미국의 주식시장에서는 갑작스레 주가가 폭락하기 시작했어. 누구도 예상하지 못했던 대공황이 닥친 거였지. 이 때문에 미국은 큰 경제적 어려움을 겪어야 했고, 그 여파로 미국에 의존하고 있던 유럽 경제도 커다란 충격을 받았어.

미국에서 경제 공황이 발생한 원인은 꽤나 복잡해. 요약하면, 풍요의 시대를 맞은 미국인들의 과소비와 투기가 문제였어. 1920년대에 미국의 소비자들은 시장에 쏟아지는 자동차와 라디오, 냉장고를 할

세계 대공황의 시발점 1929년 10월 24일에 주식이 폭락하자 뉴욕 증권거래소로 몰려든 사람들.

부로 사들였지. 하지만 많은 사람이 할부금을 제때 갚을 능력이 없었기에 결국 신용 불량자가 되고 말았어. 또 당시 미국에서는 투기가 성행해서 기업의 성장 가능성을 잘 따져 보지도 않은 채 너도나도 주식을 사들였고, 주가는 치솟았어. 1925년부터 1929년 사이에 기업의 총 생산 투자는 줄어들었음에도 주식시장의 총 주식 가치는 세 배나 늘어났어. 경제에 거품이 잔뜩 낀 거였지. 한번 주가가 폭락하기 시작하자 적정 가치보다 한참 높게 치솟아 있던 주가는 걷잡을 수 없이 떨어졌어.

금융시장의 주식 폭락 이후 1주일 동안, 미국 투자가들은 미국 정부가 제1차 세계 대전 동안 쓴 비용보다 더 큰 손실을 보았어. 주가 하락으로 미국에서 돈을 빌려 경제를 부흥시키려던 유럽 국가들도 큰 타격을 입었지. 당장 있는 돈을 털어 빚을 갚아야 하고, 더 이상 돈을 빌릴 수도 없었기 때문이야. 가장 심각한 영향을 받은 나라는 독일

독일 대공황 1932년 대공황 당시 베를린 노숙자 보호소에서 식사하는 사람들.

과 오스트리아였어. 배상금을 갚기 위해 미국에 단기간 내에 갚아야 하는 빚을 많이 지고 있었거든. 독일과 오스트리아의 큰 은행들이 파산했어. 국제 무역이 위축되고 수출이 줄면서 공장들이 줄줄이 멈춰 섰지. 노동자들은 해고될 수밖에 없었고. 독일의 실업자 수는 1929년에 200만 명에 이르렀고, 1930년대에는 300만 명을 넘어섰어. 바이마르 공화국은 경제난을 해결하기 위해 애를 썼지만 속수무책이었어. 그러자 독일 사회는 점점 더 불안해졌어. 힘의 논리에 호소하는 민족주의자들이 목소리를 높이기 시작했고, 생활이 어려워진 사람들은 장밋빛 앞날을 약속하는 소리에 솔깃해졌지. 이런 상황에서 히틀러 같은 군국주의자들은 불만 세력을 모아 힘을 키워 갔어.

영국과 프랑스도 미국에서 터진 대공황의 여파를 피해갈 수는 없었어. 영국에서 새로 만들어지는 선박의 규모는 대공황 전과 비교도 할 수 없을 만큼 줄었어. 1929년에 500만 톤이던 것이 1931년에는 18만 톤밖에 안 되었지. 수출과 수입 모두가 절반 이하로 줄었기 때문이야. 프랑스도 1931년부터 재정 상태가 악화되고 실업자 수가 늘었어. 프랑스에서도 군국주의적 민족주의를 선동하는 사람들이 나타났고, 이들은 궁핍해진 중산층과 농민들 사이에서 지지층을 넓혀 갔어.

경제 위기를 맞아 선진 공업국들은 자기 나라 산업을 보호하기 위한 보호주의 무역 정책을 택했어. 그리고 식민지와 불평등 무역을 확대하며 자국의 경제를 회복시키려 애썼어. 수입품에 많은 관세를 물리는 방식으로 자기 나라의 돈이 밖으로 흘러 나가지 않게 막고, 식민지에서 싼값에 많은 농산물을 사들였지. 해외에 많은 식민지를 갖고 있는 영국이나 프랑스 같은 나라는 이런 정책을 통해 위기를 넘길 수 있었어. 식민지는 원료를 독점적으로 공급하는 자원 기지이자 공장에서 생산된 제품을 판매할 수 있는 시장이었기 때문에 식민지와 교역을 하면서 많은 이득을 취했어. 그에 반해 식민지를 갖지 못했던 독일 같은 나라의 상황은 무척 어려웠지.

이런 상황은 이후 독일을 비롯한 일부 국가들이 매우 침략적으로 돌변하는 원인이 되었어. 자기 민족이 살아남기 위해서는 약탈할 수 있는 만만한 식민지가 있어야 하고, 식민지를 차지하기 위해서는 군대를 키워 다른 민족이 사는 땅에 쳐들어가는 수밖에 없다고 주장하는 자들이 생겨난 거야. 그리고 실제로 국가가 나서서 이런 침략 행위를 해야 한다고 주장하는 자들이 정권을 잡고 국민들은 이런 행동에 박수를 보내는 일이 일어났지. 베르사유 조약에서 군비를 제한당했던 독일은 1935년에 이 조약을 파기하고, 1930년 후반에는 동유럽으로 영토 확장을 시도했어. 또 이탈리아는 1935년에 아프리카의 에티오피아를 정복한 뒤 지중해 연안까지 노렸지.

불안 속에 파시즘이 자라나다

이렇듯 전후의 심각한 경제 상황은 사회 혼란과 정치 불안으로 이어졌고, 파시즘이 자라날 수 있는 토양이 되었어. 파시즘이란 '묶음' 또는 '결합'을 뜻하는 이탈리아어 '파쇼(fascio)'에서 비롯된 말로, 극단적인 전체주의 정치 운동과 정치 체제를 가리키는 말이야. 역사에서는 두 차례의 세계 대전 사이에 유럽 각국에서 일어났던 극단적인 민족주의 정치 운동과, 이탈리아의 무솔리니와 독일의 히틀러가 만들었던 전체주의적인 체제를 파시즘이라고 불러. 오늘날에도 당시 무솔리니나 히틀러 체제와 비슷한 정치 체제를 가리키는 말로 종종 사용하지.

두 차례의 세계 대전 사이에 태어난 파시즘은 역사상 가장 비인간적인 정치 체제였어. 내부적으로는 지도자의 명령에 꼼짝없이 복종하도록 국민을 심하게 억압하는 한편, 밖으로는 다른 민족을 상대로 야만적인 전쟁을 벌였거든. 제2차 세계 대전은 바로 파시즘이 낳은 비극이라고 할 수 있지. 특히 '나치즘'이라고 불리는 독일의 파시즘은 자기 민족의 우수성을 강조하고 다른 인종에 대한 혐오를 부추겨 수백만 명의 유대인을 무참하게 학살한 것으로 잘 알려져 있어. 그래서 우리가 역사에서 파시즘에 대해 공부하는 것은 단순히 역사적 사실을 이해하는 차원을 넘어서는 일이야. 파시즘의 정체를 바로 알고, 다시는 인류가 그런 비극을 되풀이하지 않도록 경계하기 위해서이기도 하지.

파시즘 운동은 강력한 지도자를 중심으로 모인 소수의 정치 조직에서 출발했어. 이들 조직은 불안한 사회에 충격을 줄 만한 강력한 주장과 행동을 하면서 사람들의 인기를 얻어 갔어. 그 시작은 이탈리아에서였지. 제1차 세계 대전에 참전했다 돌아온 무솔리니(1883~1945)는 전후 혼란을 겪고 있는 이탈리아를 구해야겠다고 생각했어. 당시 이탈리아에는 전쟁에 지치고 경제적 어려움을 겪고 있는 시민들을 이끌 지도자는 나타나지 않은 채, 정치적 주장이 각기 다른 단체들이 연일 거리에서 시위를 벌이며 혼란스러운 상황이 계속되고 있었어. 무솔리니는 혼란을 일으키는 자들을 힘으로 강력하게 진압하여 사회 질서를 바로잡아야 한다고 주장하며, 1919년에 퇴역 군인과 강경파 지식인 등을 끌어모아 일종의 폭력 행동대를 조직했어.

무솔리니는 다른 지역을 정복해 식민지를 건설하면 경제적 빈곤이 해결될 수 있으며, 위대한 로마 제국의 후예인 이탈리아인은 다른 민족을 정복할 자격이 있다고 주장했어. 이런 주장으로 어려운 상황에 처해 있던 대중들의 인기를 얻으며 무솔리니의 정치 조직은 급속하게 성장했어. 1922년에 무솔리니는 '검은 셔츠단'이라는 폭력 행동대를 이끌고 로마로 행진하여 쿠데타를 일으켰고 결국 정권을 잡았어.

독일에서도 비슷한 일이 벌어졌어. 제1차 세계 대전에 참전해 훈장을 여러 개 받은 히틀러(1889~1945)는 전쟁이 끝나고 남부 독일 뮌헨으로 돌아왔어. 히틀러는 1920년 독일 노동자당에 가입했어. 민족의 단결과 강력한 국가 건설을 외치는 당의 주장에 끌렸기 때문이지. 이 당은 히틀러가 가입할 당시에는 작은 조직이었지만 나중에 독일 나치당으로 성장하게 돼.

히틀러는 연설을 통해 대중의 마음을 사로잡는 데 뛰어난 능력이 있었어. 히틀러는 베르사유 조약을 비판하고, 다른 정치적 주장을 펴

무솔리니의 로마 진군 이탈리아 파시즘의 수장 무솔리니(가운데)가 1922년에 검은 셔츠단과 함께 로마로 진군하여 쿠데타를 일으켰고 정권을 잡았다.

는 정치인이나 유대인을 공격하며, 독일인이 겪고 있는 어려움을 다른 나라나 민족의 탓으로 돌리는 연설을 했지. 이런 연설은 모든 희망을 잃은 채 다시 일어설 용기를 낼 수 없었던 당시 독일의 대중들에게 인기를 얻었어. 대중은 최면에 걸린 사람처럼 눈물을 흘리며 히틀러의 연설에 빠져들었대.

히틀러는 1923년 뮌헨 지방 정부를 손에 넣기 위해 지방 정부의 집회가 열리던 맥주홀에 쳐들어가 쿠데타를 시도하기도 했어. 하지만 이 쿠데타는 실패했고, 히틀러는 그 사건으로 1년간 감옥살이를 했지. 그는 감옥에서《나의 투쟁》이라는 책을 쓰는데, 여기에 이미 그가 나중에 실행에 옮길 전쟁과 학살에 대한 생각이 담겨 있어. 히틀러는 1년 뒤 감옥에서 나왔지만 이전처럼 활동하기가 어려웠어. 그가 감옥에서 나온 1924년경에는 독일이 미국에서 돈을 빌려 경제 부흥에 나섰기 때문에 그나마 사회가 안정을 찾기 시작했거든. 게다가 히틀러는 대중 연설을 금지당한 상태였어. 그래서 그는 뛰어난 조직가들을 앞세워 나치당 조직을 만들어 나갔어.

히틀러가 대중 연설을 재개하며 영향력을

독일 나치즘 1936년 뉘른베르크에서 열린 독일 나치당 전당 대회(오른쪽)와 나치즘을 이끈 아돌프 히틀러(왼쪽).

발휘하기 시작한 것은 1929년 대공황으로 독일에서 다시 수백만 명의 실업자가 생기고 국민들이 극심한 빈곤 속으로 빠져들어 갔을 때야. 히틀러는 또다시 독일에게 배상금을 물린 연합국들을 비판하는 연설을 했어. 나치는 독일 국민의 우수성을 강조하며 다른 민족을 정복하고 지배할 권리가 있다는 공격적 민족주의에 호소했고, 자신들이 적에게서 조국을 구하는 영웅적 투사라고 주장했어. 실업과 가난으로 실의에 빠져 있던 참전 용사와 중·하층 시민들은 히틀러에 열광했지. 단지 실직자나 노동자뿐 아니라 당시 직장을 가지고 있던 봉급생활자와 중소기업가, 농민들까지도 히틀러의 주장에 박수를 보내며 나치당을 지지했어.

대중들의 인기를 얻은 독일 나치당은 선거에서 의석을 늘려 가기 시작했고, 결국 1932년 선거에서 제1당이 되었어. 이에 힘입어 히틀러는 1933년에 수상이 되었고, 이때부터 히틀러는 민주주의 공화국의 헌법을 무시하는 비상령을 선포하면서 정치를 좌지우지할 수 있는 권력을 확보해 나갔어. 반대 세력을 체계적으로 탄압하고 그 지도자들을 체포하여 강제 노동 수용소로 보냈어. 민주주의 공화국이 당장 다급한 민생고를 해결하지 못하자, 대중은 민주주의 절차를 무시하고 다른 민족을 공격해서라도 독일 민족을 행복하게 해 주겠다고 선전하는 나치를 선택했던 거지. 1934년에 당시 독일 대통령이 죽자 히틀러는 자신이 총통이 되어 바이마르 공화국을 없애고 제3제국을 선포했어. 이때부터 독일은 나치당과 히틀러가 다스리는 제3제국이 되었던 거야.

그 밖에 유럽의 다른 나라에서도 파시스트들이 등장했어. 그들은 이탈리아나 독일처럼 정권을 잡는 데 성공하지는 못했지만, 자기 민족의

소련의 집단 농장 선전 포스터 1929년에 소련 정부는 산업화를 추진하면서 도시 노동자에게 값싼 농산물을 공급하기 위해 농민들의 땅을 몰수해 집단 농장을 만들었다.

이익을 그 무엇보다 우선시하며 강력한 독재자를 열망했다는 점에서 같았어.

이렇듯 파시즘을 주창했던 파시스트들은 한결같이 강력한 국가 건설을 주장했어. 전후의 어려운 경제 상황을 극복하려면 국가가 중심이 되어 민족이 똘똘 뭉쳐야 한다는 거야. 반면, 다른 민족과 인종에 대해서는 적대감을 드러내며 공격해야 한다고 주장했지. 내가 살아남기 위해서는 남을 짓밟는 것이 당연하다는 논리였지.

한편 공산주의에 대한 공포가 퍼지면서 파시즘을 지지하는 사람들이 더욱 늘어났어. 독일의 중산층과 상류층은 독일에서도 러시아처럼 사회주의 혁명이 일어날지 모른다는 불안감에 떨었어. 이들은 적든 많든 재산을 소유한 사람들이기 때문에 사회주의 혁명이 일어나서 국가가 자신들의 재산을 모두 몰수하여 나라의 재산으로 삼을 수 있다는 점에 공포를 느꼈던 거야. 1930년대에 유럽의 자본주의 국가들이 대공황으로 고통을 겪는 동안, 1917년 혁명에 성공한 소련은 공황의 영향을 받지 않고 경제 개발 계획을 통해 성장해 나갔거든. 당시 미국만 해도 1500만 명이 실업자였고, 집세를 내지 못해 거리로 내몰린 사람들이 200만 명이나 되었어. 그에 비해 소련의 계획 경제는 성공적으로 보였지. 상점에는 다양한 식료품과 소비재가 진열되었고, 모스크바에는 댄스홀이 들어섰어. 사람들은 뮤지컬을 관람하고, 대중가요를 즐겼지. 과학기술이 발전했고, 도시를 리모델링하면서 지하철도 새로 생겼어. 이는 공산주의적 계획 경제가 이룩한 성취를 상징했지.

대공황기의 많은 유럽인과 미국인들은 당시 소련이 이룬 발전에 감탄했어. 소련을 부러워하고, 자기 나라에서도 소련과 같은 공산주의적 계획 경제를 건설하고 싶어 하는 사람들이 생겨나기 시작했어. 각 나라의 노동자들 사이에서는 무기를 들고 나서서 공산주의 사회를 건설하자는 운동이 일어나기도 했지. 이러한 움직임이 일자 중산층과 상류층뿐 아니라 소시민들까지 불안해 했어. 그들은 자기 재산을 가지고 행복한 가정을 꾸리는 것을 꿈꾸어 왔기 때문에 개인의 재산을 모두 포기해야 하는 공산주의에는 절대로 찬성할 수가 없었거든. 그들에게 공산주의란 자신의 꿈을 짓밟는 공포의 대상이었지. 이런 사람들이 파시즘을 지지했어. 파시즘은 공산주의자들처럼 국가가 재산을 몰수하겠다는 주장을 하지 않았고, 공산주의자들을 강력히 비판했기 때문이야. 파시즘을 키우는 데 공산주의에 대한 공포가 한몫을 했던 거야.

파시스트 정책

독일과 이탈리아에서 파시즘 세력이 권력을 잡는 데 성공한 것은 히틀러와 무솔리니처럼 강력한 카리스마를 지닌 지도자가 있었기 때문이기도 해. 히틀러와 무솔리니는 군중을 선동하고 다양한 계층의 지지를 이끌어 내는 데 탁월한 능력을 발휘했어. 그래서 경쟁 세력을 물리치고 모든 불만 세력을 한곳으로 모아 권력을 잡을 수 있던 것이지. 이탈리아에서는 1922년에 무솔리니가 총리가 되었고, 독일에서는 히틀러가 1934년에 총통이 되었어.

파시스트 정권은 어떻게든 민족을 똘똘 뭉치게 하려고 대대적으로 인종주의를 선전했어. 나치는 독일 민족의 우수성을 강조하며 슬라브족이나 유대인 같은 다른 민족은 매우 열등하다고 주장했는데, 이런 인종주의는 당시 유행하던 진화론의 적자생존 논리와 결합해 한층 극단적인 논리로 이어졌어. 다른 민족보다 더 우월한 독일 민족만이 살아남아 역사의 주인공이 될 자격이 있다는 논리였지. 이런 논리는 동유럽 슬라브족을 정복하고 유대인을 말살하는 독일 민족의 비인도적인 정책을 정당화시켜 주었어.

파시스트의 인종주의와 다른 민족에 대한 정복 정책은 인류 역사 초기의 야만 시대로 돌아가자는 것과 다를 바가 없었어. 사실 20세기 파시스트들은 자신의 생각을 포장하기 위해 독일 민족의 우수성을 내세우고 다윈의 적자생존 논리를 끌어들였지만, 결국 힘센 민족이 약한 민족을 정복하여 죽이거나 노예로 삼고 그 영토를 차지하자는 것이었거든. 이런 논리는 계몽사상과 프랑스 대혁명 이래 인류가 발전시켜 온 인간과 사회에 대한 귀중한 가치를 완전히 내던지는 것이었지. 근대 시민 혁명의 위대한 정신은 신분, 인종, 종교가 다르더라도 인간은 모두 한 형제이며, 인간이면 누구나 폭력적 지배와 야만적 대접을 받지 않을 권리가 있다고 선언했거든. 인권을 존중하고 형제

애를 바탕으로 함께 사는 사회를 건설하자는 생각이 파시스트의 총 칼에 쓰러져 간 거야.

그렇다고 이렇게 다른 민족을 희생시켜 자기 민족의 이익을 얻자 고 한 것이 곧 국민 개개인의 행복과 자유를 가져다주려는 것은 아니 었어. 국민들에게 민족의 이익만이 살길이라고 떠들던 파시스트 지 배자들이 정작 국민들에게 요구한 것은 민족의 이익을 위한 희생이 었거든. 그리고 국민들에게는 당과 그 이념, 당의 지도자를 위해서 몸과 마음을 모두 바치라고 호소했어. 이들만이 민족이 나아가야 할 길을 제시할 영웅이라고 대대적으로 선전했어. 그리고 이 목적을 위 해 대중의 절망과 희망, 편견과 욕망을 한없이 자극하고 부추겼어.

파시스트들은 자신들의 주장을 전파하기 위해 신문, 라디오, 영화 등 대중 매체를 이용했어. 언론에 비친 무솔리니와 히틀러는 역사상 가장 위대한 영웅의 모습을 하고 있었지. 그들은 갖가지 문화 정책을 통해 국민 통합과 민족 부흥의 메시지를 퍼뜨렸어. 나치 정권은 독일 문화를 발전시킨다는 명목으로 끊임없이 대규모 행사와 전시회, 연 극, 영화, 음악 공연 등을 열었어. 사람들은 이런 행사장에서 함께 함 성을 지르고 민족 지도자에게 박수를 치는 동안 자기도 모르게 민족 에 대한 뜨거운 자부심을 느끼고 조국에 충성해야겠다는 다짐을 하곤 했지. 하지만 이 모든 문화 행사는 사실 파 시스트 정권이 대중들의 감정을 좌지우지하며, 자신들의 정책을 선전하기 위해 계획적으로 만든 것이었어.

나치와 대중 매체 1935년에 독일 최대 영화 제작사인 '우파'에서 히틀러와 나치 선전 장관인 괴벨스가 영화 촬영을 지켜보고 있다.

파시스트 정권은 국민 계몽과 선전을 담당하는 부서를 따로 두어 문화를 직접 조직하고 감시했어. 영화인, 언론인, 작가, 미술가, 음악가, 방송인들은 파시스트 정권의 입맛에 맞는 문화를 생산해야 했고, 이런 문화에 노출된 대중들은 자신도 모르는 사이에 파시스트의 논리를 자연스럽게 받아들였지.

파시스트들의 의도는 명백했어. 어려운 상황에 처한 사람들의 잘살아 보겠다는 욕망을 이용해 자신들을 무조건 믿고 따르도록 만드는 것이었지. 이렇게 파시스트들은 대중문화까지 이용하여 나치와 그 이념, 지도자를 위해서라면 몸과 마음을 바칠 준비가 되어 있는 새로운 인간형을 만들고자 했지. 그래서 파시스트의 선전에서 희망을 보았던 사람들은 시간이 지날수록 개인적인 욕구를 포기하고 파시스트 체제의 노예가 되어야만 했지. 독일 국민들은 국가의 이익을 위해 개인의 사생활을 철저히 희생해야 했어. 위대한 조국을 건설하면 자신의 행복이 보장될 것이라고 여겼던 사람들은 국가를 위해 자신의 피와 땀, 행복까지도 희생해야 하는 전체주의 국가에서 살게 된 거야.

전 세계를 휩쓴 제2차 세계 대전

이렇게 대중을 장악한 파시스트 정권은 노골적으로 전쟁을 예찬하며 이웃 나라를 침략하는 팽창주의 정책을 취했어. 히틀러는 1933년에 쓴 《나의 투쟁》에서 동유럽을 정복하여 슬라브족을 죽이거나 시베리아로 내몰고 거기에 독일인을 정착시켜야 한다고 썼어. 정권을 잡은 히틀러는 이 생각을 실천에 옮기기 위해 전쟁을 준비했어. 많은 돈을

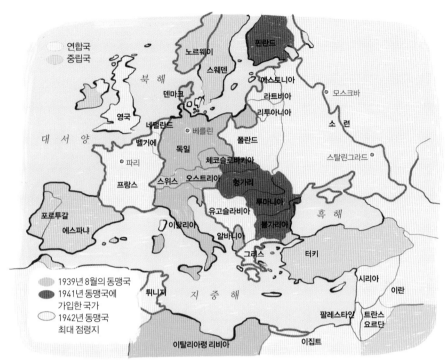

지도 내 텍스트:
연합국
중립국
노르웨이
핀란드
북 해
스웨덴
에스토니아
덴마크
라트비아
모스크바
영국
네덜란드
리투아니아
벨기에
베를린
소련
대 서 양
폴란드
독일
스탈린그라드
파리
체코슬로바키아
스위스 오스트리아
프랑스
헝가리
루마니아
포르투갈
유고슬라비아
흑 해
에스파냐
불가리아
이탈리아
알바니아
그리스
터키
1939년 8월의 동맹국
시리아
1941년 동맹국에
튀니지
지 중 해
이란
가입한 국가
1942년 동맹국
최대 점령지
팔레스타인 트란스
요르단
이탈리아령 리비아
이집트

제2차 세계 대전 독일의 침략 전쟁으로 시작된 제2차 세계 대전은 연합국의 승리로 마무리되었다.

찍어 내고 정치적 반대자들의 재산을 몰수하여 육군을 여섯 배로 늘리는 한편 공군과 해군력도 강화했어. 히틀러는 중부와 동부 유럽을 정복하여 드넓은 독일 제국을 건설하겠다는 목표를 세우고는 1939년 9월 1일, 폴란드로 쳐들어갔어. 이에 영국과 프랑스가 독일에 대한 전쟁을 선포했어. 이것이 제2차 세계 대전의 시작이었지.

독일은 한 달도 안 되어 폴란드를 정복하고, 폴란드를 소련과 나누어 가졌어. 독일은 전쟁 전에 이미 소련과 비밀 조약을 맺어 폴란드를 나누기로 했던 거야. 제2차 세계 대전 중에 일어난 독일의 정복은 단순히 군사적 점령에 그치는 것이 아니라, 그 나라 민족에 대한 무

독일의 전쟁 1940년 여름부터 가을까지 영국을 공습한 독일 공군기. 독일 공군의 공격은 영국군에 격퇴당함으로써 실패로 끝났다(왼쪽). 1941년 12월에 독일군에게 모스크바를 공격당한 소련군이 반격을 하고 있다(오른쪽).

자비한 학살이 포함된 것이었어. 독일은 유럽 내 모든 유대인들을 학살하기로 하고, 군대에 유대인을 살해하기 위한 특공대를 편성해 함께 진군시키기도 했어.

폴란드를 점령한 독일은 서쪽의 덴마크와 노르웨이를 침략했고, 이 지역에 대해서는 네덜란드인과 북유럽인을 모두 순수한 게르만족으로 통합시켜 나간다는 계획을 가지고 있었어. 4개년 경제 개발 계획까지 실시하면서 전쟁을 준비해 왔던 독일은 다른 나라들이 채 손쓸 겨를도 없이 유럽을 정복해 나갔고, 1940년에는 프랑스까지 점령했어. 이제 유럽에서 독일을 상대로 싸울 수 있는 나라는 윈스턴 처칠(1874~1965)이 이끄는 영국뿐이었어. 독일은 영국에 대한 공습을 시작하는 한편 일본, 이탈리아와 동맹을 맺었어. 그 이후에는 동유럽과 아프리카, 이라크 등 세계 각지에서 연합군에 맞서 전쟁을 벌였어.

이즈음 독일은 동유럽의 유고슬라비아와 그리스까지 정복해서 소련을 제외한 거의 모든 유럽을 지배하게 되었어. 히틀러는 여기서 그치지 않고 1941년 6월에는 당시 스탈린(1879~1953)이 지배하던 공산주의 국가 소련에까지 쳐들어갔어. 사실 히틀러는 제2차 세계 대전을 시작하며 폴란드를 나누어 가질 때 소련이 독일의 전쟁에 대해 간섭하지 않으면 소련에는 쳐들어가지 않겠다는 조약을 맺었어. 하지만 소련의 영향권이던 동유럽으로 자꾸 영토를 확장하던 독일은 언제 소련이 전쟁에 개입해 쳐들어올지 모른다는 핑계를 대고 동맹국인 이탈리아의 힘을 얻어 소련에 쳐들어간 거지.

독일과 이탈리아 동맹군의 소련 침공은 역사상 최대 규모의 전쟁이었어. 병사 390만 명, 탱크 60만 대, 말 75만 마리라는 상상조차 힘든 병력이 소련의 모든 국경을 넘어 쳐들어갔어. 이 거대한 병력으로 소련의 곡창 지대이자 석유 생산지인 우크라이나를 점령하고, 전쟁이 시작된 지 6개월 만인 그해 12월 모스크바로 진격했어. 그런데 동맹군은 소련 정부가 있는 크렘린 궁의 첨탑이 보이는 곳에서 멈출 수밖에 없었어. 소련의 12월의 날씨는 독일군이 견뎌 낼 수 없을 정도로 매섭게 추웠고, 소련군이 필사적으로 반격해 왔기 때문이야. 100여 년 전 나폴레옹의 군대를 몰아냈던 러시아의 겨울 동장군이 이번에도 그 위력을 떨쳤지.

히틀러는 소련의 수도를 점령하기 위해 계속해서 공격을 명령했지만 결국 뜻을 이룰 수 없었어. 독일은 제2차 세계 대전이 끝나는 1944년까지 소련과 전쟁을 계속했고, 그동안 전쟁터에서 수많은 병사가 목숨을 잃었어. 전투에서 죽어 간 병사들 외에도 주민과 포로의 희생도 상상하기 힘든 정도였지. 이처럼 소련과의 전쟁은 독일의 전력에

제2차 세계 대전의 종결 1945년 5월 8일, 독일의 항복에 기뻐하는 영국 수상 윈스턴 처칠. 버킹검 궁 앞에 모여든 군중을 향해 V 자를 그려 보이고 있다.

엄청난 타격을 주었고, 독일을 제2차 세계 대전에서 패하는 길로 이끌었어.

1941년 12월에 독일의 동맹국인 일본이 진주만 공격을 감행하면서 그때까지 연합군을 뒤에서만 돕던 미국이 전쟁에 직접 참여했어. 이제 독일은 세계 최대의 영토를 가진 영국, 세계 최고의 경제력을 가진 미국, 세계 최대의 군대를 가진 소련과 싸우게 되었어. 전쟁은 그야말로 세계 대전답게 태평양, 아프리카, 동유럽 등 세계 곳곳에서 벌어졌지. 1942년 이후 전세는 점차 독일과 동맹군 쪽에 불리하게 기울었고, 동맹군이 연합군에게 주요 전투에서 패배하면서 마침내 1945년 제2차 세계 대전이 막을 내렸어.

제2차 세계 대전은 그야말로 전 세계를 휩쓴 전쟁이었어. 독일과 이탈리아 등 유럽의 파시스트 국가 동맹군과 그에 맞선 연합군의 전쟁으로 전투는 유럽뿐 아니라 아시아와 아프리카에서도 벌어졌지. 동유럽과 북유럽을 모두 정복하여 게르만 대제국을 건설하려는 독일과 지중해 제국을 꿈꾸는 이탈리아는 유럽의 모든 나라와 그들의 식민지에서 전쟁을 벌였어. 그뿐 아니라 아시아에서는 일본이 독일, 이탈리아와 함께 파시스트 동맹국으로 전쟁에 뛰어들어 주변 나라를 침공했지. 그에 맞선 것은 영국, 프랑스, 미국이 주축을 이룬 연합국 군대였어. 프랑스가 독일에 정복되고 독일이 소련에 쳐들어간 이후에는 소련이 가장 많은 수의 군대를 동원하며 싸웠어.

홀로코스트와 전쟁의 교훈

전 세계를 휩쓴 제2차 세계 대전에서 자그마치 6000만 명이 넘는 사람이 죽어 갔어. 제2차 세계 대전은 인류 역사상 가장 많은 사망자를 낸 끔찍한 전쟁이었지. 이 숫자 중에는 전쟁터에서 죽어 간 사망자 외에 4000만 명이 넘는 민간인 희생자가 포함되어 있어. 이렇게 많은 민간인이 죽은 것은 전쟁으로 인한 질병과 굶주림 때문이기도 하지만, 파시스트의 인종주의와 비인간적인 행위로 인한 희생자가 많았기 때문이기도 해. '홀로코스트'라고 알려진 유대인 학살이 대표적인 경우야. 나치는 유대인이라는 인종을 완전히 없애 버리겠다는 계획을 갖고 체계적으로 유대인들을 죽여 나갔어. 우선 동유럽 지역을 정복한 후 곳곳에 강제 노동 수용소를 지었어. 유대인들은 이곳에서 견디기 힘든 강제 노동에 시달리다 죽어 갔지. 또 독일 군대에는 살해 특공대가 있었어. 이들은 독일군이 새 지역을 정복하면 그 지역의 유대인과 나치에 반대하는 사람들을 모아 총살했어. 그리고 나치는 전쟁 전부터 유대인들이 많이 살고 있던 동유럽 지역을 정복하면 일단 '게토'라고 하는 유대인 특별 구역을 만들어 유대인들을 몰아넣고 감시했어. 철조망으로 둘러싸여 있고 독일 군인이 감시하는 게토에서 유대인들은 한 방에 7~8명, 심지어는 12~13명이 함께 지냈어. 또 이들은 하루에 식빵 두 쪽 정도의 배급으로 근근이 버티다 때가 되면 짐짝처럼 화물 열차에 실려 가야 했어. 이들이 내려진 곳은 동유럽 외곽에 공장처럼 지어진 집단 수용소였고, 이들은 그곳의 가스실에서 독가스를 마시고 죽어 갔어. 이렇게 죽어 간 유대인들은 600만 명으로, 이는 당시 유럽에 살던 유대인의 3분의 2에 해당하는 숫자야.

나치에게 이런 식으로 죽임을 당한 사람들은 단지 유대인들만이 아니었어. 나치는 상당수 슬라브족과 동유럽 지역의 소수 민족도 비

아우슈비츠 수용소 나치가 폴란드 남쪽 아우슈비츠에 건설한 유대인 집단 수용소 앞 철도와 감시 망루. 유럽 전역에서 실려 온 유대인들은 이곳 가스실에서 희생되었다(왼쪽). 가스실에서 희생된 유대인들이 지니고 있던 가방들(오른쪽).

숫한 방식으로 죽였어. 또 자신들의 정책에 반대하거나 다른 이념을 가진 공산주의자, 사회주의자, 동성애자, 여호와의증인 신도 그리고 사회에 별 보탬이 되지 않는다고 생각한 장애인들도 모두 죽였어. 이렇게 죽은 사람들을 합하면 1100만 명에서 1700만 명이 된다고 해. 또한 파시스트 지도자들은 살아 있는 사람들을 대상으로 생체 실험을 해서, 치명적인 화학 무기를 개발하고, 목숨을 담보로 적을 공격하도록 훈련된 자살 특공대를 조직하기도 했어.

이런 파시스트 정권의 극악함은 그들의 독재와 전쟁을 겪은 사람들에게 엄청난 충격과 상처를 주었어. 문명 시대에 이렇게 야만적인 정복과 살육이 일어날 것이라고 생각하지 못했기 때문이야. 인간 존중을 바탕으로 법과 민주주의를 발전시켜 왔고 법의 정신이 살아 있는 20세기는 이전의 이기적인 본능과 폭력이 지배하던 야만 시대와

유대인 생체 실험 오스트리아 에벤제의 집단 수용소에 갇혀 있는 포로들. 이곳에서 나치가 포로들을 대상으로 생체 실험을 한 것으로 알려져 있다.

는 다르다고 믿었거든. 그런데 파시즘은 이기적 욕구를 채우기 위해 인간의 존엄성을 저버리고 다른 사람을 살육하는 행동을 당연하게 생각하면서 민주주의 이념에 정면으로 도전했던 거야. 파시스트 정부의 정책과 행동에 놀란 사람들은 인간성에 대한 근본적인 믿음을 의심하게 되었어.

전쟁이 끝나고 유대인 집단 수용소에서 구사일생으로 살아남은 사람들의 증언이 이어지고 전쟁 범죄자들의 재판이 열리면서 이런 파시스트 정권의 만행은 세상에 널리 알려졌어. 이를 보면서 사람들은 전쟁 뒤에도 충격에서 빠져나오기가 쉽지 않았지. 하지만 서서히 상처를 어루만지며 인간과 역사에 대해 깊은 반성을 했단다. 무엇보다 인간을 위해 봉사해야 할 국가가 도리어 인간을 도구로 삼으면 얼마나 큰 재앙이 될 수 있는지를 똑똑히 보게 되었어. 그런가 하면, 개인의 욕망을 발판으로 성장해 온 서양 문명이 얼마나 파괴적이고 비이성적인 힘으로 바뀔 수 있는지도 깨달았지.

제2차 세계 대전의 결과와 오늘날의 세계

1945년, 파시스트 정권의 패배와 함께 제2차 세계 대전은 끝났어. 그와 함께 파시스트들이 민족의 복지와 영광을 가져다줄 것이라는 사람들의 환상도 깨졌지. 하지만 파시즘을 물리친 연합국들은 저마다 다른 국가 이념과 체제를 지니고 있었어. 영국, 프랑스와 미국은 자유민주주의를 표방하며 경제적으로는 자본주의 체제를 이어 가고 있었어. 하지만 동유럽에서 독일의 침략을 맞아 싸웠던 소련은 공산주의 체제였어. 한편 제2차 세계 대전 이후에는 그동안 서유럽의 식민지였던 아시아와 아프리카의 많은 나라가 제국주의에 반대하며 민족 독립운동을 펼쳐 독립국이 되었어.

이렇게 전후의 세계에 대한 희망이 서로 엇갈리는 가운데, 전쟁 뒤 세계의 중심 국가로 미국과 소련이 떠올랐단다. 영국이나 프랑스 같은 서유럽 나라들은 전쟁을 겪는 동안 극도로 피폐해졌기 때문에 힘이 약해질 수밖에 없었어. 그에 반해 태평양 지역에서 일본의 진출을 막아 내 제2차 세계 대전을 연합국 측의 승리로 이끈 미국, 그리고 2500만 명이라는 엄청난 사상자를 내며 유럽의 동부 전선을 지켜 낸 소련이 국제 무대에서 큰 힘을 얻었지. 따라서 전후의 세계는 미국을 따르는 자유주의 진영과 소련을 따르는 공산주의 진영으로 나뉘었어. 서유럽 국가 대부분이 자유주의 진영에 속해 미국의 원조를 받으며 경제 부흥에 성공하였고, 현재의 유럽 연합을 형성했어. 한편 동유럽 국가들과 소련 주위의 많은 나라가 소련의 영향을 받아 공산주의 체제를 택했지.

이후 1989년까지 두 진영은 서로의 체제를 비판하며 일체의 교류를 하지 않은 채 군비 경쟁과 우주 개발 경쟁, 그리고 상대방의 체제를 어지럽히기 위한 스파이 경쟁 등에 매달려 왔어. 그래서 이 두 진영 사이에는 '철의 장막'이 드리워져 있다고 비유되기도 했어. 실제로 무기를 들고 싸우지는 않았지만 두 진영 사이의 경쟁 관계가 너무도 치열했기 때문에 이 시기의 세계 질서를 '냉전 체제'라고 불러.

'철의 장막'이 제거되고 냉전 체제가 무너진 계기는 공산주의 체제 내부에서 비롯되었어. 모든 국민의 경제적 평등을 이상으로 삼아 공

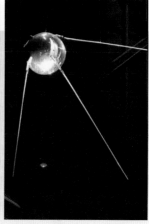

미국과 소련의 우주 개발 경쟁 1957년 소련이 세계 최초로 발사에 성공한 인공위성 스푸트니크(오른쪽)와 1969년에 최초로 달 착륙에 성공한 미국의 유인 우주선 아폴로 11호의 달 착륙 장면(왼쪽).

장과 기업, 농지 등을 국가가 소유했던 공산주의 체제는 갈수록 비효율적이 되어 갔어. 국정을 담당하고 생산을 관리하는 관료 집단은 사회 전체의 이익보다 자신의 개인적인 이익을 먼저 생각하게 되었고, 늘 같은 보수를 받도록 되어 있는 체제에서 개인은 더 열심히 일할 의욕을 잃어 갔기 때문이야. 같은 시기에 자본주의 경제가 놀랍도록 발전한 자유주의 진영에서는 풍요로운 경제생활을 누리는 이들이 많아진 반면, 공산주의 진영의 개인 소비 생활은 훨씬 뒤처지는 상태가 되었지.

소련의 지도자 고르바초프는 이런 문제를 개혁하고자 했어. 하지만 그의 시도는 체제 내부의 개혁으로 끝나지 않고 1989년부터 1990년에 걸쳐 소련을 비롯한 동유럽 전체의 공산주의 체제가 무너지는 계기가 되었어.

🕊 베를린 장벽, 무너지다

1989년 11월 9일 밤, 독일의 베를린 시민 수천 명이 높이 3.6미터나 되는 콘크리트 장벽 위에서 함성을 지르며 서로 얼싸안고 덩실덩실 춤을 추었어. 이들은 이 콘크리트 장벽을 사이에 두고 30년 동안이나 동·서 양쪽으로 갈라져 있던 동베를린과 서베를린의 시민들이었어.

이날 베를린의 상징인 브란덴부르크 개선문이 보이는 장벽 위에서 동·서베를린 시민들이 어울려 축하 파티를 벌이는 장면을 전 세계 사람들은 텔레비전으로 지켜보며 함께 기뻐했어. 베를린 장벽이 무너진 것은 독일만의 사건이 아니라 제2차 세계 대전이 끝난 후 전 세계 사람들이 겪었던 냉전 시대의 마지막을 의미했거든.

1945년 제2차 세계 대전이 끝나고 독일은 동독과 서독의 두 나라로 갈렸어. 미국, 영국, 프랑스에 속했던 지역이 합쳐져 자본주의 경제를 따르는 서독이 되고, 소련에 속했던 지역은 소련 공산주의 체제를 따르

베를린 장벽의 붕괴 1989년 11월에 자유 왕래를 허용하는 소식을 접한 동독과 서독 사람들이 베를린 장벽 위에 올라 함께 기뻐하고 있다.

는 동독이 된 거지. 이와 함께 베를린도 동베를린과 서베를린으로 갈리
게 되었던 거야.

그 뒤 1950년대에는 동독과 동베를린 주민들의 탈출이 이어졌어.
1961년까지 동독 인구의 약 20퍼센트에 달하는 350만 명이 서베를린을
통해 동독을 빠져나갔지. 그러자 소련은 1961년 8월부터 동·서 베를린
경계 지역에 장벽을 쌓고, 그 앞을 병사들이 지키게 했어. 이 장벽으로
동·서 베를린을 잇는 도로는 대부분 해체되었고, 동·서 베를린 주민들
은 당국의 허가 없이 서로 왕래할 수 없게 되어 이산가족도 생겼단다.

이후에도 동독의 권위주의적 체제를 버리고 자유를 찾아 죽음을 무
릅쓰고 탈출하는 사람들이 있었어. 장벽이 설치된 1961년부터 1989년
장벽이 무너지기 전까지 동베를린에서 서베를린으로 탈출한 사람은
5000명이나 되었어.

1989년 여름 동독의 탈출 물결이 걷잡을 수 없이 진행되고 시위까지
이어졌어. 그러자 동독 정부는 11월 9일에 동독 주민의 서독 이주를 허
용하기로 결정했어. 이 소식이 저녁 8시 서독의 텔레비전을 통해 방송
되자 이를 본 동·서독 주민들이 베를린 장벽으로 몰려가 서로 얼싸안
고 감격의 눈물을 흘렸던 거지.

이날 이후 동독 정부는 동·서베를린을 갈라놓았던 콘크리트 장벽을
허물었고, 1990년 10월 3일 드디어 서독과 동독은 하나의 독일로 통일
되었어. 이후 공산주의 진영의 다른 나라들도 폐쇄적인 공산주의 경제
를 포기하고 개혁과 개방의 길로 나아갔단다. 그러니까 베를린 장벽의
붕괴는 제2차 세계 대전 후 40년 이상 자유주의 진영과 공산주의 진영
이라는 두 체제 사이에 드리워 있던 '철의 장막'을 걷고 새 시대의 개막
을 알리는 역사적인 사건이었던 거지.

공산주의 진영의 몰락은 제2차 세계 대전 이후 일어난 가장 큰 역사적 사건이자 새로운 세계 질서의 시작을 의미했어. 자유주의 진영에서는 이 사건을 공산주의 계획 경제에 대한 자본주의 경제 체제의 승리로 받아들이고, 자본주의의 기본 원리인 자유 경쟁의 논리를 더욱 강화하는 방향으로 나아갔어. 한편 이전에 공산주의 진영

레닌 동상 철거 1991년 소련 해체 후 군중들이 공산권 국가의 주요 도시에 세워졌던 사회주의 지도자 레닌의 동상을 끌어내리고 있다.

에 속했던 러시아와 그 주변국, 그리고 중국은 냉전 체제가 무너진 뒤 시장을 개방하고 자본주의 경제를 도입했지. 이런 자유 경쟁 논리의 강화와 자본주의화 과정에서 전 세계는 하나의 경제권으로 통합되었어. 그에 더해 운송과 통신 분야에서 놀라운 발전이 이루어져 물자와 자본, 인력이 국경을 넘어 자유롭게 이동하며 이익을 추구하는 '세계화' 시대가 열렸지. 이러한 냉전 체제 해소와 세계화 과정에서 미국은 세계 제일의 강대국으로서 완전한 주도권을 쥐게 되었어. 영어는 전 세계의 공용어가 되었고, 달러는 국제 금융 거래의 기본 화폐인 기축통화가 되었지.

세계화 시대를 맞아 자본주의 경제는 더욱 빠르게 성장했어. 흔히 'IT 혁명'이라 불리는 정보 처리 분야의 놀라운 발달은 세계를 한층

9·11 테러 2001년 9월 11일, 이슬람 테러리스트들이 납치한 여객기가 미국 뉴욕의 세계 무역 센터 건물에 충돌했다. 이 사건은 미국과 이슬람 문화권의 갈등이 낳은 참사였다(왼쪽).
월가 장악 시위 미국 뉴욕에서 시위대가 금융 자본주의의 상징인 증권 거래소, 은행, 증권사 등이 몰려 있는 월스트리트를 장악하자며 시위를 벌이고 있다(오른쪽).

더 가까워지게 했지. 해외여행이 자유로워지고 세계의 다양한 문화권 사이에 서로에 대한 이해의 폭이 넓어지자, 사람들은 지구 전체를 하나의 지구촌으로 만들 수 있다는 꿈도 품게 되었어.

하지만 자유 경쟁의 논리를 강화시킨 세계화의 흐름은 심각한 문제를 낳기도 했어. 국제 사회에서는 미국을 선두로 한 자본주의 강대국에게 더 많은 힘이 집중되었고, 각 나라 안에서도 부와 권력을 가진 이들이 경쟁에서 유리한 자리를 차지했어. 빈부의 차는 점점 더 커지고, 사회적 약자들은 갈수록 더욱 더 소외되었지.

세계화는 국가 간, 계층 간, 개인 간에 경쟁을 부추김으로써 모든 사람을 경쟁에서 이기지 않으면 도태된다는 가혹한 현실에 놓이게 했어. 이는 세계화의 무척 위험한 측면이란다. 이런 현실 때문에 자

선진국의 이기주의에 대한 항의 시위 지구 온난화를 막기 위한 국제적 약속인 '기후 변화 협약'을 지키지 않는 미국, 캐나다 등 선진국에 시민들이 항의 시위를 하고 있다(왼쪽).
지구 온난화 환경 파괴로 인한 지구 온난화는 생태계를 심각하게 위협하고 있다(오른쪽).

기 민족이나 국가의 이익을 위해 다른 국가나 민족을 희생시키려 드는 파시즘이 다시 고개를 들지도 모르는 일이니까.

이 밖에도 오늘날의 세계는 이전에는 맞닥뜨려 본 적이 없는 여러 가지 커다란 문제들을 안고 있어. 무엇보다 근대 과학기술 문명을 이룩하면서 자연을 정복해 온 결과, 인류는 지구 곳곳에서 환경 파괴와 지구 온난화의 위기를 겪고 있어. 그뿐만 아니라 지금은 미국이 주도하고 있는 서유럽 중심 문화와 이슬람 문명권 같은 다른 문화권의 충돌이 복잡한 양상으로 전개되고 있지. 이런 문제들을 풀어 나가기 위해서는 세계가 공생의 길을 찾기 위해 협력해야만 해. 오늘을 사는 우리가 주어진 과제에 얼마나 슬기롭게 대처하는가에 따라 인류의 미래는 달라질 테니까.

찾아보기

아하! 서양사 2

근대 유럽의 형성부터 21세기 현대 사회까지

1판 1쇄 발행일 2013년 1월 7일
1판 5쇄 발행일 2023년 1월 30일

지은이 박경옥

발행인 김학원
발행처 (주)휴머니스트출판그룹
출판등록 제313-2007-000007호(2007년 1월 5일)
주소 (03991) 서울시 마포구 동교로23길 76(연남동)
전화 02-335-4422 **팩스** 02-334-3427
저자·독자 서비스 humanist@humanistbooks.com
홈페이지 www.humanistbooks.com
유튜브 youtube.com/user/humanistma **포스트** post.naver.com/hmcv
페이스북 facebook.com/hmcv2001 **인스타그램** @humanist_insta

편집주간 황서현 **편집** 정미영 **디자인** 김태형 유주현 이소영 **지도·일러스트** 홍소희
사진 제공 위키피디아 셔터스톡 오마이뉴스 독일국제문서기록보관소
용지 화인페이퍼 **인쇄·제본** 정민문화사

ⓒ 박경옥, 2013

ISBN 978-89-5862-575-9 04900
ISBN 978-89-5862-576-6 04900 (세트)